RENCONTRES
400

La Plume et le calumet

Ouvrage publié avec le soutien du Fonds général de l'université de Genève
et de la Maison de l'histoire de l'université de Genève.
Ce volume réunit des actes du colloque
« La plume et le calumet : Joseph-François Lafitau et les *sauvages ameriquains* »,
qui s'est tenu au musée d'ethnographie de Genève (MEG) les 2 et 3 juin 2016.

La Plume et le calumet

Joseph-François Lafitau et les « sauvages ameriquains »

Sous la direction de Mélanie Lozat et Sara Petrella

Préface de Frank Lestringant

PARIS
CLASSIQUES GARNIER
2019

Mélanie Lozat est postdoctorante à l'université Sapienza de Rome. Intitulée « Une lecture de Strabon dans la perspective de l'histoire des religions », sa thèse de doctorat a porté sur la manière dont Strabon construit une réflexion comparatiste sur les mythes, rites et croyances des différents peuples du monde habité. Elle s'intéresse aussi à la figure des Courètes, à la base du système théologique de Strabon.

Sara Petrella est postdoctorante à l'Institut für Kunstgeschichte de l'université de Berne. Titulaire d'un doctorat en histoire de l'art (université de Genève), elle est spécialisée dans l'histoire du livre et de la gravure. Elle a écrit plusieurs articles et ouvrages sur le statut de l'image dans les livres illustrés (XVIe-XVIIIe siècles) traitant de l'Antiquité gréco-romaine et du Nouveau Monde.

ISBN 978-2-406-08798-4 (livre broché)
ISBN 978-2-406-08799-1 (livre relié)
ISSN 2103-5636

PRÉFACE

Lafitau, la plume et le calumet

L'une des dernières études publiées avant sa disparition, il y a tout juste trente-deux ans, par Michel de Certeau est consacrée à Joseph-François Lafitau, jésuite et historien comme lui : « Histoire et anthropologie chez Lafitau » tout simplement[1]. Relisons ces pages foisonnantes où se retrouve toute une époque, riche de mille curiosités et de mille connexions. Michel de Certeau analysait le frontispice des *Mœurs des sauvages ameriquains*, somme qui n'est qu'« un point dans l'immense constellation des Lumières[2] ». L'éblouissement n'est que le premier temps de l'analyse, qui se reprend et revient très vite à son objet : « Une image, un presque rien ». Mais un rien qui est le point de départ d'une nouvelle discipline, à savoir l'anthropologie, ou qui l'annonce.

Dans l'image (ill. 1), deux personnages se font face, un vieillard ailé appuyé sur sa faux, le vénérable vieillard Temps, et une jeune femme assise, qui tient la plume et s'apprête à écrire. Elle lève le regard vers le vieillard Temps, qui est accompagné de deux angelots, deux enfants ailés, dont l'un tient le caducée d'Hermès et un calumet algonquin ; l'autre une tortue iroquoise et un sistre. Le vieillard Temps lève la main droite vers une vision lumineuse à gauche. On y voit des nuages, des volutes de nuages qui tournoient, et révèlent en leur centre, dans la clarté de leur déchirure, l'Eucharistie rayonnante, dressée sur l'autel. Adam et Ève, au-dessous, se tiennent nus de part et d'autre de l'arbre au fruit défendu. À droite, un ange indique de la main le chemin qui conduit de la terre au ciel et de la Chute à la Rédemption. Au premier plan de la gravure, on distingue un amoncellement d'objets disparates, globe terrestre, livres ouverts ou fermés, statuette de l'Artémis d'Éphèse aux seins multiples, terme renversé, qui jonchent une pièce destinée à

1 Certeau, 1985.
2 *Ibid.*, p. 65.

l'étude et à la méditation. Hormis cette avalanche d'objets sur le sol et contre la paroi du fond, nulle vitrine ou console, des murs nus, et, au-dessus d'Adam et Ève et de l'arbre de la connaissance du bien et du mal où s'enroule le serpent, l'ostensoir où rayonne, au milieu des anges, l'Eucharistie.

Michel de Certeau est fasciné par l'image. « Tel un jardin réunissant les plantes de toutes sortes de pays, ce musée hétéroclite a figure encyclopédique », écrit-il[3]. Dans cette composition, s'ouvrirait un « jardin » ou un « musée ». En fait, plutôt qu'« une galerie » ou encore un « musée personnel », c'est la cellule d'un couvent, où se déverse, pour la commodité de la réflexion, un bric-à-brac tiré des cabinets de curiosité. La jeune femme assise, les yeux et la main levée, est prête à écrire. On imagine qu'avant de s'asseoir à sa table et d'apercevoir la vision céleste, elle a mis à part des objets, statues rhabillées et voilées, pièces reconstituées aux visages nouveaux, figures vraisemblables établies au détriment de singularités incompréhensibles, le tout disposé dans un ordre qui défie tout à la fois la géographie et la chronologie[4]. Sans doute y a-t-il cette étoffe qui descend à droite, jusqu'à l'épaule de la femme, et qui rappelle un rideau de théâtre, plus encore qu'une tenture de salon. Mais la page est bientôt tournée, le théâtre qui s'est ouvert sur le mystère eucharistique embrasse pour finir une abstraction, et se referme sur le déroulé des *Mœurs des sauvages ameriquains comparées aux mœurs des premiers temps*, que l'on tourne page après page, consulte tome après tome, hors de l'espace et du temps réels.

« L'érudition n'est pas une robinsonnade », la formule de Michel de Certeau est extraordinaire[5]. Elle exprime un regret tout simplement, mais un regret violent, subit, irrépressible : nostalgie pour la solitude forcée de Robinson sur son île déserte, nostalgie de tout chercheur pour la nudité radieuse des origines.

Lafitau est aux antipodes de cette nostalgie. Ce contemporain du puritain Daniel Defoe est le contraire de celui-ci, un religieux catholique et, qui plus est, un père jésuite, frère de l'évêque de Sisteron. Ce membre d'une congrégation, soldat de la Contre-Réforme vêtu de noir et soumettant ses écrits à la censure de son ordre, vit en un siècle où

3 *Ibid.*, p. 69.
4 Marrache-Gouraud, « Lafitau au miroir de la curiosité », ci-après p. 183-200.
5 Certeau, 1985, p. 70.

les curiosités pullulent, où l'on en raffole, où celles-ci s'achètent et se vendent au prix fort, où l'on en fait collection. Si les curiosités sollicitent son attention, elles ne doivent ni la fixer ni l'arrêter. La démonstration suit son cours, tout en s'emparant des objets qui lui sont présentés, les retouchant le cas échéant pour mieux les adapter à la ligne générale du propos. Ce faisant, Lafitau abolit la singularité de l'objet, rendue indésirable par l'unification de la démonstration. En définitive, les seules découvertes qui valent pour lui « sont celles du raisonnement[6] ».

Le frontispice des *Mœurs des sauvages ameriquains* ne montre pas un cabinet de curiosités, mais une allégorie de l'histoire générale des mœurs, qui deviendra à terme l'anthropologie. Lafitau n'est pas un collectionneur ; il « déclasse les rangements des cabinets », dit joliment Myriam Marrache-Gouraud. Il accumule « des gravures de gravures » et des copies de copies. « L'objet de curiosité est là pour accréditer un discours qui n'émane pas de l'objet lui-même, mais qui le précède[7] ». Lafitau puise dans une culture de la curiosité qu'il organise, régularise, réparant et corrigeant les objets qu'il donne à contempler au lecteur. Ce bricolage, dont il ne se cache pas, est indispensable à son propos. Il homogénéise la collection et la rend en quelque sorte praticable, c'est-à-dire lisible de part en part.

La démonstration de Lafitau repose sur une collection au second degré, une collection de collections fiévreusement compilées, de sorte que l'objet ethnographique s'y promène, au gré du propos, d'un chapitre à l'autre. Par ses commentaires, Lafitau, fort habilement, impose l'idée que son discours est ancré dans les mœurs de son temps. Cependant, il s'inscrit dans la lignée de la *Demonstratio evangelica* de Pierre-Daniel Huet, de l'*Œdipus aegyptiacus* et de la *China illustrata* d'Athanase Kircher, qu'il cite abondamment. Mais il ne peut ignorer les *Cérémonies et coutumes religieuses* des protestants Jean-Frédéric Bernard et Bernard Picart, somme richement illustrée, exactement contemporaine de la sienne, dont les présupposés sont tout autres. On ne saurait en effet oublier les protestants, qui jouent un rôle clé dans cette controverse.

Le but de Lafitau est de décrire et de prouver qu'il n'y a pas de société sans Dieu, n'en déplaise aux athées de nos salons, n'en déplaise surtout à la société des libertins qui prolifère et se répand partout. Et Lafitau

6 Marrache-Gouraud, ci-après p. 199.
7 *Ibid.*, p. 196.

de ramener toute l'histoire religieuse de l'humanité à l'oubli progressif, par des voies diverses, de la vérité chrétienne, qui doit être rétablie. Huguenot réfugié à Amsterdam, Jean-Frédéric Bernard fait l'histoire de l'ignorance, du fanatisme, de la manipulation et de l'aveuglement, comme le rappelle ici Joan-Pau Rubiés[8]. Membre de l'église wallonne de cette ville, il incline vers une religion minimaliste et rationalisée. Sa « Dissertation sur le culte religieux », formant la préface des *Cérémonies et coutumes religieuses de tous les peuples du monde*, associe le rejet de la dévotion excessive et l'esquisse d'une histoire naturelle de la religion[9]. Ni agnostique ni surtout athée, Jean-Frédéric Bernard a lu Pierre Bayle, qui est du même sentiment que lui. S'il rejette la vérité officielle du catholicisme, qu'il combat en sous-main, il manifeste de fortes tendances déistes. Au demeurant, ses sources iconographiques sont largement les mêmes que celles de Lafitau. Comme celui-ci, ce protestant puise à larges mains dans la collection des *Grands Voyages* de son coreligionnaire Théodore de Bry, non sans lui ajouter des documents nouveaux. Dans l'immédiat, les *Cérémonies et coutumes religieuses de tous les peuples du monde* obtiennent un succès européen et suscitent sans tarder une réplique catholique[10]. Les abbés Banier et Mascrier en publient une contrefaçon en 1740, partiellement réécrite et dûment réorientée dans le sens de l'orthodoxie la plus stricte[11]. L'essentiel de l'iconographie est conservé, le frontispice toutefois refait.

L'entreprise de Lafitau est associée à tout un courant qui s'efforce de rénover le genre historique, tout en rappelant l'exigence infaillible du dogme. Le prouve le cas des Courètes, ici analysé par Mélanie Lozat. Les Courètes, initiés mythiques auxquels se rattachent les cultes dionysiaques et notamment les bacchanales, sont un emprunt de Lafitau à Strabon, qu'a édité et commenté un siècle auparavant Isaac Casaubon. Le cas d'Isaac Casaubon, érudit protestant, est bien connu : ce savant helléniste méritait une chaire au collège royal, l'ancêtre du collège de France, que comptait lui accorder Henri IV. Mais le parti catholique reconnut en lui un hérétique et s'opposa à ce bénéfice. Après la mort du roi, Casaubon dut s'exiler en Angleterre, où il mourut. Imprimée à

8 Rubiés, « Histoire sacrée et ethnographie comparative chez Lafitau », ci-après p. 63-81.
9 Picart, 1723.
10 Voir à ce sujet le bel ouvrage de Wyss-Giacosa, 2006.
11 Voir Motsch, « Lafitau entre l'histoire et la théologie. Archives et méthodes à l'aube des Lumières », ci-après p. 45-61.

Genève, son édition de Strabon est abondamment utilisée par Lafitau, citée par lui une cinquantaine de fois. La *Géographie* de Strabon lui fournit l'explication évhémériste de la religion enseignée aux hommes par les premiers qui établirent des colonies dans les différentes parties du monde. Les rites mystériques des Courètes et ceux des Iroquois ont une origine commune, ce qui prouve à l'évidence l'existence de Dieu. Mais, comme le souligne Mélanie Lozat, Lafitau s'abstient de suivre Casaubon quand celui-ci, à propos des cultes à mystère, fait valoir que la religion catholique, en ce qui concerne le sacrement de l'Eucharistie, dériverait de ce culte païen[12] !

Le cas du pasteur Jean de Léry est plus révélateur encore. L'auteur de l'*Histoire d'un voyage faict en la terre du Brésil* est cité à treize reprises dans les *Mœurs des sauvages ameriquains*[13]. Lafitau lui emprunte à foison, non sans le censurer. Ou plutôt, il le corrige et le rend anodin. Non pas qu'il s'en prenne à son protestantisme, dont il n'est pas besoin de faire mention, mais il omet le passage du chapitre XVI, « De ce qu'on peut appeler religion entre les sauvages Ameriquains », où Jean de Léry glisse l'hypothèse qu'il pourrait exister des peuples sans dieu, à preuve les Tupinamba du Rio de Janeiro, « peuple sans dieu » par la faute du diable, bien évidemment. Or cette réfutation de la thèse du consentement universel, selon laquelle Dieu serait universellement révéré, est gênante et contredit le projet des *Mœurs*. D'où la suppression de ce passage d'un chapitre où Lafitau puise, par ailleurs, à foison. Alors même qu'il le passe sous silence, ce passage est utilisé par les libertins des Lumières pour corroborer l'existence de peuples athées et vivant comme bon leur semble. Diderot, après bien d'autres, en aura connaissance et s'en servira[14].

Chez Lafitau, la démonstration prime sur le reste, y compris sur les images, qui ne servent jamais que de relais instables, déplacés d'un peuple à l'autre, d'un continent au continent voisin, voire de l'hémisphère austral à l'hémisphère boréal. Le recours aux gravures permet sans doute la circularité entre le *voir* et le *croire*, comme le notent Sarah Diane Brämer et Adrien Paschoud[15], mais dans cette courbe que la

12 Lozat, « Les Courètes : de Strabon à Lafitau », ci-après p. 97-110.

13 Bernhardt, « Jean de Léry et Théodore de Bry aux sources de Lafitau », ci-après p. 153-165.

14 Sur cette question, et la portée potentiellement révolutionnaire de ce passage de Jean de Léry, voir Gliozzi, 1988.

15 Brämer et Paschoud, « Du texte à la gravure : l'Égypte ancienne dans les *Mœurs des sauvages ameriquains* », ci-après p. 125-135.

démonstration dessine, les illustrations ne sont jamais des points fixes, pas plus au départ qu'à l'arrivée. Elles apparaissent, puis disparaissent, avant de reparaître sous des avatars nouveaux, toujours imprévisibles. Elles sont là à titre transitoire, relais instables et fluctuants, sans ancrage définitif. Ce sont là non des preuves assurées, mais des traces, que l'on peut toujours effacer, retoucher, transformer pour la commodité de l'exposé. Peut-on parler de falsification à proprement parler ? Non pas, mais de plasticité plutôt, les images pouvant être retouchées, à preuve les pagnes ou slips sommaires que portent non seulement les peuples nus, mais aussi les idoles des Égyptiens, et de plus homogénéisées, ne serait-ce que pour souligner la cohérence du propos. L'essentiel est qu'elles soient reconnaissables et qu'elles fonctionnent comme des conjectures visuelles faisant appel aux sens. Au mieux, ce sont des « preuves picturales » qui ont pour objectif de persuader[16]. Les illustrations ne sont ni premières ni dernières, mais servent un discours qui leur préexiste et les prend en charge. Elles sont utiles assurément à la démonstration, bien qu'elles n'en délivrent pas le sens ultime. La religion monothéiste reste l'axe récurrent du propos. L'existence de Dieu constitue tout à la fois le point de départ et l'aboutissement de la démonstration. La méthode de Lafitau ne sert en définitive qu'à confirmer, par une somme comparatiste impressionnante, cette évidence première, de plus en plus contestée à l'époque où il écrit.

Lorsqu'il prend la plume, un monde déjà s'effrite, dont il est le témoin lucide. Il rassemble à toute force des restes, sans pouvoir conjurer à terme une disparition. Au moment où il écrit, l'avortement des missions jésuites en Nouvelle-France est patent, suite à des décennies de guerres iroquoises : les Hurons catholiques, rassemblés, regroupés dans des réserves où ils survivent, en sont le dernier vestige. Bientôt, suite à l'affaire des rites chinois, la société de Jésus va être interdite dans toute l'Europe et, pour finir, supprimée à Rome même. Une quarantaine d'années suffira pour que cette disparition soit entérinée. Lafitau pourrait apparaître à cet égard comme un attardé ou le témoin d'une époque révolue. En fait, ce décalage historique ou ce déphasage rend son entreprise d'autant plus fascinante. Même s'il semble tourné vers le passé, défendant un combat à bien des égards perdu, le tableau des *Mœurs des sauvages ameriquains* innove non seulement par l'extraordinaire ampleur

16 Wyss-Giacosa, « Lafitau et les dieux d'Asie », ci-après p. 167-182.

de l'enquête, mais surtout par la mise à plat de toutes les cultures sans exception, d'une extrémité du monde à l'autre. Lafitau innove malgré lui, par le déploiement d'une érudition impressionnante, mais surtout par les connexions qu'il établit entre les cultures les plus différentes, les mettant sur le même pied, de l'Amérique des Aztèques et des Iroquois à l'Asie des Chinois et des Indiens. Par cette générosité du regard et par ce souci de tout mettre à plat, côte à côte, sans hiérarchie, il ouvre le monde moderne à la totalité.

Frank LESTRINGANT

INTRODUCTION

À Philippe Borgeaud.

À partir du XVIe siècle, des gravures circulent dans toute l'Europe et diffusent l'image de ceux que l'on désigne alors comme des « cannibales », ou des « sauvages », relégués aux frontières de l'humanité. C'est à partir de ces images que se forge le cliché du sauvage « Indien », représenté nu, en train de danser frénétiquement ou d'adresser son culte à des « idoles », la tête parée de grandes coiffes à plumes, ou encore en train de consommer de la chair humaine[1]. Parallèlement, dans les textes des savants et des érudits, la figure de l'Autochtone des Amériques (du « sauvage ») devient un enjeu philosophique, politique et théologique, dont on se sert pour interroger la nature de l'homme et l'universalité de la religion[2]. Dans l'histoire des contacts et tentatives de compréhension et de conversion entre Europe et Amérique, les premières années du XVIIIe siècle jouent un rôle central. Aux XVIe-XVIIe siècles, le genre humain était encore pensé comme une « unité[3] » au sein d'un monde régi par le principe d'« analogie[4] ». À partir de la seconde moitié du XVIIIe siècle, l'universalisme érudit cède progressivement sa place aux sciences qui cherchent, d'un côté, à classifier toute l'humanité et, de l'autre, à en catégoriser les espèces selon une hiérarchie bientôt fondée sur la théorie des races[5]. Le début du XVIIIe siècle apparaît dès lors comme une période à la fois de transition, mais également de mise en place de méthodes nouvelles fondées sur la tradition ancienne.

---

1 Voir Mason, 1990 ; Sturtevant, 1988 ; Duviols, 2006 ; Gaudio, 2008 et, sur le cannibale en particulier, Lestringant, 2016. Sur l'idolâtrie, voir Bernand, Gruzinki, 1988 ; Barbu, 2016.

2 Hartog, 2005, p. 52.

3 Lestringant, Moreau, Tarrête (dir.), 2014.

4 Foucault, 1966.

5 Bancel, David, Thomas, 2014.

1724, en particulier, fut une année cruciale : Bernard le Bouyer de Fontenelle publie *L'origine des fables*[6]. Cette publication est suivie de près par la *Scienza Nuova* de Giambattista Vico[7]. Entre les deux, paraissent les *Mœurs des sauvages ameriquains* du père jésuite Joseph-François Lafitau (ill. 2 et annexe I). Alors que Fontenelle voyait dans l'étude de la fable (intrinsèquement liée à la croyance religieuse) un moyen de retracer l'histoire de l'esprit humain[8], Lafitau cherche, lui, à mettre en place un système comparatiste entièrement basé sur une nouvelle « science » de la religion (essentiellement singulière pour le jésuite). À travers la comparaison systématique de quelques traits caractéristiques des mœurs et coutumes des « Sauvages ameriquains » avec celles rencontrées dans la littérature et les monuments des Anciens grecs et romains, il cherche à remonter aux origines communes et chrétienne de l'humanité. Ses informations sur les Sauvages, il les tire pour la plupart de son expérience de missionnaire en Nouvelle-France. Ainsi, les *Mœurs des sauvages ameriquains*, entre culture érudite et expérience de terrain, proposent-elles une histoire universelle, ou mieux une « science » de la Religion catholique.

LAFITAU AUJOURD'HUI

Lafitau n'a jamais vraiment sombré dans l'oubli. Ses *Mœurs des sauvages ameriquains* n'ont pas seulement été rééditées au XVIIIe siècle, mais encore au siècle suivant, notamment à deux reprises par les frères Périsse, en 1839 puis en 1845[9]. L'« Avertissement » de l'édition de 1845 s'ouvre ainsi :

> Pendant son séjour dans l'Amérique, le père Lafiteau fut frappé de quelques points de conformité qu'il croyait apercevoir entre les doctrines et les coutumes des *sauvages* de cette contrée et celles des peuples de l'antiquité classique : il crut voir dans ces dernières la source d'où étaient découlées les premières,

6 Si le texte de Fontenelle paraît en 1724, il est probable qu'il ait été écrit un peu avant 1680. Voir Fontenelle, éd. Carré, « Introduction », p. 7. Sur cette année, voir Revel, 2010.

7 *Cf.* Calame, 2007.

8 Fontenelle, 1724, p. 588, éd. Carré, p. 39-40.

9 *Mœurs, coutumes et religions des sauvages ameriquains*, extrait du P. Lafiteau par A. S., Lyon-Paris : Périsse frère, 1845. Voir Motsch, 2001, p. 278.

> et, séduit par quelques rapprochements ingénieux, il essaya d'établir en tout point un parallèle exact entre les peuples des deux mondes. (Lafitau, éd. Périsse frère, 1845, p. n. n.)

En dépit de cela, les éditeurs estimaient que son système de religion avait amené Lafitau à dresser des conjectures « arbitraires », « hyperboliques et conjecturales ». C'est pourquoi, les frères Périsse décidèrent de « purg[er] » leur réédition « de tous les rapprochements plus ou moins hasardés ». Cette édition revue et corrigée dont on avait ainsi lissé le style et retiré toutes les illustrations deviendra la source incontournable sur les Amériques jusqu'à la fin du XIXe siècle. D'un côté, Lafitau sera lu par des écrivains qui, comme François-René de Chateaubriand, inventaient un pittoresque proprement américain[10] ; de l'autre, des spécialistes d'anthropologie physique trouveront dans les Sauvages américains décrits par Lafitau les analogues de l'homme préhistorique (l'« homme fossile »)[11]. Les *Mœurs* participent ainsi de la construction d'un imaginaire colonial en même temps qu'elles influencent le champ de l'anthropologie physique.

Peut-être est-ce par le biais de revues comme le *Bulletin de la Société d'Anthropologie de Paris*, ou encore de l'ouvrage du préhistorien et médecin Louis Figuier, *L'homme primitif* (1870), que les ethno-anthropologues découvrent Lafitau ? Andrew Lang est le premier à le mentionner dans « The Folklore of France », un texte paru en 1878[12]. Passé le tournant des années 1900, alors que l'ethnologie s'affirmait comme discipline des sciences humaines, toute référence à un *prédécesseur* de l'Ancien Régime participe de la construction de sa pré-histoire[13]. C'est ainsi que Lafitau fait irruption parmi les précurseurs de l'ethno-anthropologie, tels Arnold van Gennep et John Cooper, puis, en 1966, Alfred Métraux[14]. Une décennie plus tard, en 1977, Fenton et Moore répandent l'idée que l'entreprise de Lafitau avait une dimension ethnologique, de par sa « méthode comparative » empruntée aux Anciens, aux Grecs (Hérodote, Strabon et Pausanias) et aux Romains (Pline l'Ancien) parfois lus à travers

---

10 Voir Gaultier, 1951.

11 Nous renvoyons sur ce sujet au projet de recherche FNS d'Aldo Trucchio, *L'homme « sauvage » et l'homme « fossile » entre France et Nouvelle France*, UQAM-Le Mans Université.

12 Voir le commentaire de Service, 1985, p. 14.

13 Sur l'histoire de l'ethnologie, voir entre autres Voget, 1975 ; Stocking, 1992 ; Sera-Shriar, 2013 ; Vermeulen, 2015.

14 Van Gennep, 1913 ; Cooper, 1933, IX ; Métraux, 1966.

les chrétiens (Isidore de Séville). En 2001, Andreas Motsch consacre un livre fondamental à *Lafitau et l'émergence du discours ethnographique* dans lequel il développe toutes les facettes de cette question, à travers l'étude de la « méthode » Lafitau, des enjeux et du contexte ainsi que de thématiques générales de son œuvre, comme l'économie du don, la gynécocratie ou la mnémotechnique[15].

En parallèle à son établissement parmi les précurseurs de l'ethno-anthropologie, Lafitau a également été convoité par l'histoire comparée des religions qui n'a pas tardé à se pencher sur ses écrits. Selon Marcel Detienne (1981, p. 20-21) l'originalité du jésuite fut d'étendre la comparaison au plan « intellectuel », en montrant l'« étrange » conformité des mœurs des Anciens et celles des Sauvages. Quelques années plus tard, Philippe Borgeaud ouvre son étude sur « Le problème du comparatisme en histoire des religions » en affirmant qu'« une des premières œuvres sollicitant l'attention d'un historien des religions qui s'interroge sur le rôle et l'importance de la comparaison comme procédé heuristique ou analytique est celle du jésuite français Joseph-François Lafitau… » (Borgeaud, 1986, p. 59). Comme pour les ethno-anthropologues, l'intérêt du jésuite-missionnaire réside avant tout dans son usage de la comparaison. Borgeaud insiste sur l'importance de la religion dans le système de Lafitau alors qu'en 1983, les éditions de la Découverte ont négligé, lors de la publication d'extraits des *Mœurs*, le long chapitre consacré à cette thématique. La thèse défendue par Borgeaud est « que l'approche du jésuite […] préfigure peut-être l'ethnologie religieuse, certainement l'histoire comparée des religions » (*ibid.*, p. 60)[16].

Cependant, affirmer la centralité de la religion dans la méthode comparative de Lafitau implique d'en retracer le cadre historique précis. C'est dans le contexte des missions catholiques en Nouvelle-France que les *Mœurs des sauvages ameriquains* furent écrites et que Lafitau s'établit sur les rives du fleuve Saint-Laurent, dans la mission jésuite de Sault-Saint-Louis (Caughnawaga). Avec l'expansion des échanges commerciaux (comme la traite de la fourrure), la Couronne française

15 D'autres auteurs du XXe siècle ont considéré Lafitau comme un précurseur : Cocchiara, 1948 ; Tissot, 1974-1975 ; Certeau, 1980 ; Duchet, 1984 ; Vidal-Naquet, 2005.

16 Borgeaud a approfondi cette thèse dans ses articles et ouvrages successifs, parmi lesquels Borgeaud, 2013 et Borgeaud, Petrella, 2016. Pour un aperçu complet de ses publications, voir Prescendi, Volokhine (éd.), 2011, p. 13-26. Dans ce contexte, on n'oubliera pas de mentionner les études de Hartog (2005) et Stroumsa (2017).

prend possession des terres conquises, en établissant des échanges avec les nations autochtones placées au rang d'alliés. Une vaste campagne de conversion et d'évangélisation fut menée, dont les jésuites étaient les plus fervents acteurs[17].

Le système de comparaison établi par Lafitau entre les Sauvages et les Anciens porte en lui-même la violence d'une histoire dont un des acteurs, les Autochtones des Amériques, est travesti, sinon absent. En Nouvelle-France, la conversion était une forme de colonisation et des pans entiers de la culture des peuples autochtones furent éradiqués pour cause d'« hérésie ». Il reste peu de traces des paroles, des mythes, des Autochtones contemporains de cette époque, qui ne permettent pas vraiment d'établir une *contre-histoire* – bien que quelques chercheurs s'attèlent depuis quelques années à combler ce vide[18]. Le dialogue entre Sauvages et Européens est un *modus operandi* inventé par Lafitau qui n'a pas pour but de donner à entendre la parole des Autochtones, mais plutôt d'éclairer dans leur discours les reliques d'une « Religion originelle » présentes à leur insu dans leurs mœurs et coutumes. Son entreprise peut être perçue dans un rapport tendu entre une volonté de dire l'Autre et la nécessité de l'expliquer à travers la religion. Que reste-t-il de la culture autochtone dans le discours de Lafitau ? Les *Mœurs* donnent à penser une parole absente, « arrachée » à ces peuples que les Français cherchaient alors à « civiliser[19] ».

En 2016, à l'occasion du tricentenaire de la parution de son *Mémoire présenté à S. A. R. Mgr le duc d'Orléans [...] concernant la précieuse plante du gin-seng de Tartarie, découverte en Canada*, nous avons organisé à Genève une rencontre visant à faire le point sur le système de pensée de Lafitau, envisagé dans son contexte historique et religieux en tenant compte de ses deux aspects, littéraires et iconographiques[20]. Ce colloque

---

17 Sur les jésuites en Nouvelle-France, voir Flamarion (éd.), 2008 ; True, 2015.

18 Voir Petrella, Trucchio, 2018.

19 Voir Borgeaud, 2016.

20 « La plume et le calumet : Joseph-François Lafitau et les *sauvages ameriquains* », colloque international, Université de Genève, Musée d'Ethnographie de Genève, 2-3 juin 2016. Voir les deux articles parus dans la presse à ce sujet : « Joseph-François Lafitau, un jésuite au pays des Iroquois », *Le Journal de l'Unige* 118, 19 mai au 2 juin 2016 ; Nic Ulmi, « Comment un jésuite mit les Iroquois dans la Bible », *Le Temps*, 10 juin 2016. Une journée d'études et de formation doctorale a eu lieu à l'Université de Genève dans le cadre des activités du Programme Doctoral en Sciences et Histoire des Religions : « Les origines de l'ethnographie et la figure du sauvage au XVIIIe siècle », animée par Andreas Motsch et Frédéric Tinguely.

interdisciplinaire, réunissant des spécialistes de diverses disciplines, fut accompagné d'une table ronde sur la question de l'imaginaire et des images, entre science et philosophie[21]. L'intention était d'ouvrir un débat sur la place de la figure du sauvage dans l'imaginaire scientifique, mais aussi artistique, en lien avec l'exposition temporaire sur le chamanisme en Amazonie qui avait lieu au même moment au Musée d'ethnographie de Genève[22]. Entre présent et passé, les religions des Amériques posent la question des liens de l'ethnologie au passé colonial, chrétien. Dans certains cas, cette question entraîne à revisiter nos catégories idéologiques, comme celle de genre (si l'on pense au débat actuel sur les *Two-spirits*, anciennement désignés comme « bardaches » ou « homme-femme » des Amériques[23]). Enfin, dans ce même cadre, une exposition a été organisée à l'Espace Cheminée Nord[24]. L'idée était d'élaborer, avec trois artistes membres de l'Atelier genevois de gravure contemporaine, un concept d'exposition à partir des illustrations de l'édition originale des *Mœurs des sauvages ameriquains* de Lafitau. Les artistes se sont appropriés certaines thématiques que les historiens n'ont pas les moyens d'approcher, ou des dimensions qui échappent à la bi-dimensionnalité du livre imprimé (le son ou l'espace). Tandis que des chercheurs ont cherché une complémentarité entre histoire et fiction pour répondre aux silences de l'histoire[25], ce projet a été l'occasion d'instaurer un dialogue anachronique entre art et histoire à travers les gravures tridimensionnelles d'Emmanuel Mottu (couverture), les tambours en papier de Pablo Osorio Avezsa et la performance de Yann Marussich (ill. 3).

Le présent ouvrage résulte de l'ensemble de ces rencontres, débats et expérimentations. Il a pour ambition de questionner l'« écriture d'une histoire[26] » où ceux qui tenaient la plume n'avaient pas forcément le même statut que ceux qui s'en coiffait le chef. Dans le contexte

---

21 « Sauvages d'Amérique. Images et imaginaire du XVIIIe siècle à nos jours », table ronde animée par Vincent Barras, Jan Blanc, Martin Rueff, Genève, MEG, 2 juin 2016.

22 « Amazonie. Le chamane et la pensée de la forêt », exposition temporaire présentée à Genève, MEG, du 20 mai 2016 au 8 janvier 2017.

23 Voir Borgeaud, Petrella, (à paraître, 2019).

24 Yann Marussich, *Agokwa*, Emmanuel Mottu, *Extinction*, Pablo Osorio Avezsa, *Tonal*, Genève, Espace Cheminée Nord, Usine Kugler, 2-18 décembre 2016, curatrices : Mélanie Lozat et Sara Petrella.

25 On se réfère ici aux réflexions de Patrick Boucheron, exposées notamment dans Boucheron, 2013.

26 Voir Certeau, 2002.

des entreprises coloniales, il semblerait que la plume de l'écriture ait fait contrepoint au calumet des « Indiens », dans une tentative de conciliation dans un contexte de guerres. La table ronde ainsi que l'exposition de 2016 ne feront pas l'objet d'une publication dans ce volume, car les éditrices désiraient assumer une part d'éphémère et d'oubli, une dimension nécessaire à la production de l'écrit mais absente du résultat imprimé.

DEUX MONDES EN PARALLÈLE

Ce livre se divise en trois sections. La première, « Écritures plurielles », interroge la figure de Lafitau et l'intégralité de son œuvre, sans se limiter au seul portrait du missionnaire jésuite ni à la seule analyse des *Mœurs des sauvages ameriquains*. Il s'agit de comprendre la méthode et les intentions de Lafitau, et l'inscrire dans un contexte intellectuel, social, politique et religieux. Lafitau n'est certes pas le premier à s'être intéressé aux Autochtones. À la fin du XVIe siècle, un autre jésuite, José de Acosta, s'était rendu au Pérou et en avait appris la langue pour comprendre les diverses formes d'expression du sentiment religieux chez les peuples qu'il étudiait. Ce principe d'accommodation, cher aux jésuites, s'appuyait sur la comparaison dans le but de développer des équivalences entre les différentes cultures et ainsi faciliter la conversion des populations rencontrées. Dans son *Histoire naturelle et morale des Indes* (1590), Acosta consacre un livre entier « à la religion, ou superstition, aux rites, idolâtries, et sacrifices des Péruviens ». Selon lui, l'idolâtrie des Autochtones, qu'il compare à celle des Grecs et Romains, est l'œuvre du diable, mais témoigne néanmoins d'une profonde religiosité[27]. Plus d'un siècle plus tard, c'est encore au phénomène d'idolâtrie que Lafitau s'intéresse, mais il réfute l'imitation diabolique défendue par Acosta. Il s'inscrit, lui, dans la ligne des *Conformité des coutumes des Indiens orientaux, avec celles des Juifs & des autres peuples de l'Antiquité* (1704) de Nicolas de la Créquinière[28].

27 MacCormack, 1991, p. 281 ; Barbu 2016 ; Stroumsa, 2017, p. 225-226.
28 Voir Ginzburg, 2011.

Dans « Lafitau écrivain », Philippe Borgeaud retrace la vie et l'œuvre de Lafitau, et relève des projets d'écriture dont nous avons des traces, mais pas (encore ?) de manuscrits. La lecture de son œuvre laisse entrevoir des parallèles entre différents écrits, qui sont autant de ponts jetés entre l'Ancien et le Nouveau Monde, comme sa réflexion sur le peuplement de l'Amérique, les initiations et le rapport consubstantiel entre religion et mœurs. Borgeaud montre que Lafitau témoigne, par-delà son érudition et son projet pédagogique, d'une réelle méthode et d'un réel souci d'écriture. Dans « Lafitau entre l'histoire et la théologie », Andreas Motsch se penche sur l'enracinement de l'œuvre de Lafitau dans l'histoire des idées. Au travers de l'analyse du *Mémoire* sur le ginseng, des *Mœurs* et du manuscrit perdu de Lafitau sur la religion des premiers temps, il confirme le rôle fondamental que joue la dimension théologique dans la réception de cet auteur et les difficultés inhérentes à la démarche ethnographique mise en place par Lafitau. Dans « Histoire sacrée et ethnographie comparative chez Lafitau », Joan-Pau Rubiés montre que l'ouvrage comparatif de Lafitau, trop souvent interprété comme précurseur de l'anthropologie, doit être inscrit dans la tradition apologétique de l'histoire sacrée. La mise en parallèle entre les *Mœurs* (1724) et les *Cérémonies et coutumes religieuses de tous les peuples du monde* (1723) indique une divergence intellectuelle significative, qui prend place dans la culture intellectuelle européenne au tournant du XVIIIe siècle. Dans « La théorie des Moïses, aux origines du figurisme de Lafitau », Marc Kolakowski se propose de réévaluer la nature apologétique des *Mœurs*, en soulignant sa dette envers la *Demonstratio evangelica* de Pierre-Daniel Huet et en l'abordant comme le produit d'un milieu jésuite marginalisé, le groupe dit des « figuristes ». Dans cette perspective, il montre que l'attitude de Lafitau à l'égard d'Huet correspond à celle des figuristes, chez lesquels il aurait pu trouver une première version de son système.

La deuxième partie de ce livre rassemble les études consacrées plus particulièrement à la méthode comparative de Lafitau et à son « Système de religion ». Dès les premières lignes des *Mœurs*, Lafitau présente son projet. Son intention est d'expliquer l'origine commune de tous les peuples et la rémanence universelle de la révélation faite par Dieu à Adam et Ève[29]. En réponse aux athées de son époque pour lesquels le « Sauvage » atteste qu'il est possible de vivre sans religion,

29 Lafitau, 1724, t. I, p. 7.

Lafitau va comparer les mœurs des Autochtones à celles des peuples de l'Antiquité pour défendre une vision monogéniste. En montrant que leur système culturel et religieux est conforme à celui des anciens païens, il établit une systématisation des religions, qui découlent toutes, sous une forme corrompue, de la révélation adamique. Il sélectionne ainsi des « motifs hiéroglyphiques » (texte ou image) qui, comme des fables interprétées à l'aune de la *prisca theologia*, sont dotés d'une enveloppe monstrueuse mais contiennent en leur sein un noyau de vérité, hérité de la révélation chrétienne.

Dans « Les Courètes : de Strabon à Lafitau », Mélanie Lozat montre que le géographe antique est une source fondamentale pour Lafitau, qui construit son modèle d'interprétation, son « système de Religion », en référence aux orgies et mystères tels qu'ils sont décrits dans la *Géographie* de Strabon. Lafitau veut prouver que l'on trouve des traces de la révélation adamique dans les rites orgiaques et les cultes à mystère des païens de l'Ancien et du Nouveau Monde. Dans son article « La pyrolâtrie des peuples de l'Amérique, selon Lafitau », Frank Lestringant montre que l'intention de Lafitau n'est pas de démontrer l'existence de Dieu, qui ne fait aucun doute pour l'auteur, mais les manières dont l'humanité la travestit. Dans cette perspective, la pyrolâtrie occupe une place centrale car non seulement elle est la première chose qui se présente dans les orgies de Bacchus, mais elle est également commune aux Sauvages et aux Anciens. Dans « Du texte à la gravure : l'Égypte ancienne dans les *Mœurs* », Sarah Brämer et Adrien Paschoud soulignent l'importance de l'Égypte ancienne dans la pensée de Lafitau. Le savoir égyptologique du jésuite est cependant déterminé par ses visées polémiques autour de la loi mosaïque, mais surtout apologétiques. Entretenant un lien étroit avec le texte, les gravures relatives à l'Égypte ancienne participent de cette lecture anagogique. Mises en perspective avec d'autres civilisations pré-chrétiennes, elles sont avant tout destinées à valider l'hypothèse d'un monothéisme originel.

La troisième partie, « De l'atelier du graveur au cabinet de l'antiquaire », est consacrée à l'étude des fonctions et modes opératoires des illustrations chez Lafitau. Les illustrations de l'édition originale des *Mœurs* sont indissolublement liées au texte, comme le prouve le célèbre frontispice incarnant l'Histoire, commenté par Michel de Certeau (ill. 1)[30]. Au début

30 Certeau, 1980 et 1985. Sur les sources des illustrations, voir Sturtevant, 1977.

du XVIIIe siècle, les illustrations offraient une plus-value, influant le prix de vente des livres. Le marché éditorial de la littérature de voyage, alors en plein essor, faisait un usage massif du visuel pour séduire un public friand d'objets exotiques et amateur de curiosités[31]. Mais l'illustration n'avait pas pour seule fonction d'embellir le texte, de le rendre plus *illustre*. Elle participait à la construction d'un imaginaire du Nouveau Monde, par la standardisation de figures d'altérité : la nudité, le cannibalisme, la danse frénétique ou encore l'idolâtrie. Elle procédait par recyclage de motifs iconographiques plus anciens. En même temps, l'illustration se faisait le relai d'une nouvelle méthode : l'« antiquarianisme ». Interprétée par Arnaldo Momigliano, cette approche peut être définie comme une première tentative, au XVIIe siècle, de restituer le passé antique gréco-romain à travers l'étude de *choses*, des monuments ou de vestiges anciens, en inscrivant tout raisonnement au service de la preuve[32]. Dans ce cadre, l'illustration jouait un rôle de premier plan, dans la mesure où elle donnait à voir les artéfacts ou monuments commentés dans le texte.

Sara Petrella a cherché à retracer l'histoire de l'iconographie de la femme sauvage. Son étude sur les « Femmes à poils. Réception et actualisation d'un cliché dans les *Mœurs des sauvages ameriquains* de Joseph-François Lafitau » permet à la fois de caractériser les modes de représentation de la femme sauvage au XVIIIe siècle, et de suivre la reconduction opérée par Lafitau vers une neutralisation. Lafitau veut éloigner de tout regard lubrique le corps dénudé de la femme. Inspiré de celui des pénitentes hirsutes, ce corps devient un opérateur essentiel du système de comparaison. Dans son article sur « Théodore de Bry et Jean de Léry, aux sources de Lafitau », Matthieu Bernhardt se penche sur les sources de Lafitau et montre non seulement comment les deux plus importants récits de voyage de cette époque, les *Grands voyages* de Théodore de Bry ainsi que l'*Histoire d'un voyage faict en la terre du Bresil*, sont repris dans les *Mœurs*, mais aussi comment ils servent la théorie du monogénisme et du consentement universel défendue par Lafitau. Dans « Lafitau et les dieux d'Asie. Visualisations synoptiques dans les *Mœurs des Sauvages ameriquains comparées aux mœurs des premiers temps* », Paola

31 Voir l'ouvrage de référence de Schnapper, 1988, 1994 et, pour le goût exotique, Marrache-Gouraud, 2013.

32 Momigliano, 1950 ; Miller, 2007 ; Schnapp (éd.), 2013.

von Wyss Giacosa s'arrête sur les modalités de l'illustration et sur le rôle spécifique joué par le visuel dans l'entreprise de Lafitau. Son étude met à jour un type nouveau de représentation, au service de la méthode de Lafitau, fondé sur la comparaison simultanée : les images synoptiques. Enfin, Myriam Marrache-Gouraud, dans son article « Lafitau au miroir de la curiosité », reprend la question de la « culture de la curiosité » pour montrer la relation complexe qu'entretiennent les illustrations avec la représentation des objets isolés d'une part et du cabinet de l'autre.

En conclusion, le but de présent ouvrage est de montrer que la « découverte » des Amériques par les Européens à l'aube de la Modernité consiste, à bien des égards, en une révolution, un changement de perspective radical, dans le sens où l'entendait Gilles Deleuze :

> Le point de vue n'est pas du tout une perspective frontale qui permettrait de saisir une forme dans les meilleures conditions, le point de vue est fondamentalement perspective baroque, pourquoi ? C'est que jamais le point de vue n'est une instance à partir de laquelle on saisit une forme, mais le point de vue est une instance à partir de laquelle on saisit une série de formes, dans leurs passages les unes dans les autres, soit comme métamorphoses de formes : passages d'une forme à une autre, soit comme anamorphose : passage du chaos à la forme. C'est le propre de la perspective baroque. (Cours Vincennes, St Denis : « Le pli, récapitulation », 16/12/1986).

Ce n'était pas seulement le regard sur le monde, ses confins et ses frontières, qui fut bouleversé avec et à partir de Lafitau : les mœurs et coutumes de ses habitants observés outre atlantique, tantôt jugés étranges tantôt familiers, allaient bientôt être pensées à travers des catégories universelles, comme celle de religion[33]. Entre refus et assimilation, entre incompréhension et identification, s'engageait à partir des premiers contacts une longue période d'accommodation pour intégrer les peuples autochtones dans une histoire universelle[34]. Toutefois, on aurait tort de chercher une image « objective » des hommes et des femmes décrits et illustrés par les nouveaux colons[35]. Les descriptions des Amériques, les études sur ce tout autre, étaient le fait d'auteurs et de graveurs, voire

33 Sur cette question, voir entre autres : Stroumsa, 2010 ; Borgeaud, 2013, p. 85, Smith 2014.

34 Grafton, 1992 ; Harvey, 2008, p. 77.

35 Sur l'invention de l'objectivité, voir Daston et Galison, 2007.

d'éditeurs de livres, nés en Europe. C'est la matérialité du livre, la tradition littéraire et iconographique occidentale (et chrétienne), qui donna forme à cette Amérique durant les premiers siècles de la découverte. Ainsi, la vision de ses terres et de ses habitants était tributaire des récits des voyageurs et missionnaires qui, fortement influencés par les lettres antiques, cherchaient à retranscrire leurs observations dans des livres que le public s'arracherait sur le marché européen.

Mélanie LOZAT et Sara PETRELLA

Nos remerciements vont à la Commission administrative et la Maison de l'histoire de l'Université de Genève dont le soutien nous a permis d'éditer le présent ouvrage. Ce projet n'aurait pu voir le jour sans le soutien et les conseils des professeurs Philippe Borgeaud, Andreas Motsch, Frédéric Tinguely, Jan Blanc, Dominique Jaillard, Christian Grosse, Vincent Barras, Martin Rueff et Noémie Étienne, sans oublier Boris Wastiau, Mauricio Estrada Muñoz, Francesca Prescendi, le comité du PDHSR, Daniel Barbu, Francesco Massa et Aldo Trucchio. Pour la création de l'exposition temporaire, notre gratitude va à l'Atelier genevois de gravure contemporaine, au Fonds Municipal d'Art Contemporain et à l'Espace Cheminée Nord. Enfin, pour les illustrations, nous remercions les conservateurs de la Bibliothèque de Genève, la Fondation Martin Bodmer, la Bibliothèque Municipale de Lyon, la BPU de Neuchâtel, le Kunstmuseum de Bâle, la Bibliothèque ETH de Zurich, les Smithsonian Libraries, le Getty Research Institute et le Rijksmuseum d'Amsterdam.

PREMIÈRE PARTIE

ÉCRITURES PLURIELLES

LAFITAU ÉCRIVAIN

L'AMÉRIQUE

Le 10 avril 1711, Lafitau écrit de Paris au général de la Compagnie de Jésus, à Rome, pour demander qu'on l'envoie dans la mission de la Nouvelle-France. La réponse est positive. Débarqué en septembre 1712, il séjourne brièvement à Québec, puis se rend à Sault-Saint-Louis sur la rive sud du Saint-Laurent ; c'est là qu'il exerce son ministère durant six ans. Entre huit cents et mille Autochtones iroquois sont établis là, dans une mission dirigée par les jésuites. Lafitau y rencontre le Père Garnier, un vieux missionnaire qui parle plusieurs langues locales (dont l'algonquin et le huron) : sous sa houlette, il se met lui-même à apprendre les langues iroquoises au point d'en devenir, au jugement du Père Garnier, l'un des meilleurs connaisseurs.

En 1717, Lafitau, qui a trente-six ans, retourne en France, à Paris, où il présente formellement au Conseil du Roy un mémoire dans lequel il appelle à interdire la vente d'eau-de-vie aux Autochtones.

De ce mémoire, on peut lire le résumé qu'en donne le rapporteur, et la décision prise par un arrêt du Conseil du 1er juin 1718[1] :

> Memoire du P. Lafitau Sur la boisson [vendue] aux Sauvages.
>
> Il y traite de l'eau de vie et autres liqueurs pareilles et tout a fait contraires au bien de la Colonie et de l'Etat par quatre raisons principales, dont la premiere est qu'elle intéresse le repos et les intérets des sauvages.

---

1 Je dois la découverte de Lafitau à l'amitié de Georges Tissot, rencontré à Chicago en 1972 alors qu'il travaillait à sa thèse sur les *Mœurs* ; Andreas Motsch a fait preuve, dans la préparation de ce volume, d'une égale générosité. Puisse cette modeste contribution témoigner de ma dette à ces deux collègues. – Archives nationales d'outre-mer. Délibération du conseil de marine du 17 juin 1718 : COL C11A 39 / fol. 242-246v ; CABAC_PIAF_46812. Je remercie vivement Andreas Motsch qui m'a généreusement transmis une photographie de ce document et m'a rendu attentif à quelques imprécisions de la version donnée dans Thwaites, 1900, p. 38-46.

> [...]
> Quand ces peuples sont ivres, ils entrent dans de telles fureurs qu'ils cassent et brisent tout dans leurs ménages, font des cris et des hurlements terribles, et cherchent comme des furieux leurs ennemis pour les poignarder ; leurs parents, leurs amis ne sont pas dans ces moments à couvert de leur rage, et ils se mangent le nez et les oreilles.
> [...]
> Quoique les sauvages aiment à boire, ils sont neanmoins fâches de l'avoir fait, parce que dans leur ivresse, ils perdent tout ce qu'ils ont, de quoi ils ont un tres grand regret quand ils sont revenus dans leur bons sens.
> [...]
> La désunion et la dissolution de leurs ménages s'en suit toujours de leurs ivrogneries, par le chagrin et le désespoir où se trouvent leurs femmes de se voir dépouillées par leurs maris ivres qui leur emportent tout pour boire et frustrées de la chasse qui leur appartient et qui est enlevée a leurs maris avant qu'ils arrivent a leur village par leurs créanciers.
> Ces sauvages oberés de dettes et dépouillés par leurs créanciers qui ne leur laissent pas même leurs fusils, sont obligés souvent d'abandonner le pays et d'aller aux Anglais, ne pouvant espérer de payer leurs dettes.

La décision du Conseil n'est pas franchement négative, mais elle n'est pas encourageante non plus, le commerce de l'alcool étant protégé par ce qu'on appellerait aujourd'hui un lobby puissant et efficace, ainsi que pour des raisons liées à la rivalité avec les Anglais.

En Nouvelle-France Lafitau avait aussi rédigé son premier texte publié, qui paraît en 1718 à Paris, chez Joseph Mongé : *Mémoire présenté à S. A. R. Mgr le duc d'Orléans [...] concernant la précieuse plante du ginseng de Tartarie, découverte en Canada*. Il s'inspirait de la Lettre du père Jartoux adressée à un procureur des missions de la Chine et des Indes, sur la découverte, en Tartarie, d'une plante aux vertus médicinales extraordinaires, le ginseng, publiée pour la première fois dans les *Lettres édifiantes* de 1713, puis reprise par Jean-Frédéric Bernard en 1718, dans le volume IV de son *Recueil de voyages au nord*[2]. Lafitau avait découvert cette lettre au Canada, lors d'une visite à Québec en 1715. Le père Jartoux suggérait que le ginseng devait exister au Canada, où la végétation est semblable, disait-il, à celle de la Tartarie, notamment de par la présence de grandes forêts. Armé des planches ornant le mémoire de Jartoux, qu'il montrait aux indigènes, Lafitau se livra à une véritable enquête de terrain et finit effectivement par découvrir une variété américaine

2 Jartoux, 1713 ; Bernard, 1718, p. 83-96.

de ginseng. Il constata aussi que la manière indigène de nommer cette plante, ainsi que les usages thérapeutiques qu'on en faisait au Canada étaient quasi les mêmes que ceux de Mongolie. Cette étrange correspondance, au niveau des usages, lui servit d'argument pour affirmer l'origine eurasiatique des « sauvages » américains[3].

L'enquête sur le Gin-seng, ou *Garent-oguen* des Iroquois, se lit comme un roman. Elle a permis à Lafitau de construire l'hypothèse de départ de sa réflexion sur le peuplement de l'Amérique. C'est là qu'il met en œuvre, pour la première fois, sa méthode, qui consiste à rechercher des « coutumes caractéristiques », présentes aussi bien dans le Nouveau que dans l'Ancien Monde. Par « coutumes caractéristiques », il entend des systèmes de croyances et de pratiques suffisamment complexes et étonnants, des curiosités, spécifiques au point d'échapper au soupçon d'une possible réinvention indépendante. Le postulat est que la présence dans les deux Mondes de semblables coutumes, ainsi définies, constitue la preuve d'une dérivation directe.

La dédicace du *Mémoire* sur le ginseng est adressée au Duc d'Orléans, Philippe, régent de France, un puissant personnage haut en couleurs, qui trouve le temps de s'intéresser aux sciences naturelles ; elle annonce la dédicace des *Mœurs*, en 1724, encore une fois adressée au Prince d'Orléans[4].

Quand les deux volumes des *Mœurs des Sauvages Ameriquains comparées aux Mœurs des Premiers Temps*, sortent de presse en 1724, Lafitau a quarante-cinq ans. Les *Mœurs* ont été rédigées en France, à partir de ses lectures, de ses notes, et du souvenir des expériences accumulées au Canada. Cela fait alors sept ans que Lafitau a quitté la Nouvelle-France, où il avait séjourné cinq ans, de 1712 à 1717.

Il suffit ici de rappeler la manière dont la parution des *Mœurs des Ameriquains* fut saluée avec chaleur, dans les Mémoires de Trévoux, par un jésuite raffiné, le Père Louis Bertrand Castel[5], qui en donna trois

3 *Cf.* Motsch, 2014.

4 Philippe d'Orléans meurt le 2 décembre 1723 ; Louis XV lui succède. On sait que Lafitau avait déjà confié son texte aux imprimeurs Saugrain et Hochereau le 24 janvier 1723 (*cf.* le Privilège publié en ouverture du second volume des *Mœurs*) le lecteur peut donc entendre, comme il le désire, Philippe ou Louis… Voltaire, qui se livre à une critique mordante de Lafitau, se moque notamment de cette dédicace. Pour Voltaire et Lafitau, je renvoie aussi à la contribution d'Andreas Motsch dans ce volume.

5 Lafitau lui-même nous apprend qu'il s'agit bien du Père Castel, dans une lettre citée *infra* n. 14. Le Père Castel est l'auteur du fameux *Clavecin pour les yeux, avec l'art de peindre les sons, et toutes sortes de Pièces de Musique* (1728) et de *L'Optique des couleurs* (1740).

extraits limpides et commentés, en septembre et novembre 1724, puis en février 1725. Le troisième extrait se présente comme un prolongement destiné à rendre compte non seulement du système concernant la religion et la politique (ce qui avait été fait dans le premier), mais aussi des usages et des bizarreries qui retiendront l'attention des curieux. Ce troisième compte-rendu apparaît comme un hommage au génie et à la curiosité de Lafitau :

> On croiroit, qu'après ce que nous avons dit de la Religion et de la Politique des Sauvages, tout ce que l'Ouvrage du Pere Lafitau a d'interessant, est épuisé : il est pourtant vrai, que bien des gens en ont jugé autrement. Tel, dans une premiere et une seconde lecture, a glissé legerement sur le sistême de la Religion sans l'appercevoir, et même sur celui de la Politique, sans en être fort piqué, qui a été très-agreablement amusé par ce détail curieux d'usages et de pratiques, en apparence bizarres, qu'il a été tout étonné de retrouver comme des faits réels de nos jours, après les avoir long-tems envisagez comme des fables ridicules dans l'éloignement des premiers tems. (*Mémoires pour l'histoire des Sciences et des beaux-Arts*, février 1725, p. 197-198).

En conclusion de son troisième mémoire, le Père Castel résume les compétences de Lafitau en renvoyant à un livre que celui-ci préparait alors, une synthèse finale :

> L'ouvrage que le Pere Lafitau prepare en continuation de celui-ci, ne peut manquer de porter tant de belles conjectures jusqu'à la demonstration. Il y a peu d'Auteurs qui puissent se flatter, de travailler aussi utilement pour l'Histoire, la Chronologie, la Critique et la Religion, et même pour la Philosophie, et les Sciences de raisonnement et de goût : car tout ceci étend fort nos vûës, et dissipe une infinité de fausses lueurs et de préjugéz, qu'une simple compilation de faits entassez, ne fait qu'accroître et entretenir. Les gens d'esprit et de goût ne mepriseront plus l'érudition, lorsqu'elle leur fournira des vûës sistematiques, et des principes de raisonnement : c'est l'esprit de Geometrie, d'Analogie et de comparaison, qui est la clef des découvertes et des Sciences. (*Ibid.*, p. 238-239).

UN ROMAN DE CHEVALERIE

À la lecture de ce programme il peut paraître surprenant de constater que Lafitau fit paraître en 1727 (à Paris, chez les éditeurs Moette et Simon) une *Histoire de Jean de Brienne, roi de Jérusalem et empereur de Constantinople.* Ce petit livre est publié de manière discrète, sans dédicace, le nom de l'auteur apparaissant toutefois dans l'*imprimatur* glissé à la fin du volume, avant la table des matières. Une lettre du Père Souciot à l'abbé de Conti nous révèle que ce texte a un statut quelque peu marginal : « Il paraît un petit livre que le P. Laffitteau [sic] a laché avant que de partir pour s'en retourner à sa Mission de Canada : c'est l'Histoire de Jean de Brienne Roy de Jérusalem et Empereur de Constantinople. C'est peu de chose » (Backer et Sommervogel, 1893, vol. IV, p. 1363).

L'intention de Lafitau, avec l'*Histoire de Jean de Brienne*, n'a rien de politique ou de théologique. Elle est surtout pédagogique. Lafitau ne tient pas à se faire remarquer, en tant qu'écrivain ; c'est un professeur de rhétorique qui écrit pour l'éducation de jeunes aristocrates un ouvrage construit sur de bonnes sources, comme le récit d'une ascension édifiante et rocambolesque. Un gentilhomme « vassal des Comtes de Champagne et cadet de sa maison » devient roi de Jérusalem et empereur de Constantinople. Voilà, dit Lafitau, « le merveilleux de cette Histoire » :

> Il a été brave Soldat, Courtisan habile, grand Capitaine, politique sensé, souvent malheureux, mais toujours Grand. Il semble qu'il ait épuisé l'une et l'autre fortune, sans que la fortune elle-même ait pû épuiser les ressources qu'il a trouvées dans sa fermeté, et sur-tout dans sa pieté et dans la Religion, qui peut seule couronner les actions des grands hommes et donner un prix légitime à leurs travaux. (Lafitau, 1727, p. 3).

« J'ai […] choisi cette Histoire, dit Lafitau (*ibid.*, p. 3-4), préferablement à tant d'autres, parce que j'ai crû qu'elle plairoit par la varieté des évenemens, et que je pourrois m'en servir utilement pour réveiller une ambition raisonnable dans le cœur des jeunes Gentilshommes et les piquer d'une noble émulation » :

> [Cadet de famille], Jean dont nous écrivons l'histoire n'eut dans son partage que quelques Hameaux ou Villages, dont le revenu devoit être assez modique. [...]
>
> Soit qu'Erard [son père] n'aimât pas Jean son fils, soit qu'ayant beaucoup d'enfans avec peu de bien, il ne fut pas en état de le produire dans le monde avec dignité, il lui témoigna toujours peu d'affection, et dès son bas âge il le destina à l'Eglise, où il lui voïoit une fortune comme assurée [...]. (*Ibid.*, p. 6-7).

Le cadet était donc destiné aux ordres. Mais le sort en décide autrement. Jean de Brienne rencontre un oncle chevalier qui le prend sous son aile et lui fait subir une très sérieuse initiation au métier des armes. L'initiation, ainsi nommée (*ibid.*, p. 15), est longuement décrite (*ibid.*, p. 11 à 17) :

> Les jeûnes, les veilles d'armes, le bain, les soufflets et les autres ceremonies de l'initiation finale du Chevalier ou de sa reception, telles qu'on les trouve encore dans les anciennes Chroniques, suffisent pour nous faire comprendre ce que l'Ecuyer avoit à souffrir pendant sept années au moins, durant lesquelles il étoit obligé de suivre un Chevalier et de le servir. (*Ibid.*, p. 15).

La description de ce parcours ritualisé constitue un parallèle remarquable à la description des initiations dans les *Mœurs des sauvages ameriquains*. Il y a là l'indice d'un intérêt particulier du Père Lafitau pour ce type d'institution, qui jette un pont entre l'Ancien monde (antique et médiéval) et les pratiques indigènes[6].

Le récit nous introduit dans la grande histoire. Jean part en croisade en compagnie de son frère Gautier. Il participe à la prise de Constantinople en 1204, puis passe en Palestine où il accomplit un pèlerinage à Jérusalem et à Acre.

> [C'est à cette époque] que le Comte de Tripoli conçut contre Gui de Lusignan, que la Reine Sibylle son épouse avoit fait couronner, une jalousie poussée à un excès de fureur si extrême, que ce malheureux Prince renonçant à sa Religion même pour se faire Mahometan, et étouffant tous les sentimens d'honneur et d'humanité, s'unit secretement avec Saladin, et fit tant par un long enchaînement de trahisons et de perfidies, que Jerusalem tomba entre les mains de ce Prince Musulman, et que toute la Chrétienté de l'Orient, se vit réduite à deux doigts de sa perte. (*Ibid.*, p. 100-101).

6 On relèvera qu'une des planches des *Mœurs* illustre un chevalier : voir ill. 6.

Conrad de Montferrat apparaît pendant quelque temps comme un sauveur providentiel. Mais il est « tué par deux assassins sujets du Prince des Arsacides, connu sous le nom de Vieil de la Montagne, qui pour faire leur coup plus sûrement s'étoient introduits chez lui sous prétexte de vouloir embrasser le Christianisme et avoient reçu le saint Baptême » (*ibid.*, p. 103). Promu roi de Jérusalem, Jean de Brienne va prendre la place du malheureux Conrad. Ses aventures continuent avec la croisade des enfants et les désastres de la guerre en Palestine, la destruction de Jérusalem, dont il ne reste sur pied « autre chose que le Temple, la tour de David, et le saint Sepulcre » (*ibid.*, p. 236). Le second livre se termine avec la prise de Damiette par les croisés (*ibid.*, p. 263-264). « La plûpart versoient des larmes de dévotion, de joïe et de tendresse de voir triompher Jesus Christ dans une Ville, qui avoit été jusqu'alors sous l'empire du Démon et en proïe à l'infidelité » (*ibid.*, p. 273). Mais ce bonheur ne dure pas :

> Les eaux du Nil avoient crû dans leur temps ordinaire. Le Sultan, qui avoit eu l'habilité de les retenir par les digues qu'il avoit fait faire, fit alors lâcher les écluses très-à-propos. Ces eaux s'écoulant dans les Campagnes traînent avec elles un certain limon, qui les fertilise et fait la richesse de l'Egypte, mais qui se mêlant avec des terres grasses forme une boüe dont il est impossible de se tirer lorsqu'elles sont abreuvées. Ces eaux ayant été menagées en cette occasion et lâchées en plus grande abondance, l'Armée Chrétienne se vit en un instant dans l'état du monde le plus pitoïable. Toutes les provisions de bouche, que cette eau toucha furent gâtées et corrompuës. Le Soldat dans la fange jusqu'aux genoux, ne sçavoit ou aller ni que devenir, pressé en mêmetems de la faim et de ce déluge, qui grossissant toûjours, menaçoit l'Armée d'une ruine entiere. [...]
>
> Les Chrétiens accablez de la pesanteur de leurs armes, et ne pouvant se dégager de ces boües et de ces eaux, étoient en butte à tous leurs coups sans pouvoir les parer ni se défendre. Les blessez obligez d'avancer et n'ayant aucun lieu ou pouvoir se reposer augmentoient leurs blessures, arrachoient les fléches de dedans leurs corps, et s'affoiblissant par la perte de leur sang, tomboient et perissoient dans l'eau et dans la fange. (*Ibid.*, p. 304-306).

La fin de l'histoire de Jean de Brienne est marquée par la figure imposante de l'Empereur Frédéric II, dont Lafitau dresse le portrait :

> Il étoit beau, bien pris dans sa taille, qui ne passoit pas la médiocre, d'un temperament fort et robuste, d'un assez beau coloris, quoique d'un blond tirant un peu sur le roux ; mais d'un tour de visage aimable, et d'un air riant et gracieux, qui gagnoit du premier abord, et prévenoit tout le monde en

> sa faveur. Orphelin dès ses plus tendres années, et abandonné en des mains étrangeres ; il ne fut pourtant pas négligé. A peine même peut-on concevoir que le tems de son enfance et de sa premiere jeunesse ayant été troublé par des guerres civiles continuelles, il eût pû recevoir une aussi belle éducation que le fut celle à laquelle il fit depuis tant d'honneurs : car on peut regarder comme un prodige, qu'il possedât parfaitement six Langues, la Gréque, la Latine, l'Allemande, l'Italienne, la Françoise et la Sarazine ; et qu'il n'y avoit point de Sciences et d'Arts, même les méchaniques, dans lesquels il ne se fut exercé, et ne pût passer pour habile.
>
> [...] Mais toutes ces vertus Royales furent obscurcies par son amour desordonné pour les femmes, son peu de bonne foy, son peu de Religion, qui fut assez suspecte pour qu'on crût qu'il n'en avoit point du tout ; et enfin, par un esprit de vengeance qu'il poussa jusqu'à la cruauté la plus barbare. (*Ibid.*, p. 323-325).

Frédéric II épouse la Princesse Iolante fille de Jean de Brienne avant de dépouiller celui-ci de son royaume de Jérusalem. Enfin, « ayant conçu du dégoût pour Iolante, il ne la vit plus, la tint dans une espece de prison, et fut soupçonné de l'avoir fait empoisonner peu de jours avant que de partir pour la Terre Sainte » (*ibid.*, p. 385).

> Aprés un regne plein de troubles et d'agitation [...], excommunié et dépoüillé de l'Empire par le Concile de Lion, [Frédéric II] mourut presque abandonné de tout le monde, plus malheureux encore en enfans que dans tout le reste, si l'on en excepte Conrad son successeur à l'Empire, qu'il avoit eu de la fille du Roi Jean, et qu'il aima toujours avec tendresse ; car pour les autres, il eut la cruauté d'en faire mourir un, et l'autre fut assez dénaturé pour le faire mourir lui même. (*Ibid.*, p. 402).

Jean de Brienne devient enfin Empereur de Constantinople, « la plus belle Ville du Monde » (*ibid.*, p. 438), avant de mourir, très vieux, en habit de franciscain.

Quand ce roman historique sort de presse, Lafitau est procurateur pour la France des Missions du Canada. Il avait certes autre chose à faire que d'écrire ce livre édifiant, à ce moment-là. D'autant plus que l'on sait, comme nous l'allons voir, qu'il achève en 1726 (soit trois ans après avoir livré aux imprimeurs le manuscrit des *Mœurs*) un second livre sur la religion. Le père Souciot dit d'ailleurs de cette *Vie de Jean de Brienne* qu'il l'a « lâchée », ce qui laisse entendre qu'il l'avait retenue au fond d'un tiroir, et probablement même qu'elle avait été rédigée avant son premier séjour au Canada.

Lafitau retourne une nouvelle fois en Nouvelle France au moment même où paraît la *Vie de Jean de Brienne.* Il séjourne environ un an dans la région de Montréal, entre 1727 et 1729, puis retourne, définitivement, en France.

L'AVENTURE PORTUGAISE

Quatre ans après ce second voyage, il fait paraître, en 1733, une *Histoire des découvertes et conquestes des Portugais dans le nouveau monde.* Cet ouvrage considérable, en deux volumes comme les *Mœurs*, a été rédigé à la demande expresse du Comte de Maurepas, Ministre et secrétaire d'État chargé de la Marine, à qui il est dédicacé. Le livre est diffusé « A Paris, chez Saugrain Père, Quai des Augustins, et chez Jean-Baptiste Coignard Fils, Imprimeur du Roi, rue S. Jacques[7] ».

Dans sa préface (p. XIV-XV), Lafitau explique son projet : il a fixé son point de départ aux premières expéditions organisées sur les côtes africaines par Henri le Navigateur, Don Henrique qui a pour devise « Talent de bien faire », et son point final au lendemain de la mort de Don Sébastien, quand le Portugal est réuni à l'Espagne.

Il insiste sur le fait que le récit des conquêtes des Portugais ne saurait avoir « le même agrément pour le coup d'œil » (Lafitau, 1733, p. XV), c'est à dire l'unité propice au traitement théâtral, que celui des conquêtes du Mexique et du Pérou par les Espagnols :

> Dans celles-ci ont voit un conquérant seul, qui par la force de son courage, son invincible patience, la capacité et l'étenduë de son génie, son habileté à trouver des ressources, son attention à profiter de tous ses avantages, vient à bout dans un assez petit espace de tems et avec assez peu de monde de conquérir un Etat puissant, et de s'établir sur les ruines d'un grand Empire. (*Ibid.*).

Avec les Portugais, c'est au contraire « un long periode d'années, une multitude de pays differents, un nombre infini d'actions, divers Chefs

7 On relèvera que Saugrain (le co-éditeur des *Mœurs*) est toujours là. Coignard (un autre imprimeur) a pris la place de Hochereau. Pour le frontispice de son *Histoire des Conquestes portugaises*, Lafitau a recours au même graveur que pour le frontispice des *Mœurs* : Jean-Baptiste Scotin (1678-1740), « graveur ordinaire du roi » depuis 1717, *cf.* Petrella, « Annexe I. Notes sur l'édition originale des Mœurs des sauvages ameriquains (1724) », p. 249-251.

qui se succedent avec des idées differentes, un assemblage de choses disparates [...] » (*ibid.*). Étant donné ce contexte compliqué, Lafitau expose une méthode originale :

> J'ai suivi un ordre chronologique par rapport aux années des Gouverneurs et des Vicerois, en plaçant les principales actions dans l'ordre naturel qu'elles doivent avoir, surtout quand elles se sont faites sous leurs yeux, et qu'ils s'y sont trouvés en personne. Mais pour ce qui est des actions, qui n'ont pas le même éclat, ou qui se sont passées dans des lieux éloignés, j'ai tâché de les restraindre davantage pour les représenter sous un coup d'œil qui rassemble differentes perspectives, sans avoir tant d'égard à l'ordre chronologique que je n'ai pas laissé d'indiquer en cottant les années à la marge, ou dans le corps même de la narration : par-là je crois avoir remédié à ce que peuvent avoir d'ingrat et de fastidieux des narrations estropiées ou trop étenduës, dont l'effet est de produire de l'ennui et de la confusion dans l'esprit. (*Ibid.*, p. XVI-XVII).

Pour pallier le manque d'unité d'action et de temps, Lafitau propose donc de construire son récit sur le modèle d'une composition musicale :

> Le contraste des caractères differens des personnes, le mêlange des évenemens heureux ou malheureux sont comme autant d'Episodes, qui rapprochés dans un corps d'histoire, y forment un harmonie, laquelle ne plaît pas moins quelque fois à l'esprit, que plaît à l'oreille celle qui resulte de l'accord de divers instrumens, et du concert de différentes voix. (*Ibid.*, p. XIX).

On rappellera qu'un même souci de composition habitait le projet des *Mœurs* :

> Je n'ai pas laissé neanmoins d'y donner un certain ordre par la division que j'ai faite, en réduisant les principales choses sous certains titres, tels que la Table des Matieres les présente. Mais comme la plûpart de ces titres embrassent eux-mêmes beaucoup de matière, j'ai tâché de garder une certaine méthode, enchaînant les choses de telle maniere, qu'elles se trouvent dans l'ordre qu'elles doivent naturellement avoir ; et leur donnant une telle liaison qu'elles paroissent suivre l'une de l'autre.
>
> Je n'ai point jugé à propos de les diviser en Chapitres, en Sections et en Paragraphes pour ne point trop couper le fil de mon discours. Cependant pour soulager le Lecteur, qui est souvent bien aise de s'arrêter à quelque point fixe, quand la longueur l'ennuïe, j'ai mis quelques titres à la marge qui peuvent lui servir comme d'entrepôt. (Lafitau, 1724, t. I, p. 18)[8].

8 Commenté par Motsch, 2001, p. 87.

Comme Andreas Motsch l'a bien montré[9], il y a un rapport consubstantiel, dans la pensée de Lafitau, entre la religion et les mœurs. Les mœurs sortent de la religion. Ce qui explique, dans les *Mœurs*, le très long chapitre, disproportionné, sur la religion. De même, pourrait-on dire à propos de l'histoire, qu'elle est systématiquement rapportée, voire ramenée à la Providence. Dans l'*Histoire des découvertes et conquestes des Portugais dans le nouveau monde* Lafitau met en chantier un programme d'équation entre Providence et découverte, un programme qui fonde le projet missionnaire. Les iniquités et l'impiété des Européens, qu'il ne cesse de souligner, se trouvent rééquilibrées, et comme rachetées, par la facilité qu'ont les sauvages et les barbares (providentiellement découverts), à recevoir la Révélation chrétienne :

> [...] Le don d'une foi précieuse, mais ambulante, a été transporté successivement de quelques peuples à d'autres, les uns se rendant indignes du trésor inestimable qu'ils possédoient et dont ils paraissoient se lasser, tandis que d'autres qui ne s'y attendoient pas, le recevoient avec avidité. C'est ce que nous avons vû encore d'une maniere bien plus sensible, dans ces derniers siecles, la foi alterée par les heresies ou languissante dans les mœurs des Chrétiens, semblant vouloir abandonner peu à peu ses anciennes demeures, pour aller chercher un asile dans des pays jusques alors inconnus, où les Nations barbares et policées, sans distinction ont eu le bonheur de courber leurs têtes sous le joug de l'Evangile, et d'embrasser la loi de Jesus-Christ. Heureuse la Nation Portugaise, d'avoir été l'instrument dont Dieu a voulu se servir pour executer un si grand dessein !
>
> [...] Dieu, pour me servir des termes de la sainte Ecriture, suscita l'esprit de l'Infant Don Henri Duc de Viseü grand Maître de l'Ordre de Christ, comme il avoit suscité autrefois celui de Gédéon contre les ennemis de son Peuple, afin de se servir de ce jeune Prince, pour jetter comme la pierre fondamentale du grand Ouvrage des decrets de sa misericorde. Né assez près du Trône, pour paroître digne d'y monter, il en étoit assez éloigné par l'ordre de la naissance, pour se voir forcé à vivre en sujet ; mais ce fut cela même qui le mit dans l'occasion de faire des choses, que le poids entier du Gouvernement eut pû

9 *Ibid.*, p. 54 : « Comme Lafitau l'indique, les mœurs concernent tout le domaine de l'expérience humaine : la religion – qu'il privilégie pour des raisons évidentes et qu'il postule comme source de toute pratique humaine –, le gouvernement, le mariage, la guerre, la médecine et même la mort (*Mœurs*, 1 : 17) » ; *cf.* p. 61 : « Ce fondement ou ce principe des mœurs est, chez Lafitau, étroitement lié à la religion, d'où son projet de théologie symbolique ou de mythologie païenne. Ainsi, conformément à ses prémisses théologiques, Lafitau présuppose que les différentes mœurs des peuples sont initialement animées par les mêmes principes que Dieu a légués à ceux-ci par la Révélation (1 : 14-15, 453) ».

> troubler, et de procurer des événements, dignes fruits de son loisir, qui l'ont rendu Superieur aux Monarques, peut-être même aux Hercules et aux Jasons si vantés par l'Antiquité. (Lafitau, 1733, p. 3-5).

On remarquera que le destin de l'infant Henrique, cadet de famille, à priori condamné à l'obscurité, est présenté par Lafitau en des termes très proches de ceux avec lesquels il décrit le destin de Jean de Brienne. À l'inverse de Lafitau lui-même, qui ne manque ni d'énergie ni de génie, mais vit dans l'ombre de son frère cadet, l'évêque de Sisteron…

LIVRES EN CHANTIER

Quand Lafitau publie son *Histoire des découvertes et conquestes des Portugais*, il a cinquante-deux ans. Jusqu'à sa mort à l'âge de soixante-cinq ans, à Bordeaux en 1746, il ne publie plus rien. Mais nous savons qu'il avait rédigé un livre dont le manuscrit, suite à quelque cabbale, fut enterré par la censure royale de l'époque ; on peut espérer que ce texte pour nous disparu sommeille dans quelque archive[10]. Voici ce qu'en dit Fenton dans sa biographie en ligne de Lafitau :

> L'ouvrage [les *Mœurs* de 1724] ayant été rédigé à la hâte, l'auteur fut manifestement débordé par son sujet ; le premier tome renferme un chapitre sur la religion qui aurait pu constituer un livre à lui seul et seulement deux chapitres sur des questions intéressant l'ethnographie. Plus tard, Lafitau décida de publier séparément le chapitre sur la religion, et son frère, devenu évêque, en assura l'impression ; fait étrange, après que Joseph-François eut obtenu les autorisations nécessaires de son ordre et des autorités ecclésiastiques, c'est la censure civile qui contrecarra ses projets. Lafitau avait apparemment permis à des collègues de lire la seconde version du chapitre ; plus tard il accusa l'un d'eux, mais sans toutefois fournir de nom, de s'être approprié ses idées. À un moment donné, il avait confié son manuscrit au Père Antoine Gaubil de la mission de Chine[11] qui le garda jusqu'après la mort de Lafitau ; Gaubil écrivit alors : « Il m'a fallu du temps pour le

10 Backer et Sommervogel, 1893, vol. IV, p. 1361-1363 ; Sommervogel est cité, avec quelques imprécisions, dans l'introduction de Fenton et Moore à leur traduction commentée des *Mœurs* : *cf.* Fenton et Moore, 1974, p. XXX, XXXI.

11 Dehergne, 1944, p. 354-392.

lire à cause de quelques occupations. Je me proposais à lui envoyer mes réflexions, surtout pour ce qui regarde la Chine, quand j'ai appris la mort du P. Lafitau : je ne sais si son manuscrit plein de citations de toute espèce, a été imprimé ». (Fenton, 1974).

Dans cette lettre datée de Pékin le 19 novembre 1752 le Père Gaubil précisait :

> Le Père Laffitteau [sic], frère de M. l'Evêque de Sisteron, m'envoya il y a quelques années un manuscrit ; c'est un grand ouvrage qu'il pensoit à donner au public. C'est sur la religion révélée à nos anciens, et dont on voit des vestiges dans toutes les nations. Il m'a fallu du temps pour le lire à cause de quelques occupations. Je me proposai à lui envoyer mes réflections, surtout pour ce qui regarde la Chine, quand j'ai appris la mort du P. Laffitteau : je ne sçai si son manuscrit plein de citations de toute espece, a été imprimé. S'il l'a été, je suis persuadé qu'on aura eu soin de le bien revoir et retoucher. (Backer et Sommervogel, 1893, vol. IV, p. 1363 ; Gaubil, éd. Simon, 1970, p. 704-705).

Dans une lettre adressée la même année[12], quelques mois plus tôt, à Delisle, le Père Gaubil nous apprend que ce texte, dont Lafitau lui avait expliqué le plan, devait être un grand ouvrage sur la mythologie et les antiquités :

> Il me disoit que son ouvrage souffroit de grandes contradictions de la part de plusieurs jésuites et autres, mais qu'il espérait le pouvoir enfin imprimer. Je ne sais si cela est fait. J'ai appris depuis la mort du P. Laffiteau. L'évêque son frère, ou autre, aura sans doute les manuscrits du Père. Autant que j'en juge par le plan qu'il me faisait, cet ouvrage pourrait bien être utile et faire plaisir, mais il ne pourrait pas être d'aucun secours pour ceux que voudroient travailler sur les livres chinois ; de même que les connoissances tirées des vrays livres chinois ne pourroient être d'un grand usage pour éclaicir les articles fondamentaux de plusieurs systèmes du P. Laffiteau. (*Ibid.*).

Ce manuscrit était en difficulté depuis très longtemps. Dans une lettre adressée au P. Oudin [sic][13] le 14 août 1740, Lafitau lui-même disait ce qui suit, après avoir dressé le catalogue de ses œuvres publiées :

> J'ay actuellement entre les mains du Censeur royal un plus grand ouvrage systematique sur la religion des premiers temps, dont le système se trouve

12 Gaubil, éd. Simon, 1970, p. 669-672 (*cf.* Marc Kolakowski, dans ce vol. p. 83-94).

13 Il s'agit du Père François Houdin, S.J.

> dans mes Mœurs des Ameriquains, et encore plus précisément dans le premier extrait qu'en fit le Père Castel[14]. Cet ouvrage, qui est de la valeur de deux petits volumes in-folio ou de quatre in-4° à cause de la quantité d'estampes que j'y dois mettre, est fini depuis la fin de 1726 et avoit toutes les approbations au dedans avec la Permission du R. P. de Richebourg alors Provincial, mais la jalousie d'un Jesuite, qui s'estoit approprié mon système, me fit une tracasserie qui arresta l'impression en dehors. M. l'Eveque de Sisteron a entrepris de le faire imprimer, et il le fera soit ici, soit dans les pays étrangers. (Cité dans Rivière, 1914-1917, col. 540).

À ce livre en suspens il convient d'ajouter un autre ouvrage encore, annoncé mais jamais publié. Dans les *Mœurs*, en effet, Lafitau annonçait le contenu d'un livre probablement resté à l'état de projet qu'il présente comme un chantier essentiellement différent de celui des *Mœurs* :

> Le Commerce des Européens a beaucoup fait perdre aux Sauvages de leurs anciennes Coûtumes, et alteré leurs Mœurs. J'examine ici ces Mœurs et ces Coûtumes, telles qu'elles étoient avant leur altération, et telles qu'ils les avoient reçûës de leurs Ancêtres. Je pourrai parler des changemens qui se sont faits parmi eux dans un autre Ouvrage, où je me propose de traiter de l'établissement de la Religion Chrétienne parmi eux, et des efforts qu'ont fait les Ouvriers Evangéliques pour adoucir ces Mœurs sauvages, et les rendre conformes à la loy de Jesus-Christ. (Lafitau, 1724, t. I, p. 25-26).

En 1733, dans la préface des *Conquestes et découvertes des Portugais*, Lafitau annonce encore ce second ouvrage, qui devait porter sur les missions, destiné désormais à couvrir non seulement l'Amérique, mais aussi l'ensemble des territoires explorés par les Portugais :

> La conquête spirituelle du nouveau Monde, les travaux des Ouvriers Apostoliques, qui pleins de l'esprit de Dieu, et sous les auspices de la Couronne de Portugal, ont consacré leurs sueurs et leur sang même à l'établissement de l'Evangile, doivent faire la matiere d'un ouvrage à part, et méritent bien d'être écrits sans le mélange de tous ces autres faits qui peuvent en divertir l'attention. (Lafitau, 1733, p. XXIII).

Il se pourrait donc que les recherches à poursuivre dans les archives aboutissent finalement à découvrir non seulement le livre censuré (auquel on pense depuis longtemps), mais aussi l'esquisse, l'ébauche

---

14 *Mémoires pour l'histoire des Sciences et des beaux-Arts*, septembre 1724.

plus ou moins élaborée d'un ouvrage sur les Missions. Cela pourrait expliquer, en partie, l'étrange silence de Lafitau durant les quatorze dernières années de sa vie.

Philippe BORGEAUD
Université de Genève

LAFITAU ENTRE L'HISTOIRE ET LA THÉOLOGIE

Archives et méthodes à l'aube des Lumières

L'œuvre de Joseph-François Lafitau reste largement inexplorée faute d'éditions critiques fiables, car toute réédition française a supprimé la partie sur la religion au point de rendre le projet de l'auteur méconnaissable[1]. Il manque surtout une édition critique compréhensive des *Mœurs des sauvages ameriquains comparées aux mœurs des premiers temps*[2]. De plus, toutes les contextualisations de l'œuvre dans l'histoire des idées restent limitées, que ce soit l'introduction de Fenton et Moore[3] qui demeure à ce jour la plus complète, ou encore ma propre mise en contexte qui offrait une perspective en amont, présentant le projet de Lafitau dans la continuité de la colonisation des Amériques comme l'aboutissement de « l'anthropologie de la Contre-Réforme[4] ». On peut dire qu'au XVIIIe siècle, la majorité des lecteurs ne se souciait guère des questions théologiques des *Mœurs* et davantage de l'aspect exotique, de la documentation ethnographique. Il en va de même pour les chercheurs à deux exceptions près. Georges Tissot est le seul à privilégier la dimension théologico-religieuse des *Mœurs*[5] et Carl Starkloff s'intéresse à la missiologie, car il considère Lafitau [sic] comme un de ses fondateurs[6].

Le désir et le besoin de réhabiliter Lafitau, c'est-à-dire de le resituer dans son époque et de le défendre contre la mécompréhension ou

1 Pour la bibliographie et la réception de Lafitau voir l'« Introduction » du volume ; Motsch, 2001, p. 2-3, 275-279.

2 Lafitau, 1724, 2 vol. L'édition critique anglaise par Fenton et Moore (1974-1977) se concentre sur l'aspect ethnographique et n'a connu qu'une circulation restreinte. L'édition critique française des *Mœurs*, conçue il y a longtemps, avance aujourd'hui grâce à la collaboration de Georges Tissot, Robert Melançon et moi-même.

3 Fenton, Moore, 1974 ; pour une traduction partielle, voir les mêmes, 1977.

4 Motsch, 2001, p. 1-88.

5 Tissot, 1978 ; *Id.*, 2011, p. 33-46.

6 Starkloff, 2002.

l'oubli, est ainsi devenu un *leitmotiv* de la critique. De plus, l'image de l'homme et de l'œuvre se traduit souvent par un paradoxe ou un malaise fondamental. Helmut Reim voyait ainsi dans Lafitau un « Aufklärer wider Willen » (Reim, 1987, p. 41), un homme des Lumières à son insu, alors que le jugement de Fenton et Moore fait écho aux deux visages de Janus : « Par sa formation Lafitau appartenait au XVIIe siècle ; ses recherches et publications marqueront le XVIIIe » (Fenton et Moore, 1974, p. 18). Le verdict de Fenton et Moore qui dissocie l'auteur et son œuvre est paradigmatique. Lafitau est perçu de manière anachronique, c'est-à-dire comme une figure appartenant au passé, alors que ses livres anticipent l'avenir : un auteur et une œuvre à cheval entre deux siècles.

Le défi reste aujourd'hui de ressaisir les deux pleinement dans leur temps et d'exposer plus finement leur enracinement dans l'histoire des idées. Pour ce faire, il faut bien prendre en compte le personnage entier et non pas se limiter au portrait du missionnaire jésuite, ethnographe des Iroquois. Toutefois, nous en savons peu sur la personne de Lafitau et la diversité de ses écrits laisse *a priori* perplexe. L'aspect qui les réunit le mieux est celui de l'histoire : l'histoire naturelle du *Mémoire* sur le ginseng, l'histoire culturelle des *Mœurs des sauvages ameriquains*, l'histoire des croisades et la biographie politique de Jean de Brienne et finalement la somme encyclopédique sur l'empire colonial portugais[7]. Cependant, le rapport entre histoire et religion n'est jamais loin chez Lafitau : toute histoire est placée sous l'égide de la Providence et la dimension religieuse traverse tous ses écrits. Mon propos dans cet article est de montrer cette cohérence à l'œuvre dans trois ouvrages où la religion joue un rôle central : le *Mémoire* sur le ginseng, les *Mœurs des sauvages* et un manuscrit aujourd'hui perdu, dont l'existence est désormais confirmée.

7 Voir la bibliographie en fin de volume. Pour une appréciation générale de l'œuvre, voir la contribution de Philippe Borgeaud dans ce volume.

LA BOTANIQUE AU SERVICE DU DOGME CATHOLIQUE

De prime abord, il paraît contradictoire d'associer le *Mémoire* sur le ginseng aux écrits « théologiques ». Après tout, cette découverte a rendu Lafitau célèbre comme botaniste et la réputation de la plante comme véritable panacée dotée d'un grand potentiel commercial y est pour beaucoup. Après le thé, le ginseng était la plante chinoise la plus célèbre. Or, Lafitau est missionnaire en Nouvelle-France et pas en Chine. C'est le père Jartoux qui présente la plante en 1713 dans les *Lettres édifiantes* que Lafitau lit à Québec en 1715 (Lafitau, 1718, p. 6). Jartoux y avait signalé des parallèles climatiques entre la Chine et le Canada, ainsi que la possibilité que la plante existe aussi en Amérique. Intrigué par cette hypothèse, Lafitau découvre la plante en 1716, mais les botanistes de l'Académie royale des sciences contestent l'authenticité de la découverte. Il s'ensuit une controverse – récemment élucidée par Christopher Parsons – qui n'est résolue qu'en 1718, l'année de la publication du *Mémoire*[8]. Cependant, pour l'auteur, la signification de la découverte dépasse les aspects botaniques et commerciaux, à cause des présupposés idéologiques qui la sous-tendent, soit l'unité de la création divine. En effet, Lafitau ne cesse de souligner l'identité physique de la plante chinoise et iroquoise et celle de leur appréciation thérapeutique, car la présence de la même plante en Asie et en Amérique rend l'existence d'un lien terrestre encore non confirmé entre les continents plus que plausible, elle le rend presque palpable. Le troisième élément identitaire pousse cette conclusion plus loin et touche au nom de la plante. Le nom chinois *ginseng* et le nom iroquois *garent-oguen* renvoient tous les deux à l'anthropomorphisme de la racine. Lafitau affirme que *ginseng* signifie *ressemblance de l'homme* ou, selon Kircher, *cuisses de l'homme* et que « *garent-oguen* est un mot composé d'*orenta*, qui signifie les cuisses et les jambes, et d'*oguen*, qui veut dire deux choses séparées » (*ibid.*, p. 16-17). Le fait que les Chinois et les Iroquois utilisent le même nom ne peut être expliqué, selon Lafitau, que par un contact direct entre

8 Pour les aspects scientifique et ethnobotanique, voir Parsons, 2016, vol. 73, p. 37-72 ; *Id.*, 2011 ; pour l'aspect théologique et méthodologique, voir Motsch, 2014.

ces peuples, « une communication d'idées, et par conséquent de personnes » (*ibid.*, p. 17). Or, l'existence d'un lien terrestre rend possible non seulement la migration des plantes, mais résout la question de la population du continent américain. L'enjeu est la preuve de l'unité de la création divine, assurée par la continuité botanique, géographique et démographique. Lafitau doublera ensuite la continuité dans l'espace par une continuité dans le temps quand il affirmera que le ginseng n'est rien d'autre que la mandragore, celle des Anciens et non pas celle de ses contemporains qui ne ressemble en rien au ginseng. Les arguments sont les mêmes : le prestige des plantes dans leur pharmacopée respective et l'anthropomorphisme de leur racine. Le *Mémoire* sur le ginseng établit ainsi la continuité de l'histoire naturelle dans le temps et l'espace qui rend possible la continuité de l'histoire humaine, principe qui se trouvera à la base même des *Mœurs*. Les deux ouvrages démontrent l'unité de la création divine et le *Mémoire* sur le ginseng contient de manière embryonnaire le dispositif de la comparaison qui caractérisera son entreprise de comparaison systématique entre les peuples américains et ceux des premiers temps.

MŒURS, HISTOIRE ET THÉOLOGIE DANS LES PREMIERS TEMPS

Les *Mœurs des sauvages ameriquains comparées aux mœurs des premiers temps* étalent sur presque 1 200 pages *in-quarto* une richesse de réflexions et d'informations remarquables mais parfois aussi accablantes. L'argumentation de Lafitau est en général complexe, souvent répétitive et parfois contradictoire. Les objectifs de l'auteur par contre sont toujours clairs et explicites : prouver l'origine commune des peuples américains et des peuples de l'Antiquité la plus reculée, en fait de tous les peuples du monde, dans la création divine. Mais comment prouver la thèse monogéniste, comment retrouver cette origine ? Puisque l'archive historique n'est pas fiable, faute de documentation complète, Lafitau lui substitue l'archive ethnographique : l'étude des pratiques vécues, matérielles ou symboliques. Or cette démarche contient ses propres difficultés, en premier celle de traiter la variété des pratiques humaines sous une perspective commune (Lafitau, 1714, t. I, p. 17-18).

À partir de la prémisse selon laquelle tous les peuples ont bénéficié de la révélation par leur descendance d'Adam et Ève, tous ont forcément gardé un souvenir des principes révélés, bien que ce savoir eût pu se corrompre et même se perdre à travers le temps. Or, le sens original peut, selon Lafitau, être retrouvé ou restitué grâce à une étude comparative de ces pratiques et davantage par la comparaison avec les pratiques de peuples fort anciens et proches de l'origine historique. La méthode comparative promet des reconstructions au sujet de ces principes mêmes, c'est-à-dire ceux de la société humaine des premiers temps. Et comme, selon l'auteur, la religion influait autrefois en tout, toute pratique peut nous renseigner sur la religion du début de l'humanité, la religion des premiers temps. Ainsi, l'étude de la réalité indigène contemporaine n'est pas un but en elle-même, mais sert de point d'accès pour atteindre une vérité plus profonde comme l'explique l'auteur :

> Je ne me suis pas contenté de connoître le caractère des Sauvages, et de m'informer de leurs coûtumes et de leurs pratiques, j'ai cherché dans ces pratiques et dans ces coûtumes des vestiges de l'Antiquité la plus reculée ; j'ai lû avec soin ceux des Auteurs les plus anciens qui ont traitté des Mœurs, des Loix, et des Usages des Peuples dont ils avoient quelque connoissance ; j'ai fait la comparaison de ces Mœurs les unes avec les autres, et j'avouë que si les Auteurs anciens m'ont donné des lumières pour appuyer quelques conjectures heureuses touchant les Sauvages, les Coutûmes des Sauvages m'ont donné des lumières pour entendre plus facilement, et pour expliquer plusieurs choses qui sont dans les Auteurs anciens. (*Ibid.*, p. 3-4).

Sur le plan méthodologique, l'étude de cette réalité est donc doublée par l'étude des auteurs qui ont écrit sur les civilisations anciennes. La comparaison, elle, fait ressortir les éléments partagés créant en même temps une intelligibilité réciproque entre les mondes ancien et autochtones. La démarche comparative permet enfin l'abstraction des vérités partagées par l'humanité dès son origine, la religion des premiers temps. Nous sommes ici face à la doctrine de la *Prisca theologia* : l'existence d'une seule vraie religion léguée par Dieu, qui est commune à tous les peuples et qui sous-tend toutes les autres religions. Le consentement unanime des peuples que Lafitau invoque est pour lui la preuve même de l'existence de Dieu et de la religion chrétienne.

Dans cette logique, l'idée d'un peuple sans religion est inconcevable et toute idolâtrie ne peut être que l'effet de la corruption et de la faiblesse humaine. Lafitau adopte le paradigme adamique : la religion est non seulement consubstantielle à l'existence des êtres humains depuis le début des temps, mais grâce au postulat de la révélation, cette religion est d'origine divine. Elle ne peut donc pas être le résultat de législation humaine, ni l'ouvrage du diable.

Ce cadre idéologique et tout le programme d'étude est traduit visuellement par Jean-Baptiste Scotin dans le frontispice des *Mœurs*. C'est un frontispice particulièrement réussi et son explication ne laisse aucun doute sur l'utilité finale de l'exercice ethnographique. Le même programme est encore exposé dans le chapitre « Dessein et plan de l'ouvrage ». Lafitau y adopte la position catholique face aux penseurs du droit naturel qui, eux, s'interrogeaient sur les origines de la sociabilité et faisaient l'économie de la révélation et de la religion. Alors que les philosophes du droit naturel étudient davantage les peuples bientôt qualifiés de « sauvages » ou de « primitifs », d'autres penseurs hétérodoxes rejoignent les érudits catholiques dans l'étude de l'histoire sacrée, c'est-à-dire de la Bible et surtout de l'Ancien Testament, donc de l'histoire du peuple juif et des peuples gentils, ainsi que dans l'étude des écrits des Pères de l'Église. Les *Mœurs* s'inscrivent dans cette tradition intellectuelle et poussent certaines positions à l'extrême. En adoptant Adam et Ève comme point d'origine par exemple, Lafitau situe l'être humain dans un monde forcément religieux et évacue toute question soulevée par le Déluge ou la législation de Moïse. À la lumière de ces prémisses, il est évident que sa critique vise les athées, mais aussi les adversaires du catholicisme, et il en attaque deux en particulier : le protestant Pierre Bayle et le très peu catholique baron de Lahontan. Si ce rappel permet de situer l'auteur idéologiquement dans le contexte philosophique à l'aube des Lumières, sa méthodologie exige une évaluation à part.

Un aspect important à cet égard est la question de l'originalité des *Mœurs* sur le plan argumentatif aussi bien que sur le plan méthodologique. Comment cerner l'originalité d'un livre quand le lecteur y est constamment confronté à des lectures faites ailleurs, à des arguments et des exemples empruntés chez autrui ? Si le texte est répétitif et si les digressions alourdissent la lecture c'est parce que les *Mœurs* constituent une *somme*, une collection encyclopédique. Le constat d'un manque d'originalité aboutit alors à un autre paradoxe : l'originalité des *Mœurs* ne réside pas pour autant dans ce qu'écrit Lafitau, mais dans sa manière de l'écrire. Cela vaut aussi pour le domaine de l'ethnographie, bien qu'à un moindre degré car certaines innovations sont incontestables et faciles à identifier[9]. Grâce à son expérience de terrain, Lafitau corrige, enrichit et systématise les données et en offre des descriptions inédites comme celle de l'organisation matrilinéaire et matrilocale de la société iroquoise. Son interprétation de la réalité indigène est toujours intéressée idéologiquement et sa description de la réalité autochtone n'est pas libre de contradictions et de paradoxes. J'ai démontré ailleurs dans une lecture à contre-courant (Motsch, 2001) comment sa sensibilité ethnographique se manifeste à travers ses contradictions. Certes, ma lecture était soutenue par des connaissances ethnographiques qui ne sont pas partagées par les lecteurs de l'époque, mais elle éclaircit néanmoins l'argumentation et la structure du texte.

La radicalisation des présupposés, l'ambition de rigueur méthodologique et la combinaison d'observations réunies par Lafitau dans « [s]on système » (*ibid.*, [f. biv r°]) ne peuvent pas avoir échappé à l'attention de ses lecteurs. Dans les *Mœurs*, Lafitau renvoie constamment à ce système dans lequel fusionnent l'observation ethnographique et la doctrine théologique. La compétence de l'auteur est assurée dans les deux domaines, d'un côté par son expérience du terrain qui l'autorise à parler de peuples sauvages en connaissance de cause et, de l'autre côté par son statut de jésuite qui lui donne autorité en matière de théologie. Il s'agit ici de réconcilier la pensée hétérodoxe du droit naturel avec l'histoire sacrée. Comme nous l'explique Lafitau dans une formule des plus explicites, foi et raison concordent dans l'établissement de la vérité de la religion et de son origine :

> Dans ce systême, on voit une Religion pure et sainte en elle-même et dans son principe : une Religion émanée de Dieu qui la donna à nos premiers Peres. Il ne peut y avoir en effet qu'une Religion et cette Religion étant pour les hommes, doit avoir commencé avec eux, et doit subsister autant qu'eux. *C'est ce que la Foy nous enseigne, et que la raison nous dicte.* (*Ibid.*, p. 14 ; *je souligne*).

Le besoin de prouver le dogme par la raison, à savoir par une analyse des faits, explique l'effort considérable de l'auteur en documentation

9 On consultera à ce sujet Fenton et Moore, 1974-1977 ; Kälin, 1943.

textuelle et visuelle. Puisque les croyances se manifestent dans des pratiques dotées d'une matérialité propre, l'attention donnée aux objets est de rigueur autant que l'attention conférée aux interprétations symboliques. Les archives dans lesquelles l'auteur tire sa documentation sont encyclopédiques et hétéroclites : nombre de livres d'érudits, de voyageurs et de missionnaires, mais aussi des collections de *naturalia, artificialia, exotica* et *scientifica*. Dans les *Mœurs*, la culture des antiquaires et de la curiosité rencontrent les civilisations autochtones dans leur matérialité et leur spiritualité.

Alors que la reconstruction des premiers temps aboutit à ce que les Lumières désigneront plus tard comme l'état primitif de la société et le point de départ d'une histoire conjecturale de l'humanité, Lafitau y retrouve le fond universel de la religion chrétienne. Le « système des mœurs » que l'auteur réclame comme sien, parlant de « mon systême » (*ibid.*, [f. biv r°]), comprend ainsi la « Mythologie payenne » (*ibid.*, p. 12) des peuples anciens et va bien au-delà : en étendant l'histoire sacrée aux civilisations non-bibliques, Lafitau s'autorise à déchiffrer les origines hiéroglyphiques de leur religion et en déduire une « Théologie symbolique » (*ibid.*, p. 224). L'ambition de Lafitau est donc épistémologique, car il vise à établir la « science des mœurs et des coutumes » (*ibid.*, p. 4), la « science hieroglyphique » (*ibid.*, p. 122) ou « science symbolique » (*ibid.*, p. 122). La qualité scientifique de la méthode pose pourtant problème et Lafitau en est conscient. La preuve est simplement impossible et son souci continuel de vouloir en produire une s'épuise dans la prolifération de conjectures et de déclarations, d'espoir et de confiance en la systématisation des observations. Lafitau espère que « rëünies ensemble elles feront un tout, dont les parties se soûtiendront par les liaisons qu'elles ont entre elles » (*ibid.*, p. 4), « que d'autres personnes plus capables pourront y en ajoûter d'autres qui fortifieront les miennes » (*ibid.*, p. 13) et déclare pour sa personne : « je ne prétens ici que rapprocher, le plus qu'il me sera possible, toutes les ressemblances des Mœurs des Ameriquains avec celles des premiers temps » (*ibid.*, p. 92).

Incapable de produire une « science » des mœurs et coutumes, la méthode comparative produit néanmoins un savoir. Lafitau n'est pas le premier à l'utiliser, mais il lui attribue un statut épistémologique et méthodologique central et il l'utilise de manière particulière. La comparaison dans les *Mœurs des sauvages ameriquains comparées aux mœurs des premiers temps* opère à l'envers. Au lieu de servir de référent au départ, de *tertium comparationis*, les premiers temps sont eux-mêmes le produit de la comparaison. Il importe donc peu que le résultat, les premiers temps, ne corresponde à aucune réalité historique et soit purement fictif; les premiers temps sont producteurs de sens et génèrent du savoir. La « méthode Lafitau » offre des éclaircissements réciproques entre sauvages américains et peuples anciens et permet de traduire des différences culturelles dans l'espace à des différences historiques. C'est ici que se trouve l'innovation méthodologique majeure des *Mœurs* et ceci n'est modifié en rien par les présupposés de l'auteur.

Pour illustrer l'efficacité de la comparaison, il convient de revenir sur l'illumination réciproque et, sans sous-estimer les effets de sa relativisation culturelle. La réciprocité entre le monde des anciens et le monde des sauvages engendre toute sorte de transferts et bouleverse les hiérarchies établies. Dans cette comparaison les peuples anciens affichent leur sauvagerie et les peuples sauvages leur civilisation. Lafitau établit par exemple des parallèles entre l'expédition des Argonautes et les déplacements militaires des Autochtones, entre le fameux navire Argo et une pirogue de sauvages, entre les héros et demi-Dieux de l'Antiquité et des gueux et misérables sauvages. La comparaison s'achève par une analogie car « Hercule [...] est un Sauvage dans toutes les formes, et n'a rien au-dessus » (*ibid.*, t. II, p. 200).

LA RÉCEPTION DES *MŒURS*

Alors qu'on aurait pu penser que Voltaire apprécierait le potentiel subversif de ces comparaisons, le grand philosophe dénonce leur faiblesse logique en les tournant en ridicule. Voltaire est le critique le plus élogieux de Lafitau et a marqué la réception de l'auteur au-delà de son siècle. Les marges de ses copies des *Mœurs* et de l'*Histoire des Portugais* abondent en constats de « sottise, sottise enorme, sottise epouvantable, sottise et calomnie, excès de sottise, ignorance et sottise », et le climax, tenant compte du mode d'écriture du jésuite : « toutes sottises ecrites sottement et qui pis est longuement » (Voltaire, vol. 140 A, sous la dir. d'Elaguina, 2012,

p. 124-128). Au-delà des annotations, nous trouvons aussi des commentaires dans sa propre œuvre qui montrent de plus une connaissance du *Mémoire* sur le ginseng. C'est toujours la logique de l'argumentation que vise Voltaire qui avait bien saisi l'enjeu derrière la découverte du ginseng. Il la dénonce dans son article « De la population de l'Amérique » :

> Une plante ressemblante au ginseng des Chinois croît en Canada : donc les Chinois l'y ont portée, avant même qu'ils fussent maîtres de la partie de la Tartarie chinoise où croît leur ginseng ; et d'ailleurs les Chinois sont de si grands navigateurs qu'ils ont envoyé autrefois des flottes en Amérique, sans jamais conserver avec leurs colonies la moindre correspondance. (Voltaire, vol. 45 B, sous la dir. de Mervaud, Dagen *et al.*, 2010, p. 277-278).

On note que la critique est pertinente et avance au moins un argument, ce qui n'est pas le cas dans *La Philosophie de l'histoire* qui cède entièrement à l'ironie.

> Enfin Lafitau fait venir les Américains des anciens Grecs, et voici ses raisons. Les Grecs avaient des fables, quelques Américains en ont aussi. Les premiers Grecs allaient à la chasse, les Américains y vont. Les premiers Grecs avaient des oracles, les Américains ont des sorciers. On dansait dans les fêtes de la Grèce, on danse en Amérique. Il faut avouer que ces raisons sont convaincantes. (Voltaire, vol. 59, sous la dir. de Brumfitt, 1969, p. 116-117).

On peut se demander dans quelle mesure c'est non seulement l'œuvre apologétique de Lafitau qui provoque le mécontentement, pour ne pas dire le mépris de Voltaire, mais sa personne même. Il faut à cet égard constater qu'il arrive à Voltaire, de confondre Joseph-François Lafitau avec Pierre-François Lafitau, son frère cadet et évêque de Sisteron : « va. javais / cru que tu / netais qu'un / sot. mais je / vois que tu / es le plus / grand fou / qui ait jamais / barbouillé du papier. / aussi t'a-t-on / fait éveque » (Voltaire, vol. 140 A, sous la dir. d'Elaguina, 2012, p. 135).

La confusion de Voltaire soulève un aspect important pour la perception de l'auteur en France où le climat politique est particulièrement mouvementé et où l'opposition entre jansénistes et jésuites est devenue un cliché dont on a aujourd'hui oublié les enjeux. L'imposition de la *Bulle Unigenitus* enflammait l'opposition bien établie entre les jansénistes, les parlementaires, l'Église gallicane, la couronne, représentée par le Régent Philippe Duc d'Orléans et l'abbé Dubois, et les jésuites. Ce que la critique n'a pas développé, c'est que Pierre-François Lafitau, le frère cadet de l'auteur, est un acteur de premier ordre dans ce drame. C'est Pierre-François Lafitau qui avance à Rome la promotion de l'abbé Dubois au cardinalat en même temps que l'implantation de la *Bulle Unigenitus* en France. On peut admettre que Joseph-François Lafitau soit suspect comme jésuite, mais il l'est encore davantage par son lien avec son frère. Pire encore, lors de sa visite chez celui-ci à Rome en 1718-1719, Pierre-François est rappelé à Paris et Joseph-François le remplace pendant plusieurs mois comme secrétaire de l'ambassadeur français au Saint Siège[10]. De plus, il n'hésitera pas à se mêler à la polémique afin de défendre publiquement Pierre-François contre ses diffamateurs. Nous retenons que les frères Lafitau étaient en contact avec les autorités royales et ecclésiastiques de premier ordre : le Pape, le Régent, le ministre principal l'abbé Dubois et Tamburini, le père général des jésuites. Cet engagement politique et polémique mérite notre attention si nous voulons comprendre ce qui s'est passé entre la publication des *Mœurs* et la rédaction de *Jean de Brienne*. Ainsi, les tensions politiques de l'époque pourraient éventuellement expliquer la réorientation de l'auteur sur des sujets plutôt inoffensifs, telle la vie de Jean de Brienne. D'autres hypothèses restent pourtant ouvertes[11].

La réaction négative de Voltaire est invoquée dès qu'on aborde le sujet de la réception française, laquelle ne s'y laisse pourtant pas réduire. Ni la critique de Voltaire, ni la polémique n'a empêché personne d'emprunter aux *Mœurs*, sans en identifier toujours la source. À titre d'exemple je renvoie, dans le contexte de la Nouvelle-France, à Charlevoix[12] et Claude Le Beau[13] et, dans le contexte de l'histoire des religions, aux abbés Banier et Mascrier qui s'en servent pour leur réédition des *Cérémonies et coutumes religieuses de tous les peuples du monde* de Jean-Frédéric Bernard et de Bernard Picart[14].

10 La première lettre de Lafitau au ministre date du 3 janvier 1719 ; Centre des Archives diplomatiques du ministère des Affaires étrangères, Correspondance politique (origines-1896), Rome, CP 595, doc. no. 21.

11 À part l'hypothèse proposée par Robert Melançon d'un travail de punition ou de rédemption articulée, on pourrait poursuivre la trace des croisades et des reliques qu'ils ont laissées dans l'évêché de Sisteron. Le fait qu'un troisième frère, Jean Baptiste Lafitau de Labarthe devient chevalier de l'ordre du Christ et de saint Lazare, pourrait également pointer dans une autre direction. La polémique française, représentée par Voltaire et saint Simon, confond d'ailleurs aisément les trois frères.

12 Charlevoix, 1744.

13 Le Beau, éd. Vallée, 2011.

14 Banier, Le Mascrier, 1740.

Contrairement à la France, la réception à l'étranger n'est pas polémique. Aux Pays-Bas et en Allemagne, des éditeurs et imprimeurs protestants traduisent intégralement Lafitau[15] et le lisent avec profit comme le font d'ailleurs les philosophes écossais. Les philosophes des Lumières, les penseurs du droit naturel et politique, les historiens de l'humanité et des civilisations se servent des *Mœurs* comme documentation historique de la société « primitive ». L'édition allemande intègre ainsi les *Mœurs* dans une histoire et description générale des Amériques divisées en deux parties : l'Amérique avant et après la découverte. Les *Mœurs* seuls renseignent le lecteur sur l'Amérique de la préconquête. Inversement, le fait que Lafitau n'arrivait pas à s'imposer sur le plan théologique malgré tous ses efforts pour étendre l'horizon de la religion catholique ne signifie pas que la dimension religieuse est insignifiante, car il est également vrai que Lafitau offre sur le plan idéologique un véritable universalisme religieux. On pourrait même avancer que la direction dans laquelle évolue sa pensée n'est pas si différente des tendances déistes qui se manifestent au cours du siècle.

LE MANUSCRIT PERDU ET LA THÉOLOGIE DES PREMIERS TEMPS

Il est intriguant de s'interroger sur la manière dont le troisième texte de Lafitau, l'ouvrage le plus proprement théologique, aurait changé l'appréciation de l'auteur. Comme le texte n'a jamais été publié et qu'aucune copie n'a encore été retrouvée, nous en savons peu. Toutefois, nous pouvons en esquisser le cadre général grâce à des indications glanées sur une période de plus d'un quart de siècle : celles dans les comptes rendus des *Mœurs* par le père Castel (1724-1725)[16] et celles contenues dans une lettre de l'auteur au père Oudin (1740)[17] et dans deux lettres du père Gaubil (1752)[18]. À cela il faut désormais ajouter des documents récemment

15 J. F. La Fiteau [sic], 1731 ; 1752, vol. 1.

16 Castel, 1724, p. 1565-1609, 2001-2019 ; 1725, p. 197-239.

17 Lafitau, *Lettre au père Oudin*, 14 août 1740 ; cité dans cet article d'après Sommervogel *et. al.*, 1960, vol. 12, colonne 540 ; l'original se trouve à l'Archivo histórico de Loyola, AHL. Bibliografía Jesuítica. Legajo n° 20.

18 Gaubil, éd. Simon, 1970.

découverts et inédits : d'abord une notice bio-bibliographique fort précieuse de la main de Lafitau, rédigée en 1733 et rongée par le temps, qui contient des précisions effectuées à date inconnue sur la biographie de l'auteur ainsi que le titre et la structure bipartite de l'ouvrage manuscrit ; ce manuscrit est reproduit ici pour la première fois (ill. 4-5 et annexe II)[19]. Ensuite il y a deux documents de la Librairie française qui confirment la réception du manuscrit par la censure royale en 1740[20].

Dans sa notice bio-bibliographique, Lafitau donne au Père Oudin un résumé succinct de sa formation et de sa carrière professionnelle ainsi qu'une liste de ses ouvrages. Bien que la notice soit non signée et non datée, il s'agit d'un autographe de Lafitau qui doit être daté de 1733, car l'auteur y annonce la publication de l'*Histoire des Portugais* pour « cette année » (Lafitau, Notice bio-bibliographique, AHL. Bibliografía Jesuítica. Legajo n° 6, ill. 1, Annexe II). L'auteur présente l'ouvrage ainsi :

> … ouvrage Systematique Intitulé *de La Religion … [Te]mps prouvee par Les Vestiges qu'on en trouve dans … [d]ans Les Religions Idolatriques actuellement existentes* … contient Deux petits In Folio Dont L un a pour objet la foy [l] autre La Loy. Il a ete approuvé Selon l usage de la Compagnie par [des] Reviseurs et a eu son agréement du R P De Richebourg Provincial ~~uelque Dest~~ Cependant Cet Ouvrage n'est pas encore imprimé. (*Ibid.* ; *je souligne*).

Bien que le document soit dans un mauvais état de conservation, certains mots du titre se devinent facilement, notamment « des premiers temps », et les registres de la Librairie française confirment en effet le titre « La Religion des premiers temps établie Sur les vestiges qu'on en trouve chés tous les ~~anciens~~ peuples anciens et modernes » (Bnf, ms. fr. 21997 f. 28r°). On note qu'en 1740, la deuxième partie du titre met simplement en parallèle les peuples anciens et modernes, alors que le titre de 1733

19 La notice a été retrouvée dans les papiers du père Oudin, bibliographe de la Compagnie de Jésus ; ceux-ci se trouvent dans L'Archivo histórico de Loyola au pays basque sous la cote AHL. Bibliografía Jesuítica. Legajo n° 6. La cote n'identifie pas le document, mais un regroupement de documents relatifs à Joseph-François Lafitau. La lettre de Lafitau au père Oudin, citée dans ce volume d'après Sommervogel, se trouve ainsi dans le même fonds, mais regroupée avec d'autres documents sous la cote AHL. Bibliografía Jesuítica. Legajo n° 20. Mes remerciements vont à Mme Olatz Berasategui Olazabal dont la collaboration m'a permis la découverte de la notice bio-bibliographique.

20 Bibliothèque nationale de France, Registre des privilèges et permissions simples de la Librairie, 1723-1789 : Bnf ms français 21997 f. 28r° ; Répertoire alphabétique des registres de la Librairie de 1738 à 1750 et de 1750 à 1760 : Bnf ms français 21976 f. 220r°.

soulignait « l'actualité » des religions idolâtriques. Quoi qu'il en soit, le titre confirme ce que Lafitau affirme dans sa lettre au père Oudin du 14 août 1740 – trois mois après la réception du manuscrit par la censure le 19 mai 1740 –, à savoir que l'argument de l'ouvrage se développe justement dans la continuité du très long chapitre sur la religion dans les *Mœurs* (Lafitau, *Lettre au P. Oudin*, citée d'après Sommervogel, 1960)[21]. Comme l'auteur ne répète pas le titre dans sa lettre, les documents de la Librairie française constituent le dernier mot à ce sujet. Lafitau indique cependant que la rédaction du manuscrit est déjà terminée à la fin de l'année 1726. La rédaction tombe donc entre celle des *Mœurs* et la fin de la rédaction de *Jean de Brienne* dont l'approbation jésuite date du 16 mars 1727. Une fois de plus, Lafitau traite de la religion des premiers temps, mais cette fois-ci sur un plan plus strictement théologique afin de la réduire à un système théologique universel qui se trouve *in nuce* dans le premier compte rendu par le Père Castel. L'ouvrage était donc basé sur le chapitre sur la religion des *Mœurs*, enrichi par d'autres lectures mais aussi davantage réduit à l'essentiel, se concentrant sur ce qui est commun à toutes les religions. Lafitau parle d'un « ouvrage systematique sur la religion des premiers temps » (Lafitau, Notice bio-bibliographique, AHL. Bibliografía Jesuítica. Legajo n° 6) et Gaubil confirme qu'il porte « sur la relligion [sic] révélée à nos anciens... dont on voit des vestiges dans toutes les nations » (Gaubil, éd. Simon, 1970, p. 704).

Ce qui intrigue dans la présentation de l'ouvrage dans la notice bio-bibliographique est la division en deux volumes traitant respectivement de la Foy et de la Loi, soit de la religion et des principes de l'organisation socio-politique. Si le deuxième compte-rendu du père Castel peut offrir quelques indices, Lafitau lui-même ne donne pas plus de précisions et nous ne pouvons que spéculer sur les principes utilisés par Lafitau pour réduire l'organisation socio-politique. Comme c'était déjà le cas pour les *Mœurs*, le manuscrit était censé inclure « quantité d'estampes » (Lafitau, *Lettre au P. Oudin*, citée d'après Sommervogel, 1960, vol. 12, colonne 540) et il était plein d'érudition ou, selon les mots de Gaubil, « de citations de toute espece » (Gaubil, éd. Simon, 1970, p. 704). Lafitau avait envoyé le manuscrit à Gaubil en Chine précisément afin de recevoir l'opinion d'une personne compétente en histoire et culture chinoise, car la Chine

21 Pour les citations de la lettre à Gaubil, voir la contribution de Philippe Borgeaud au présent volume.

jouait un rôle proéminent dans les spéculations historiques et chronologiques de l'époque. Lafitau, préoccupé par la question des origines, s'y intéressait forcément et Gaubil confirme l'intérêt de Lafitau pour un « système singulier sur l'antiquité chinoise, les livres classiques et la mithologie [sic] chinoise » développé par un groupe de jésuites français avec qui Lafitau « eut grand rapport » (*ibid.*, p. 669). Or, le commentaire de Gaubil soulève immédiatement la question d'une convergence possible entre les positions figuristes de certains jésuites français de Chine et la religion des premiers de temps de Lafitau, car les deux concepts se rapprochent du concept d'une *prisca theologia*[22]. Comme les positions figuristes étaient fort controversées à l'époque, il n'est pas étonnant que l'ouvrage de Lafitau « souffroit de grandes contradictions de la part de plusieurs jésuites et autres » (*ibid.*, p. 670). Plus important, Gaubil lui-même exprime à plusieurs reprises de grandes réserves au sujet du manuscrit de Lafitau dont il critique surtout le manque de compétence en la matière et la spécificité historique des propos.

> Le P. Laffiteau … m'envoya il y a quelques ans un manuscrit … Si par hazard V^e^ R^e^ juge que ce que ce Père a écrit demanderoit quelque éclaircissement donné par quelque miss. de Chine, faites-le moi savoir, je vous addresserai ce que j'ay remarqué sur ce livre, dans ce qu'on peut et on doit y mettre sur la Chine. C'est en bien des choses différent de ce que ce Père s'étoit figuré, en conséquence de quelques manuscrits envoyés de Chine, qu'il avoit vu et que j'ay vu aussi. (*Ibid.*, p. 704).

Joseph-François Lafitau est mort sans avoir pu bénéficier de la critique de Gaubil et son manuscrit n'a jamais été publié. La publication était pourtant sanctionnée par l'ordre et garantie par Pierre-François Lafitau qui disposait des moyens pour faire publier l'ouvrage à l'étranger[23]. Les motifs et circonstances de cette non-publication sont d'autant plus intrigants si l'on tient compte que l'ouvrage, terminé à la fin de l'année 1726, n'a été soumis à la censure royale qu'au printemps 1740, quatorze ans plus tard ! Entretemps, Lafitau était retourné au Canada, avait passé trois ans comme administrateur à Rome et avait publié deux autres ouvrages. Pourquoi attendre si longtemps ? Selon l'auteur, ce n'est pas la faiblesse des propos qui aurait empêché la publication, mais une chicane entre

22 Voir à ce sujet mon article de 2011 et la contribution de Marc Kolakowski dans ce volume.
23 Lafitau, *Lettre au P. Oudin*, citée d'après Sommervogel, 1960, vol. 12, col. 540.

jésuites : « la Jalousie d'un Jesuite qui s'estoit approprié mon Système me fit une tracasserie qui arresta l'impression au dehors » (Lafitau, *Lettre au P. Oudin*, citée d'après Sommervogel, 1960, vol. 12, col. 540). L'identité de ce jésuite reste inconnue. Ce qui est clair, c'est qu'il ne partageait pas les scrupules du père Gaubil qui offrait sa critique généreusement. Ensuite, le fait qu'il se sentait menacé dans la propriété de ses idées par le « Système » de Lafitau pointe bien dans la direction des historiens et théoriciens des premiers temps, que ce soit dans le registre religieux ou séculier, dans le monde ancien ou dans le monde des idolâtries contemporaines. Le fait que l'auteur a attendu quatorze ans avant de soumettre le manuscrit à la censure royale et la réponse de celle-ci laissent perplexe. La censure n'a ni accordé ni refusé le privilège et l'entrée dans le *Registre des privilèges* ne signale que le titre du manuscrit sans le nom de l'auteur, ainsi que le renvoi du manuscrit à M. LeSeigneur, professeur à la Sorbonne et censeur des ouvrages de théologie[24]. Face à ces constats et la possibilité en tout temps de faire publier l'ouvrage à l'étranger aux frais de Pierre-François Lafitau, évêque de Sisteron, on peut soupçonner que la (ou les personnes) qui faisait obstacle avait ses bonnes entrées auprès du pouvoir et que les frères Lafitau ont jugé plus opportun d'attendre et de poursuivre le chemin des instances nationales. La mort de Lafitau en 1744 a probablement arrêté l'entreprise. Si cette affaire laisse bien des questions ouvertes, nous pouvons cependant affirmer que le manuscrit s'il avait été publié se serait facilement inscrit dans la série de publications érudites et spéculatives sur l'histoire des religions avec la particularité de son caractère apologétique et de son ambition universelle.

CONCLUSION

La dimension religieuse dont la réception a largement fait abstraction jusqu'à date ne peut être évacuée de l'œuvre de Lafitau sans être réductrice. Elle soutient la vision du monde de l'auteur et le sujet se trouve à des degrés différents dans tous ses ouvrages. L'histoire coloniale de l'*Histoire des Portugais* tombe sous la providence divine tout comme l'*Histoire de*

24 Bnf, ms. fr. 21997 f. 28r°.

Jean de Brienne. Malgré son sujet « anachronique », la dernière peut se lire comme une réflexion sur les limites politiques du projet colonial des croisades. C'est pourtant dans ces trois ouvrages que la religion affiche le plus clairement son rôle fondamental pour la pensée de l'auteur. Elle sous-tend l'argumentation dans le *Mémoire* sur le ginseng qui contient à son tour *in nuce* la méthodologie développée par la suite dans les *Mœurs*. Quant au savoir ethnographique, tant apprécié par la postérité, il faut toutefois avouer que Lafitau instrumentalise l'ethnographie justement à des fins apologétiques. Bien que nous n'ayons plus le texte, le peu que nous savons permet de voir dans le manuscrit perdu le point culminant de cette démarche. Lafitau chercherait à n'y présenter rien de moins que la quintessence de la théologie universelle du Christianisme, sa version de la *prisca theologia*, telle qu'elle était manifeste suite à la révélation dans les premiers temps. Dans l'intérêt d'une meilleure compréhension du personnage de Joseph-François Lafitau et de son œuvre, il s'agirait désormais de tenir compte de cette dimension religieuse ou au moins de ne plus l'oublier.

Andreas MOTSCH
Université de Toronto

HISTOIRE SACRÉE ET ETHNOGRAPHIE COMPARATIVE CHEZ LAFITAU

Trop souvent, l'ouvrage de Joseph-François Lafitau, *Les Mœurs des sauvages ameriquains comparées aux mœurs des premiers temps* (Paris, 1724) a été interprété comme le précurseur de l'anthropologie scientifique, plutôt que comme un exemple d'apologétique inscrit dans une tradition distincte de l'érudition antiquaire. Celle-ci a dominé la majeure partie du XVIIe siècle, mais a fait l'objet de critiques féroces au XVIIIe, jusqu'à son déclin progressif[1]. En tant qu'étude « antiquaire », les *Mœurs* ont mobilisé des matériaux historiques de différents types – dont seule une partie était ethnographique – en vue de spéculer sur la religion naturelle, sur les origines des peuples autochtones des Amériques, et sur la portée globale de l'histoire sacrée. Replacer le grand traité comparatif de Lafitau au sein d'une tradition apologétique de l'histoire universelle – une tradition de plus en plus imprégnée par la défense de l'autorité biblique contre la perception d'une menace des libertins – permet de faire l'impasse de interprétations trompeuses quant à son influence dans le domaine scientifique ; mais surtout, cela nous permet de mieux comprendre les origines, les objectifs et l'impact de cette somme[2].

1 L'image de Lafitau comme précurseur de l'anthropologie scientifique moderne a été renforcée par l'anthropologue William N. Fenton, notamment dans l'excellente édition anglaise co-écrite avec Elizabeth Moore : voir Fenton et Moore, 1974-1977, t. I, xxiv-cxix. Voir également Fenton, 1974. On trouvera les origines de cette interprétation dans les diverses contributions d'Arnold van Gennep en 1911-1914, et chez Alfred Métraux en 1962-1963. Elle a culminé au moment de la publication d'une édition populaire abrégée chez Maspero en 1983, sous la responsabilité de E. H. Lemay, qui a tout simplement supprimé les passages comparatifs et historiques, y compris le chapitre crucial consacré à la religion.

2 Pour une première tentative de replacer Lafitau au sein des débuts de la tradition catholique moderne d'ethnologie comparative remontant à José de Acosta, voir Pagden, 1986, p. 198-209. On notera que le chapitre sur Lafitau était absent de l'édition de 1982. Pour une discussion plus détaillée, voir Motsch, 2001.

L'ouvrage est particulièrement éclairant pour ce qui est des interactions complexes de l'ethnographie missionnaire, des inquiétudes d'une Église subissant de nouveaux types d'attaques, et de l'usage à visée antiquaire des méthodes comparatives. Comprendre pourquoi et comment ces méthodes se sont développées aux XVIe et XVIIe siècles demeure une tâche cruciale. C'est le contexte des controverses coloniales et religieuses, plutôt que de simples prétentions scientifiques, qui a permis à l'ethnographie comparative de soutenir, remettre en question et redéfinir les fondations de la vision historique et anthropologique de l'Europe.

En l'espace de quelques semaines entre la fin de l'année 1723 et le début de 1724, deux travaux d'une grande importance, par ailleurs richement illustrés, furent publiés en français. Ils visaient à comparer les cérémonies religieuses et les coutumes des peuples païens à une échelle globale. À Amsterdam, l'éditeur Jean-Frédéric Bernard publia le troisième volume (le premier à paraître) de son encyclopédie des religions du monde, intitulé *Cérémonies et coutumes religieuses des peuples idolâtres*, et consacré aux nations idolâtres dans le monde, de l'Amérique (« Indes Occidentales ») à l'Inde[3]. Quelques semaines plus tôt, à Paris, le jésuite Joseph-François Lafitau publiait une monographie en deux volumes et comparait les coutumes des « sauvages ameriquains » à celles de l'Antiquité. Lafitau était ouvertement antiquaire dans son approche, suivant un modèle comparatif très similaire à celui élaboré quelques années auparavant par La Créquinière, un obscur officier français des Indes, dans sa *Conformité des coutumes des Indiens Orientaux avec celles des Juifs et des autres peuples de l'Antiquité* (Bruxelles, 1704). À l'instar de La Créquinière, Lafitau proposait une analyse systèmatique, par thèmes, des différentes pratiques culturelles, assimilant les traditions exotiques modernes aux traditions anciennes. En revanche, Bernard pourrait au premier abord être considéré comme un

3 Le titre générique de la série était *Cérémonies et coutumes de tous les peuples du monde*, dont le plan original avait déjà été annoncé en décembre 1720 dans le *Journal des Sçavans* (vol. 39, p. 622-623), mais dont on sait qu'il a subi des modifications au moment de sa publication. La première partie, en deux volumes, comprenait une introduction générale, et était consacrée aux Juifs et aux Catholiques. L'ouvrage a été antidaté : il portait la date de 1723 alors que sa publication effective eut lieu en 1725. Je remercie Sara Petrella pour cette observation. Le troisième volume (premier de la seconde partie), consacré aux idolâtres du Nouveau Monde et de l'Inde, mentionnait la même date de 1723 mais ne parut qu'au début de l'année 1724. Pour une introduction générale, voir Hunt, Jacob, Mijnhardt (éd.), 2010. L'ouvrage est très utile, même si l'idée de proclamer que les *Cérémonies* ont changé l'Europe est exagérée.

entrepreneur opportuniste, un compilateur de récits de voyage et autres matériaux ethnographiques élaborés à partir de ce qui lui tombait sous la main et publiés pour le marché du livre. En réalité, Bernard a également écrit des textes importants, notamment une très longue dissertation « sur les peuples de l'Amerique et sur la conformité de leurs coutumes avec celles des autres peuples anciens et modernes[4] ». En outre, on peut observer que ses interventions et annotations éditoriales sont souvent soutenues par une solide logique interprétative. En d'autres termes, Bernard était tout autant auteur que compilateur. Les *Mœurs* comme les *Cérémonies* ont en commun la combinaison d'érudition antiquaire et écriture de voyage qui était constitutive de l'ethnologie comparative du début des temps modernes. Ce qui est frappant, c'est de voir combien, tout en adoptant une approche comparative similaire et en partageant beaucoup de matériau historique et ethnographique, Bernard et Lafitau divergeaient radicalement dans leur réponse à une question fondamentale : comment interpréter la diversité religieuse au sein du récit de l'histoire universelle de la religion ?

À cette époque, le récit biblique, qu'aucun Européen éduqué n'aurait publiquement remis en cause, ne procurait plus en lui-même de réponse satisfaisante. La nature du problème consistait dans le fait que malgré les efforts des théologiens orthodoxes, comme le prédicateur de la cour de Louis XIV Jacques-Bénigne Bossuet (1627-1704), l'histoire sacrée était alors en crise, au sens où, pour beaucoup de penseurs, elle ne constituait plus un récit cohérent et intellectuellement satisfaisant sur les origines de la religion et les débuts de l'histoire de l'humanité. Comprendre comment un tel événement s'est produit fournirait une clé pour appréhender l'importance des travaux de Lafitau et de Bernard, ainsi que de nombreuses autres contributions traitant de l'histoire de la religion au début des Lumières. Il ne fait aucun doute que la question clé était plus philosophique que méthodologique. En fait, Lafitau et Bernard utilisaient tous deux la comparaison pour souligner l'universalité de l'expérience

4 *Cérémonies et coutumes religieuses des peuples idolâtres, représentees par des figures dessinées de la main de Bernard Picart. Avec une explication historique & quelques dissertations curieuses*, 1723, p. 1-73. Cette « dissertation » comprenait un chapitre important sur les origines de ces peuples d'Amérique (p. 1-11). Un « Supplément à la dissertation précédente » se focalisait sur les cérémonies religieuses et déclarait que ces peuples n'avaient que de très vagues notions de la divinité, même si certains semblaient avoir des notions d'un Grand Esprit, ou d'un Esprit Universel (*ibid.* 84).

religieuse mais à des fins différentes, puisqu'ils proposèrent des interprétations opposées de schémas similaires et de leur signification pour définir la vraie religion. Les membres de la République des Lettres auraient été capables d'interpréter ces différences. Bernard, membre de l'Église wallonne d'Amsterdam bien qu'évoluant dans des cercles libertins, était un réfugié protestant dont les travaux dénotaient de fortes tendances déistes, comme pouvait le constater tout lecteur de sa *Dissertation sur le culte religieux* placée en préface de son travail[5]. Lafitau, en revanche, était un jésuite, missionnaire en Nouvelle-France impliqué dans l'expansion universelle de l'Église catholique, qui rédigea cependant son ouvrage comparatif en Europe. En outre, son travail n'était pas envisagé comme un exercice de promotion de la mission, mais plutôt comme une intervention polémique dans la République des Lettres – en d'autres termes, comme une œuvre d'apologétique chrétienne. Au sein de la tradition apologétique, Lafitau offrait une réponse singulière au problème de la réduction de la diversité religieuse à un récit historique chrétien, dans la veine des travaux antérieurs d'apologétique historique menés par des auteurs catholiques tels qu'Athanase Kircher et Pierre-Daniel Huet.

Bien que Lafitau n'ait pu prendre en considération les volumes de Bernard (leurs ouvrages respectifs sur les Amériques ayant été rédigés la même année), l'auteur d'un compte rendu anonyme des *Mœurs* – probablement Bernard lui-même – écrivit dans la *Bibliothèque Françoise* qu'en dépit de certains points communs, leurs thèses fondamentales ne concordaient pas[6]. Il observait en particulier que l'auteur « anonyme » des *Dissertations sur les cérémonies religieuses des peuples de l'Amérique* (en fait Bernard) cherchait à déterminer l'origine des différentes pratiques religieuses selon des traits anthropologiques universaux, à savoir « le caractère de l'esprit humain ». Au contraire, Lafitau proposait des parallèles et des généalogies avec l'ancien monde peu vraisemblables, dans le but de défendre une thèse des origines communes, qui trouvait en Amérique les vestiges d'un passé très lointain qu'il faisait remonter à

5 [Bernard], « Dissertation sur le culte religieux », t. I, 1723, p. i-xxxviii.

6 *Bibliothèque Françoise, ou Histoire Littéraire de la France*, t. IV, 1724, p. 103-123 et t. V, 1725, p. 327-345. Cette revue, créée en 1723, était publiée par Bernard, et essentiellement rédigée par Denis Camusat, un journaliste français aux sympathies jansénistes. Le fait que l'auteur fasse référence (anonymement) à son propre travail « sur le même sujet » comme une dissertation anonyme reflète sa conscience que les *Cérémonies* était un projet délicat, presque hétérodoxe. Pour l'histoire de la revue, voir Sgard.

Adam et Ève et à l'histoire de la Chute[7]. De ce point de vue, leur usage de la méthode comparative différait : l'auteur anonyme s'en servait pour définir une anthropologie universelle de la religiosité humaine tandis que Lafitau l'utilisait pour tenter de remonter aux origines au travers de pratiques culturelles spécifiques[8]. Ce que l'auteur du compte rendu savait bien, mais ne disait pas, c'est que l'influence d'un auteur, Pierre Bayle, séparait les deux interprétations de la religion naturelle. À proprement parler, Lafitau définissait aussi une anthropologie de la religiosité humaine qui insistait sur la dimension symbolique du divin. Cependant, il jugeait que son accomplissement était dû à l'action divine dans un passé lointain, et attaquait directement Pierre Bayle et son déni de la valeur positive de la religion païenne. Bernard, quant à lui, marchait dans les pas de Bayle en faisant de la capacité humaine à l'erreur une force autonome qui, à elle seule, pouvait expliquer l'histoire de la religion comme une dégénérescence vers l'idolâtrie et la superstition[9]. Plutôt qu'une histoire faite de vérités partielles enveloppées de symboles, Bernard faisait l'histoire de l'ignorance, du fanatisme, de la manipulation et de l'aveuglement.

Le contraste entre Bernard et Lafitau indique une divergence intellectuelle significative qui s'instaurait dans la culture intellectuelle européenne au tournant du XVIIIe siècle, ce que Paul Hazard a défini dans son étude de 1935 comme *La crise de la conscience européenne* et qui, plus récemment, a été abordée par d'autres historiens sous diverses appellations, comme par exemple les « Lumières radicales » (notamment par Jonathan Israel dans son travail controversé). Quelle que soit la manière dont nous l'analysons, cette crise a éloigné les Européens modernes non seulement des civilisations païennes – qu'il s'agisse de la Rome ancienne ou de la Chine de l'époque Qing –, mais également de leur propre passé religieux. Dans l'esprit de la nouvelle philosophie post-sceptique et matérialiste popularisée par des auteurs tels que Bernier et Fontenelle, les oracles, les démons, les miracles, les sacrements, la

7 *Bibliothèque Françoise*, t. IV, 1724, p. 119.

8 Mon interprétation suppose un haut degré de connectivité intellectuelle dans l'usage des méthodes comparatives à cette période, coexistant avec une divergence idéologique. Pour une approche différente, voir Revel, 2013.

9 De nombreux lecteurs ont interprété le fidéisme chrétien déclaré de Bayle comme une tentative de dissimuler un scepticisme corrosif. Les chercheurs demeurent divisés à propos de l'authenticité de l'allégeance nominale de Bayle envers la foi protestante.

prophétie, le mysticisme, le fanatisme et l'enthousiasme religieux étaient le plus souvent rangés dans la catégorie négative de la superstition, qui échappait aux limites traditionnelles de la dénonciation de l'idolâtrie – l'adoration des créatures, et non pas du Dieu créateur, qu'on supposait dans des religions païennes – pour embrasser plus globalement le christianisme populaire et rituel. L'influence du clergé (*priestcraft*) parmi les Catholiques et les païens fit évidemment l'objet de critiques particulières, car les élites religieuses étaient accusées de manipuler les croyances populaires, souvent avec cynisme, à des fins matérielles. Mais Bernard (qui avait une sympathie manifeste pour John Toland) était également capable de remettre en question le fanatisme, l'enthousiasme et l'intolérance au sein des églises protestantes.

Bernard illustrait ainsi la tendance des libertins à une religion minimaliste et rationnalisée[10]. Sa « Dissertation sur le culte religieux » mêlait un rejet général des excès de dévotion et l'esquisse d'une histoire naturelle de la religion. L'idée centrale était que la diversité des cultes révélait un processus historique de dégénérescence, du monothéisme naturel à diverses formes d'idolâtrie. Cette posture n'était ni nouvelle ni révolutionnaire en soi ; ce qui n'était pas orthodoxe en revanche, c'était la valeur positive liée à la religion naturelle qui s'opposait aussi bien aux formes élaborées de paganismes et aux pratiques de la plupart des églises chrétiennes[11]. Plutôt que de faire intervenir le pouvoir de la Grâce divine – par le biais de la révélation et de l'incarnation chrétienne – comme remède à ce processus universel de dégénérescence religieuse, la dissertation de Bernard généralisait la précipitation vers la superstition comme un processus anthropologique et universel, dont les effets ne devaient pas être restreints aux *peuples idolâtres*. L'idolâtrie n'était qu'un des nombreux aspects de la superstition, et sur le riche *tableau* composé par Bernard et le graveur Picart, tous les types de dévotions rituelles – y compris de nombreuses dévotions théoriquement chrétiennes – ont trouvé une place. En d'autres termes, les peuples du Livre, Juifs et Chrétiens catholiques en particulier, participaient eux aussi de cette chute dans la superstition. De façon symptomatique, la préface générale des *Cérémonies*, dans laquelle Bernard rendait cette idée encore plus polémique en exhortant à supprimer *toutes* les intercessions

10 L'insistance sur l'aspect rationnel l'éloigne du fidéisme radical de Bayle.

11 [Bernard], « Dissertation sur le culte religieux », t. I, 1723, p. v.

des prêtres, a été rapidement qualifiée d'hérétique par les censeurs catholiques quand, en 1738, ils décidèrent de la placer dans l'*Index des livres interdits* (*Index librorum prohibitorum*). Elle fut par ailleurs supprimée de la traduction anglaise de 1731, peut-être afin d'éviter d'offenser les sensibilités anglicanes. Ce que Bernard a suggéré était évidemment déiste (mais pas strictement athéiste) : il visait à la restauration de la simplicité naturelle d'un culte monothéiste.

Pour approfondir cette question, il vaut alors la peine de s'arrêter plus en détail sur la vision qu'avait Lafitau d'une religion primitive de l'humanité afin d'évaluer sa signification en fonction du contexte. Comme nous l'avons vu, les anthropologues du XXe siècle ont été tentés de voir Lafitau comme un précurseur de leurs propres méthodes scientifiques, moins pour ses comparaisons « antiquaires » maladroites et ses généalogies lointaines que pour sa manière de combiner observations empiriques et théorie. En plus de découvrir le ginseng au Canada à travers un processus de déduction sur l'observation du climat, il était aussi parvenu à des interprétations précieuses sur les pratiques des Iroquois – notamment sur leurs cabanes longues, leur système de parenté matrilinéaire et exogame, et leurs conseils des anciens[12]. Lafitau définissait son entreprise comme une « science des mœurs et coutumes des différents peuples ». Cependant, cette « science » était un exercice méthodique de compréhension historique et morale, guidé par « l'esprit géométrique, d'analogie et de comparaison » (comme écrit le compagnon Jésuite Louis Bertrand Castel dans son compte rendu très positif des *Mœurs*), et non une discipline académique moderne menée dans un environnement de recherche contrôlé[13]. En d'autres termes, il faisait partie de la tradition du début de la période moderne d'établir la science comme connaissance raisonnée et systématique du monde et de son histoire, une tradition qui utilisait des observations de diverses origines et de qualité variable pour étayer les théories spéculatives intéressantes aux yeux de la République des Lettres, souvent dans la perspective des polymathes qui couvraient un large spectre des savoirs, allant de la philologie aux mathématiques, de l'histoire naturelle à l'histoire humaine, et des Anciens aux Modernes. Dans les *Mémoires de Trévoux* Castel notait que ce qui caractérisait Lafitau était précisément

12 Ces contributions spécifiques sont soulignées par Fenton, 1974.

13 *Mémoires de Trévoux*, fevrier 1725, p. 239.

la façon dont sa connaissance des antiquités lui permettait de relever la profonde analogie entre les hommes anciens et les sauvages modernes : avec un regard philosophique, « il vit d'abord que les distances des lieux étant toutes analogiques aux distances des tems », et qu'il était donc possible d'établir systématiquement – donc « scientifiquement » – des parallèles entre la religion, les coutumes et les institutions sociales et politiques dans toutes les sociétés primitives[14].

En dépit des éloges de Castel qui saluait Lafitau comme un excellent antiquaire, il apparaît aujourd'hui nécessaire d'interroger son statut de missionnaire-ethnographe. Il a en effet passé cinq ans, de 1712 à 1717, au contact de la communauté iroquoise (surtout Mohawk) de Sault-Saint-Louis (Caughnawaga) sur l'Ile de Montréal, et a étudié leurs mœurs et leur langue. Toutefois, son expérience des tribus canadiennes s'était largement limitée à ce qui pourrait être désigné comme des vestiges de tribus, à la fois fragmentées, christianisées et démoralisées, qui avaient migré vers la colonie française[15]. Alors qu'il a décrit de façon précise leurs cabanes longues et leur système de parenté matrilinéaire et exogame, une bonne part de ses connaissances concernant les coutumes et les croyances autochtones originales dérivaient en fait du savoir de missionnaires plus anciens (tel Julien Garnier), de la lecture des récits des précédentes générations de jésuites, et aussi des livres ayant trait à d'autres parties du continent américain[16]. Il expliquait son objectif et sa méthode en ces termes :

14 *Ibid.*, septembre 1724, p. 1569-1570. Le compte rendu a été publié en trois parties et de façon anonyme, mais dans une lettre au père Oudin en 1740, Lafitau a révélé que Castel était l'auteur du premier « extrait » de son chapitre sur la religion. En 1724 Castel a également envoyé les *Mœurs* de Lafitau à Montesquieu.

15 Les Mohawk n'ont pas été conquis, mais ils ont été défaits par les Français. Ils ont également été victimes de plusieurs épidémies. On considère généralement que la migration vers Montréal a constitué pour eux un moyen d'accéder aux sources du pouvoir français, au prix d'une séparation avec les traditionnalistes, qui sont restés dans la sphère d'influence anglaise. Avant eux, les Hurons avaient été décimés ou intégrés. Pour la christianité hybride de Caughnawaga, voir Greer, 2006, p. 89-110. Le lieu d'implantation s'est déplacé en amont du fleuve en 1716, pendant le séjour de Lafitau sur place.

16 Lafitau (1724, t. I, p. 2-3) a reconnu qu'il avait beaucoup appris de Garnier, qui était dans la région depuis soixante ans et qui savait parler de nombreuses langues locales – l'Algonquin, le Huron, et les cinq dialectes Iroquois. Pour une évaluation plutôt sévère des limitations de Lafitau comme observateur participant, voir Feest, 2001. Comme le note Feest, seuls 25 % de l'ethnographie des *Mœurs* sont clairement consacrés aux Hurons et aux Iroquois, contre 35 % traitant des peuples autochtones des Amériques en général, et 37 % à propos des peuples de l'Antiquité.

> je ne me suis pas contenté de connoître le caractère des sauvages et de m'informer de leurs coutumes et de leurs pratiques, j'ai cherché dans ces pratiques et dans ces coutumes des vestiges de l'antiquité plus reculée ; j'ai lu avec soin ceux des auteurs les plus anciens qui ont traité des mœurs, des loix, et des usages des peuples dont ils avoient quelque connoissance ; j'ai fait la comparaison de ces mœurs les unes avec les autres, et j'avoue que si les auteurs anciens m'ont donné des lumières pour appuyer quelques conjectures heureuses touchant les sauvages, les coutumes des sauvages m'ont donné des lumières pour entendre plus facilement et pour expliquer plusieurs choses qui sont dans les auteurs anciens. (Lafitau, 1724, t. I, p. 3-4)

Il paraît donc évident que l'expérience personnelle n'était que le point de départ de son travail.

En réalité, et contrairement au *Mémoire* de 1718 concernant l'identification du ginseng, il semble que les *Mœurs* aient été conçues et rédigées à Rome et à Paris entre 1719 et 1722. Lafitau a sûrement trouvé dans ces deux villes la plupart des ressources dont il avait besoin – notamment des travaux comparatifs précédents tels que ceux de Lorenzo Pignoria, Athanase Kircher et Pierre-Daniel Huet. On ne manquera pas de relever que les deux lettres de Jean Venant Bouchet envoyées d'Inde à Huet ont constitué une source de premier plan. Ces lettres avaient été publiées quelques années auparavant (en 1711 et 1718) dans les *Lettres édifiantes et curieuses* (une série que Lafitau a lue avec avidité durant son séjour au Canada). Celles-ci offraient un exemple concret de la manière dont les nouvelles observations du terrain de mission – dans ce cas l'exploration des parallèles entre hindouisme, christianisme et pythagorisme – pouvaient être mobilisées pour soutenir une œuvre d'apologétique antiquaire rédigée et publiée en Europe[17]. Lafitau a peut-être également rencontré le missionnaire controversé Jean-François Foucquet en 1722 à son retour de Chine (selon toute vraisemblance avant qu'il ne quitte l'ordre). Dans le contexte de la diffusion de la « crise libertine » et des idées de Pierre Bayle, sa cible principale, Lafitau doit en premier lieu être envisagé comme un réactionnaire qui cherchait à rassembler les preuves du *consensus gentium* à l'aide de l'érudition antiquaire. À cet égard, la clé de l'œuvre entière se situe dans le chapitre consacré à la religion – un chapitre trop souvent écarté dans les éditions du XXe siècle car considéré comme moins valable scientifiquement que les autres.

17 Bouchet, 1711, p. 1-60 ; *Id.*, 1718, p. 95-222.

Les méthodes comparatives modernes de Lafitau étaient donc mises en œuvre comme une action d'arrière-garde contre le danger représenté par l'idée que certains hommes n'auraient pas de religion – ou, pire, que l'athéisme serait plus rationnel que l'idolâtrie. C'est la raison pour laquelle l'idolâtrie était pour Lafitau moins un problème que ne l'était le déni du divin, sachant qu'elle pouvait être rapportée à un authentique élan religieux qui était universel et dirigé à l'origine vers le vrai Dieu. C'est pour cette raison que le célèbre frontispice des *Mœurs* (ill. 1) montrait comment le mythe adamique des origines communes offrait à l'historien sa clé d'interprétation. Dans cette perspective, la comparaison thématique et systématique entre les coutumes des Anciens et celles des sauvages modernes n'a pas seulement mené à la réaffirmation de l'unité de l'humanité (comme l'avait déjà établie José de Acosta, dont l'influence plane toujours), avec une nouvelle intervention au débat sur les origines des peuples Américains. Elle n'a pas non plus seulement proposé une généalogie précise entre les peuples de l'Ancien et du Nouveau Monde, grâce à la comparaison de coutumes qui n'étaient pas partagées par tous les peuples sauvages, mais plutôt spécifiques à certaines tribus partageant des pratiques uniques (comme les Iroquois et le système supposément matrilinéaire des Lyciens anciens décrit par Hérodote, Nicolas de Damas et Plutarque)[18]. Ainsi, le comparatiste avait plutôt pour objectif de prouver la validité universelle de la Bible comme histoire originelle d'une humanité comprise comme une communauté religieuse, en retrouvant la trace des vestiges du passé de l'époque d'Adam et de Noé, même parmi les sauvages.

Certaines interprétations ont cherché à mettre en avant l'élément anthropologique dans l'universalisme religieux de Lafitau sous la forme d'une anthropologie cognitive symbolique qui sous-tend les différents mythes et coutumes religieuses. Il me semble au contraire que la force directrice de sa thèse réside dans l'existence de vestiges de la religion originelle de l'humanité dans toutes les cultures, qu'elles soient civilisées ou sauvages[19]. À cet égard, son anthropologie religieuse – qui insistait sur la nécessité des symboles pour exprimer les vérités

18 Lafitau, 1724, t. I, p. 69-90.

19 Pour une discussion précédente identifiant l'anthropologie symbolique de Lafitau comme clé universelle pour toutes les cultures religieuses, voir en particulier Pagden, 1986, p. 207-208.

théologiques – était orientée vers un argument historique. Les hommes ne pouvaient appréhender le divin à moins de passer par les sens et l'imagination, ils avaient donc besoin de symboles. Or les thèmes universeaux obtenus par la comparaison des coutumes religieuses – y compris de nombreuses coutumes civiles à l'origine liées aux pratiques religieuses – ne constituaient pas des réponses spontanées au divin dans différentes régions et à différentes époques. Ils avaient plutôt trait à des éléments spécifiques d'une religion originelle transmise directement de Dieu à Adam et à ses descendants, religion qui avait survécu dans les cérémonies publiques et les cultes à mystère des païens malgré à la dégénérescence vers l'idolâtrie et la dispersion de l'humanité après le Déluge :

> Si l'on veut pénétrer davantage l'esprit des Religions étrangeres, on y trouvera encore des figures emblématiques, qui nous représentent, quoique confusément, les principaux points de la foy et de la révélation qu'elles ont eu d'une tradition ancienne. (*Ibid.*, p 120-121).

La *conformité* révélait ainsi les origines communes sous la forme d'une expérience primitive du divin, plutôt qu'une nature commune orientée vers le divin, bien que celle-ci ait également été envisagée. L'ethnographie comparative de Lafitau prouvait non seulement que toutes les nations, peu importe leur degré d'ignorance et de superstition, partageaient une croyance en un seul Dieu créateur, à l'encontre de toutes les tentatives libertines ; mais aussi que cette croyance avait les mêmes racines historiques éloignées, et donc une origine divine, dans tous les cas, y compris chez les sauvages du Nouveau Monde. Avant Lafitau, certains catholiques avaient tenté d'élaborer une histoire universelle en cherchant tous les symboles mystérieux et hermétiques du monothéisme originel (dûment mêlés à une idolâtrie monstrueuse) à partir de l'Égypte, comme dans les ouvrages d'Athanase Kircher. D'autres, dans des tentatives malavisées, ont essayé de trouver des traces de la révélation mosaïque dans toutes les traditions païennes, comme Pierre-Daniel Huet. Dans leurs efforts d'appréhender les religions les plus élaborées de la Méditerranée et de l'Asie lointaine, ils n'avaient pas su comprendre que le seul type de diffusionnisme qui permettrait de lutter contre la menace du scepticisme religieux – notamment l'idée que la religion ne serait qu'une invention humaine – devait englober toutes ces nations barbares et séparées du reste de l'humanité peu après le Déluge qui n'avaient conservé que de vagues notions de la religion d'Adam et de Noé. Il faut souligner que la conformité entre les cultes chrétiens et païens ne requérait donc pas d'agent extérieur, tel que le Diable et ses initiatives pour contrecarrer le plan de Dieu en imitant et en pervertissant la vraie religion (ce qui correspondait à la ligne prise par José de Acosta) : en fait, la *conformité* trahissait simplement des origines communes remontant à un lointain passé.

Il convient alors de comparer les méthodes de Lafitau à celles de Kircher, Huet et les figuristes chinois[20]. Dans une large mesure, tous ces auteurs partageaient une tendance hermétique, avec un intérêt particulier pour les mystères symboliques qui s'inscrivaient entre la révélation primitive et sa dégénérescence vers l'idolâtrie. Bien qu'ils fondassent tous leurs travaux sur l'usage de la comparaison de mots, d'images et de rituels à la recherche de « conformité », ils différaient dans les généalogies historiques spécifiques qu'ils cherchaient à mettre en avant. L'hermétisme de Kircher devait beaucoup aux sources néoplatoniciennes lues à travers le prisme de la Renaissance (notamment Marsile Ficin). Avec des parallèles symboliques spécifiques et des connexions historiques, il visait à réduire un large spectre de preuves empiriques – y compris les traditions païennes nouvellement découvertes en Inde et en Chine – à un passé religieux commun. L'Égypte, dont il se vantait de pouvoir lire les hiéroglyphes, jouait le rôle de pivot à la fois pour le monothéisme ésotérique et ses altérations idolâtres. De son côté, Huet, dont la *Demonstratio Evangelica* (1679) était plus ouvertement apologétique, se montrait particulièrement favorable à la restauration de l'authenticité de la Bible comme histoire universelle face au scepticisme philosophique, ainsi qu'à l'idée que tous les peuples rationnels – y compris les Chinois – s'accordaient sur l'existence d'un Dieu créateur. En fait, Huet cherchait à moderniser la stratégie patristique, qui avait insisté sur la primauté des anciens Hébreux par rapport à la Grèce et aux autres peuples anciens d'Égypte, de Phénicie et de Babylone. De Clément d'Alexandrie à Eusèbe de Césarée, toutes les religions païennes avaient été décrites comme étant, au mieux, des plagiats de la véritable

20 La relation entre Kircher et Lafitau nécessite de plus amples clarifications, mais il semble clair que le second, qui a passé du temps à Rome à un moment important de ses recherches, a été dans une certaine mesure un héritier intellectuel du premier. Il était en revanche plus ouvertement critique vis-à-vis de Huet.

sagesse divine et, au pire, des altérations de la révélation. Franchissant une étape supplémentaire, l'idée clé de Huet était de réduire les figures familières d'Hermès Trismégiste / Thot, Zoroastre et d'autres – le genre de sages que Kircher avait déjà cherché à mettre en relation – à un simple écho de Moïse, faisant de lui une figure encore plus forte d'enseignant universel de la sagesse divine. Cependant, ce pari mosaïque fut rejeté par Lafitau, précisément parce qu'il excluait les peuples autochtones des Amériques et les autres nations sauvages et, par conséquent, qu'il ne fournissait pas une version assez solide du *consensus gentium*.

Le récit de Lafitau sur la religion naturelle comprenait trois étapes : tout d'abord, la croyance en un être suprême est universelle (parce que tous les hommes partagent le souvenir de la révélation adamique primitive provenant directement de Dieu, qui n'était ni exclusive aux Juifs ni aux Chrétiens). Puis, l'existence d'une théologie symbolique est universelle (puisque tous les hommes tentent d'appréhender la divinité et de comprendre les mystères de la foi avec leurs sens et leur imagination limités). Enfin, la dégénérescence vers l'idolâtrie des païens ne s'est pas faite partout de la même manière, elle est donc d'intensité variable. Ce nonobstant, il est toujours possible de retrouver des éléments de la religion primitive de l'humanité à travers l'étude des « figures emblématiques » qui partagent un certain nombre de traits communs[21]. Il y avait cependant un point central sur lequel Lafitau et Kircher divergeaient : bien que les Égyptiens eussent atteint un degré extrême de dégénérescence quant à la science des symboles et des hiéroglyphes, ils n'avaient, contrairement à ce qu'affirmait Kircher, ni inventé ni répandu cette science puisqu'on la trouvait chez tous les barbares. Lafitau s'appuyait aussi sur les coutumes pour prouver la *conformité* (faisant écho à cet égard au travail de La Créquinière), ce qui apparaissait nécessaire vis-à-vis de sauvages considérés comme illettrés. D'aucuns s'étaient trompés en supposant que ces coutumes étaient purement civiles, et que les sauvages n'avaient aucune forme de religion : les libertins avaient donc tort de mobiliser les preuves historiques contre les revendications d'orthodoxie religieuse. En réalité, il était possible de remonter à la religion universelle de l'humanité en comparant les cultes consacrés au soleil, aux montagnes et au feu, tout comme les sacrifices, les vierges sacrées – les Vestales –, les fêtes, les danses, et même les instruments de musique.

21 Lafitau, 1724, t. I, p. 115-124.

Certains éléments suggèrent que Lafitau désirait rédiger une suite à ses *Mœurs*, qui aurait constitué une étude plus large sur la religion primitive. Ce travail, apparemment controversé au sein de l'ordre, se serait rapproché des perspectives défendues par certains missionnaires jésuites de Chine tels que Joachim Bouvet, Jean-François Foucquet et Joseph Prémare[22]. De manière tout aussi controversée, ces auteurs avaient cherché une préfiguration de la révélation chrétienne – entendue comme une *prisca theologica* – à travers les lectures allégoriques du *I Ching* et d'autres textes classiques anciens chinois. Voilà comment Fu Xi est devenu Hénoch, alias Thot ou Hermès Trismégiste, plutôt qu'un souverain chinois[23]. Même s'ils divergeaient sur certains détails, tous ces auteurs s'inscrivaient dans la veine de Kircher dans la mesure où ils refusaient que les traditions païennes puissent avoir eu une origine indépendante et un développement autonome. Il semble que Lafitau acheva son travail sur la religion primitive à la fin de l'année 1726, mais le résultat ne fut jamais publié. Il en imputa la cause à la jalousie d'un Jésuite qui aurait non seulement empêché la publication de son ouvrage, mais aussi volé ses idées[24]. Bien qu'on ne connaisse pas le nom du responsable de cette décision, il paraît évident que celle-ci était venue de l'ordre. Un candidat probable serait René-Joseph de Tournemine (1661-1739), un des Jésuites les plus influents à Paris. Avant la publication des *Mœurs* de Lafitau, il avait publié dans les *Mémoires de Trévoux* diverses dissertations sur la chronologie ancienne, la religion naturelle, l'origine des fables, et sur l'athéisme attribué aux sauvages. Il a favorisé l'interprétation évhémériste (plutôt qu'allégorique) des mythes proposés par l'Abbé Banier. Il était connu comme un des plus grands ennemis des figuristes, selon Bouvet en 1729[25]. Après le décès de Lafitau en 1746, le texte semble être passé dans les mains du Père Antoine Gaubil à Pékin, à qui on avait demandé de le commenter. L'opinion de Gaubil – délivrée des années plus tard – remettait en cause le manque de distinctions chronologiques des figuristes dans leur traitement de l'histoire chinoise. Comme il l'explique à l'astronome Joseph-Nicolas Delisle vers 1752 :

---

22 Voir l'article d'Andreas Motsch dans le présent volume.

23 Pinot, 1932, p. 347-361.

24 Motsch, 2012, p. 175-202.

25 Joachim Bouvet à Étienne Souciet, 12 Octobre 1729 (Pinot, 1932, p. 257). Lafitau a soumis son livre à la censure royale au printemps 1740, précisément après la mort de Tournemine.

> Vous avés sans doutte entendu parler du Père Laffiteau, Jésuite de Bordeaux, frère de l'évêque de Sisteron. Ce Père, à l'occasion de son ouvrage sur les mœurs des sauvages, eut grand rapport avec quelques jésuites françois qui avoient un système singulier sur l'antiquité chinoise, les livres classiques et la mithologie chinoise. Il voulut savoir mon sentiment sur tout cela [...] Ayant achevé la lecture et l'examen de l'histoire et des *King* ou livres classiques dans leur entier, je lui dis ce que je pensois, de même que sur son ouvrage des mœurs des sauvages. Je luy adjoutai qu'on devoit bien distinguer dans les auteurs chinois les temps et les lieux... Sur tout cela je communiquai mes vues au P. Lafiteau, en conséquence d'un plan fort détaillé d'un grand ouvrage qu'il méditoit sur la mithologie et les antiquités. Il me disoit que son ouvrage souffroit de grandes contradictions de la part de plusieurs jésuites et autres, mais qu'il espéroit le pouvoir enfin imprimer. Je ne sçais si cela est fait. (Gaubil, éd. Simon, 1970, p. 669-672)[26].

Les autorités de l'ordre rejetaient les théories figuristes parce qu'elles s'opposaient à la stratégie jésuite dominante développée par Ricci et Martini. Ceux-ci considéraient que les plus anciennes traditions de Chine constituaient une version minimaliste de la religion naturelle, et que le respect des archives historiques chinoises nécessitait une chronologie pré-mosaïque plus ancienne. La question ne fut pas réglée pour autant. Gaubil, qui voulait sauvegarder l'héritage de Ricci contre les Jésuites de Paris qui se montraient de plus en plus prudents, défendait l'exactitude des observations astronomiques chinoises. Il s'opposait en cela aux revendications de Foucquet qui affirmait quant à lui que les archives chinoises anciennes étaient fausses, et que des influences externes – notamment les Zoroastriens perses et les Brahmanes indiens, sous la forme du taoïsme et du bouddhisme – avaient corrompu la tradition chinoise authentique.

Lafitau n'a peut-être pas partagé les opinions les plus extrêmes de Foucquet sur la chronologie, mais il s'accordait certainement avec les figuristes quant à la primauté d'une révélation universelle sur toute religion rationnalisée. Fondamentalement, l'efficacité des preuves du *consensus gentium* comme argument contre les libertins reposait sur sa capacité à traiter la spécificité du christianisme. Cefaisant, il rendait non seulement justice à la vision historique de l'Ancien Testament, mais évitait aussi le

26 Une lettre séparée au jésuite Berthier, datée de novembre 1752, suggère qu'en fait, Gaubil n'a lu le manuscrit (par opposition au « plan détaillé ») qu'après la mort de Lafitau (Gaubil, éd. Simon, 1970, p. 704-705).

danger d'une conclusion déiste. La religion naturelle consistait moins en la reconnaissance universelle d'une idée abstraite et philosophique d'une divinité suprême que d'un Dieu providentiel et révélé qui avait historiquement parlé à l'humanité. Comme le note Castel dans son compte rendu des *Mœurs* de Lafitau dans les *Mémoires de Trévoux* :

> Dieu n'a jamais été simplement connu comme existant en lui-même, mais comme existant par rapport à nous, nous revelant des mistères, nous dictant des loix. (*Mémoires pour l'histoire des sciences et des beaux-arts*, septembre 1724, p. 1572).

Dans ce contexte, ce que l'antiquaire et académicien Nicolas Fréret, allait définir par « figurisme » était la méthode, utilisée également par Lafitau, qui permettait d'identifier les vestiges symboliques d'une révélation primitive et universelle. Cette révélation que l'on retrouvait dans toutes les traditions religieuses païennes, quel que soit leur degré d'idolâtrie et d'éloignement par rapport à l'Europe, était aussi prophétiquement chrétienne. Comme l'observait plus loin Castel, le « problème » des analogies jusque-là déconcertantes entre la vraie religion et ses manifestations dégénérées pouvait à présent être résolu au moyen de cette nouvelle manière de regarder aux origines communes :

> On a toujours été surpris de trouver chez tous les peuples de la terre et dans tous les tems les vestiges, les figures, les apparences, le fond même de nos mistères, de nos usages de notre morale et de notre religion. (*Ibid.*, p. 1577).

L'anthropologie symbolique de la religiosité humaine permettait non seulement de réaffirmer le monogénisme biblique, mais aussi de décoder et d'adapter les preuves de la diversité culturelle à travers le temps et l'espace, en réfutant d'un seul coup les thèses des hérétiques et des sceptiques.

En plus d'insister sur l'importance d'appliquer les interprétations symboliques de la théologie ancienne aux coutumes sauvages, Lafitau se distingue par la façon systématique avec laquelle il mobilisait les preuves ethnographiques. Les catégories de son analyse thématique des coutumes étaient vastes : caractère, religion, gouvernement, mariage, éducation, occupations masculines et féminines, guerre et paix, chasse, pêche et commerce, jeux et sports, médecine, coutumes funéraires et langue. Néanmoins, on retrouve cet intérêt pour la science antiquaire des symboles primitifs dans nombre de ces chapitres, ce qui implique une distinction entre les coutumes générales de toute l'humanité et celles spécifiques à certaines nations ; en fait, l'objectif avoué de Lafitau était de traiter des coutumes seulement lorsqu'elles servaient à éclairer le passé. Par exemple, le fameux *calumet de la paix* a retenu son attention précisément parce qu'on pouvait le comparer au caducée de Mercure[27]. De la même façon, les passages concernant le mariage étaient particulièrement riches en observations personnelles, mais n'étaient jamais utilisés pour définir les singularités d'un système culturel particulier. Les règles strictes quant au choix des partenaires, la cérémonie simple mais puissante, et la forte attente de la décence des femmes chez les sauvages du Canada, ont ainsi aidé Lafitau à établir le caractère sacré de l'institution depuis l'époque d'Adam. Il s'opposait ainsi à l'idée de certains auteurs anciens (il me semble que l'on peut sans risque inclure les Épicuriens dans le lot, notamment Lucrèce) selon laquelle les hommes vivaient comme des bêtes avant de devenir civilisés – ou, en d'autres termes, que le mariage était une institution purement humaine[28]. La retenue sexuelle et les règles matrilinéaires d'exogamie chez les Iroquois (qui étaient monogames – contrairement à de nombreuses autres tribus autochtones – et qui ne consommaient pas le mariage avant une année entière) ont également contribué à mettre en lumière la façon dont la polygamie des anciens rois orientaux – y compris le Salomon de la Bible – faisait partie de la dégénérescence religieuse qui a aussi mené à l'idolâtrie, à la magie et aux cultes sataniques. De même, la coutume inca consistant à se marier avec sa sœur était considérée comme une dégénérescence tardive, ainsi que le suggérait Acosta (et contrairement à ce qu'en a dit Inca Garcilaso)[29]. La théorie avait donc une place primordiale, puisque c'était elle qui guidait à la fois l'interprétation des preuves ethnographiques et le choix des autorités auxquelles il fallait faire confiance.

Paradoxalement, Lafitau fut plus encensé pour les témoignages qu'il a exposés que pour la théorie qu'il a développée à partir de la méthode comparative. Comme nous l'avons vu, le genre de figurisme

27 Lafitau, 1724, t. I, p. 23.

28 *Ibid.*, p. 535-538. Ici, Lafitau exprime son désaccord avec l'obscur travail de Sardi, 1557, où était reprise l'idée païenne selon laquelle le mariage était une institution humaine.

29 Lafitau, 1724, t. I, p. 556.

que lui-même et quelques Jésuites basés en Chine ont pratiqué a été contesté au sein de l'ordre par de nombreux missionnaires préoccupés quant à la stratégie à adopter pour la mission chinoise. Ce figurisme fut aussi largement critiqué dans la République des Lettres par des antiquaires laïcs, notamment Nicolas Fréret, sur la base de son aspect arbitraire et de son manque de contextualisation historique. Au final, la méthode analogique finit par être ridiculisée par des philosophes tels que Voltaire, c'est-à-dire le genre de critique libertin du christianisme que Lafitau avait en premier lieu cherché à devancer. Dans ce contexte, la lecture de Lafitau comme un sérieux observateur des coutumes des peuples autochtones des Amériques – c'est-à-dire comme un ethnographe systématique – émergea rapidement, même si ses comparaisons généalogiques et, par conséquent, son interprétation religieuse de nombreuses coutumes courantes étaient réfutées. C'est le cas de certains membres de son ordre qui avaient participé à la mission de Nouvelle-France dont Lafitau avait été le procurateur. Le cas le plus remarquable est peut-être celui de François-Xavier de Charlevoix. De retour en 1723 (au moment même où Lafitau préparait la publication des *Mœurs*) après une tentative avortée de rejoindre l'Océan Pacifique à partir du Canada et de la Louisiane, Charlevoix se tourna vers l'activité littéraire, et commença à faire le plan de ses récits de voyages et observations. Quand, en 1743, il finit par publier son *Journal d'un voyage... dans l'Amerique Septentrionale* – la troisième partie de son *Histoire et description de la Nouvelle France* – il s'appuya fortement sur les passages ethnographiques des *Mœurs* pour compléter son texte. En même temps, il laissa de côté les spéculations ethnologiques de Lafitau (notamment sa discussion détaillée sur les origines des peuples autochtones des Amériques), et remit en question son analyse comparative, par exemple son interprétation du *calumet* comme vestige du caducée de Mercure[30]. Charlevoix ne reconnut pas ses nombreux emprunts, et fit même croire qu'il s'agissait simplement d'une série de lettres rédigées lors de son voyage de 1720-1722. Il semble qu'au cours de ses dernières années, outre son irritation face à cet acte de plagiat, Lafitau a peut-être été contraint de considérer la possibilité que son travail d'ethnographe allait être davantage reconnu que le système théologique qui l'avait motivé, et qui (d'après lui) était ce qui rendait son ouvrage véritablement précieux et original. La moindre chose que

30 Charlevoix, éd. Berthiaume, 1994, vol. I, p. 471.

nous, chercheurs universitaires contemporains, puissions faire pour la mémoire de Lafitau est de replacer cet intérêt pour l'histoire religieuse de l'humanité – rendue de manière si belle et si claire sur le frontispice des *Mœurs* – au centre notre analyse.

Joan-Pau RUBIÉS
ICREA et Universitat Pompeu
Fabra, Barcelone

LA THÉORIE DES MOÏSES, AUX ORIGINES DU FIGURISME DE LAFITAU

Aborder Lafitau par ses sources est un exercice auquel il est devenu possible de se livrer depuis les travaux pionniers de Kaspar Kälin[1], mais surtout à partir des efforts conjoints de l'anthropologue William N. Fenton et de la professeure de français au *women's college* de Red Springs (Caroline du Nord) Elizabeth L. Moore, dans le cadre de leur traduction anglaise annotée des *Mœurs des sauvages ameriquains*, parue entre 1974 et 1977[2]. Dans ses mémoires posthumes publiés en 2007, Fenton rend compte de l'ampleur du projet : sa priorité, lorsqu'il obtint en 1968 son poste de *research professor* à l'université d'Albany (New York), fut de mener à bien la publication des *Customs of the American Indians*, qu'il avait entamée dès 1939 avec Moore pour le compte de la *Champlain Society* de Toronto[3]. Moore s'était chargée au fil des années de la traduction de l'ensemble du texte français, achevée bien longtemps avant la parution du livre. Elle avait également effectué un séjour de recherche à la Bibliothèque Nationale de France, afin de procéder à un relevé exhaustif des sources classiques et humanistes de Lafitau. Pour sa part, Fenton avait obtenu de la *New York State Library* accès à ce qu'il appelle les « sources américaines » – soit l'essentiel de la littérature ethnographique moderne, consistant principalement en récits de voyages et relations de missionnaires, à laquelle Lafitau avait pu faire appel dans son ouvrage. Au cours de l'été 1968, trois décennies après le démarrage de leur enquête, il s'occupa de combiner les notes de Moore avec les siennes et rédigea,

1 Kälin, 1943.

2 Lafitau, éd. Fenton et Moore, 1974-1977, 2 volumes. Les carnets de recherche de Fenton et Moore sont conservés à l'American Philosophical Society de Philadelphie, sous la cote : William N. Fenton Papers, Ms. Coll. 20, Series V., Research notes (1912-1981), « Sources and References in Lafitau / Political Anthropology ».

3 Fenton, 2007, p. 151.

seul dans son cottage de Keene Valley, "*without phone or other distractions*", l'introduction magistrale que nous connaissons. Il indique par ailleurs qu'il mit dans le même temps deux étudiantes d'Albany au travail sur l'index, et qu'il surprit un jour leur conversation : "*I can't wait to see the book in print*", dit l'une, à quoi sa collègue avait répliqué "*I can't wait for the movie !*"

Au-delà de ces anecdotes, qui rendent compte à leur manière de la variété et surtout de l'abondance des sources, notamment textuelles, auxquelles font écho les *Mœurs des sauvages ameriquains*, deux constats s'imposent d'emblée. Tout d'abord, Lafitau a lu, et beaucoup lu, ce dont il faut tenir compte en abordant son œuvre, quand bien même on voudrait souligner son originalité, ou l'importance de son expérience de terrain. Ensuite, il est à noter qu'en l'attente d'une édition critique, les principaux résultats de cette exploration des sources nous ont été fournis par un anthropologue, le « doyen des études iroquoises », qui voyait clairement en Lafitau un précurseur[4]. Ce biais téléologique, si fréquent dans le récit des origines auquel se livrent régulièrement les disciplines académiques, explique sans doute que Fenton ait pu renoncer à rendre davantage compte d'un aspect pourtant crucial du texte de Lafitau : son inscription dans un projet apologétique et savant prenant racine dans la *Demonstratio evangelica* de Pierre-Daniel Huet[5], et dont les ramifications s'étendent aux controverses théologiques de son temps. En nous penchant sur le cas précis du traitement, par Lafitau, de la théorie des Moïses développée par l'évêque d'Avranches, il semble possible de réévaluer la nature apologétique des *Mœurs des sauvages ameriquains* à l'aune de leur contexte étroit de production et de réception : c'est-à-dire en abordant ce texte à la fois dans ce qu'il doit à la *Demonstratio evangelica* de Huet et comme le produit d'un milieu jésuite marginalisé, le groupe dit des « figuristes », selon le terme péjoratif forgé par leurs détracteurs dans les années 1730. En dépit des dénégations de Fenton[6],

4 Fenton et Moore, 1969, p. 173-187. Sur le statut de Fenton dans les études iroquoises, *cf.* Darnell, 2007, p. 73-75.

5 Huet, 1679.

6 "*Another view seeks to identify Lafitau with the 'Figurists', theologians concerned with conformities with the Chinese ceremonies, who were flourishing in Paris when Lafitau returned from his first mission to Canada ; but the evidence that he knew them is at best circumstantial, and it is by no means as clear as the striking structural parallelism between the models employed by him and by Crequiniere. [...] He certainly opposed the atheists (I, p. 6, 108 ff.), although his 'Figurist' intent*

il s'agit pour nous en définitive de rapprocher Lafitau du figurisme, et d'offrir ainsi une tentative d'explication circonstanciée à la genèse, puis à l'oubli – pour ne pas dire le rejet – dans lequel son principal écrit sombra rapidement en France, jusqu'à sa redécouverte par Arnold Van Gennep au XXe siècle.

Mais, avant d'aller plus loin, il convient de déterminer ce que l'on entendait alors exactement par la théorie des Moïses. Il s'agit de la thèse qui veut que « tous les dieux fabulaires ne font qu'un, à savoir Moïse[7] » (Huet, 1679, titre de la prop. IV, cap. 10, p. 115, reproduit en manchette), selon la formule consacrée par Huet, à laquelle renvoie Lafitau dès l'ouverture des *Mœurs des sauvages ameriquains* : « [...] un des plus grands hommes de nôtre siècle [Huet] a poussé la chose si loin, qu'il a entrepris d'expliquer tout la Mythologie payenne quant à la partie historique, et d'en rapporter tous les Dieux et toutes les Déesses à Moïse et à Sephora » (Lafitau, 1724, t. I, p. 10). Cette théorie réductionniste, conçue à la fois comme une réponse à la critique vétérotestamentaire de Spinoza et une preuve irréfutable du *consensus gentium* en temps de « crise de la conscience européenne[8] », se vit tout autant contester sur le Vieux Continent que confirmer et parfois réorienter sur le terrain « exotique », à mesure que s'étendait le savoir ethno- et mythographique des missionnaires jésuites. S'ensuit une seconde définition, nécessaire à la bonne intelligence de notre propos : qu'est-ce que le figurisme[9] ? Développé pour l'essentiel en Chine à partir des thèses de Huet, le figurisme prend comme hypothèse de départ que les plus anciens classiques chinois, comme le *Yi Jing*, contiennent les traces

---

is not apparent to the editors. But in final analysis, one finds what he knows." (Lafitau, éd. Fenton et Moore, « Introduction », vol. I, p. L, note 1). Cette remarque, signée W.-[illiam] N. F.[enton], est à mettre en rapport avec l'assertion qui suit immédiatement l'appel de note dans le corps du texte : "*In this respect Lafitau is the first of the modern ethnographers and a precursor of scientific ethnology.*" Ce point de vue a déjà pu être nuancé dans Motsch, 2011, p. 215-227.

7 « *Fabulares omnes Dii, unus idemque sunt, nempe Moses* » (notre traduction).

8 *Cf.* Laerke, 2006, p. 387-410 et Ducoeur, 2014, p. 445-472. L'expression mise entre guillemets renvoie naturellement au classique de Hazard, 1935.

9 La littérature secondaire sur le sujet étant relativement étendue, nous en donnons ici les principales références faisant mention de Lafitau : App, 2009, spec. p. 23-38 ; Dupront, 1930, spec. p. 262-272 ; Healy, 1958, p. 143-167 ; Leonard, 2016, p. 107-130 ; Northeast, 1991, spec. p. 134-142 ; Pinard de La Boullaye, 1922, spec. p. 177-189 ; Pinot, 1932, spec. p. 354-359 ; Rowbotham, 1956, p. 471-485 ; Von Collani, 1981, spec. p. 37-39 ; Walker, 1972, spec. p. 194-230.

d'une révélation primitive sous forme d'allégories ou de symboles, de « figures » ou « hiéroglyphes », apparentant ces textes aux Écritures saintes, notamment l'Ancien Testament. Certains figuristes, tout comme Lafitau, inclurent des éléments fondamentaux du christianisme dans cette révélation primitive dont les religions du monde entier auraient conservé des vestiges. Cette théorie, structurellement très proche de celle des Moïses, mais augmentée d'une typologie christique, fut d'abord rejetée sur le plan théologique par les supérieurs de la Compagnie de Jésus comme un excès d'allégorisme menaçant l'exclusivité de la révélation biblique, puis sur le plan méthodologique par d'autres savants, tels l'« inventeur » du fétichisme Charles De Brosses, comme une reconstruction tendancieuse[10].

Le premier aspect par lequel le projet de Lafitau s'inscrit dans la continuité de celui de Huet est donc le recours au *consensus gentium*, dans une visée apologétique qui préfère toutefois à la notion de « démonstration » celle de « conjecture[11] » :

> Pour rendre donc à la Religion tout l'avantage qu'elle peut tirer d'une preuve aussi forte que l'est celle du consentement unanime de tous les Peuples, et pour ôter aux Athées tout moyen de l'attaquer par cet endroit. Il est nécessaire de détruire la fausse idée que ces Auteurs ont donnée des Sauvages, puisque cette idée seule est le fondement d'un préjugé si desavantageux. Je sçais que dans ces derniers temps on a voulu infirmer cette preuve du consentement unanime des Peuples à reconnoître une Divinité, comme si ce consentement unanime pouvoit être susceptible d'erreur : mais les sophismes et les subtilités de quelque particulier qui n'a point de Religion, ou dont la Religion est fort suspecte, ne peuvent pas ébranler une vérité qui a été reconnuë par les Payens même, qui a été reçûë de tout temps sans contradiction, et qu'on peut supposer comme principe. Il n'est donc question que de prouver cette unanimité de sentimens dans toutes les Nations, en montrant qu'en effet il n'en est point de si barbare qui n'ait une Religion, et qui n'ait des mœurs. Or je me flatte de rendre la chose si sensible qu'on n'en pourra douter, à moins de vouloir s'aveugler au milieu de la lumière. (*Ibid.*, p. 6-7).

En outre, bien que Lafitau puisse sembler au premier abord rejeter la théorie de Huet comme étant vouée à l'échec[12], il ne fait à vrai dire

10 [Brosses], 1760, p. 5.

11 On trouvera la définition la plus claire, par Lafitau (1724, t. I), du *consensus gentium* aux pages 108-109 de son ouvrage.

12 *Ibid.*, p. 10-12.

que la corriger, tout en en maintenant les dispositions générales. Son entreprise comparatiste se définit en effet dans ces premières pages comme la pure et simple application à Adam de la théorie des Moïses :

> L'étude que j'ai fait de la Mythologie Payenne m'a ouvert un chemin à un autre systême, et m'a fait remonter beaucoup au-delà des temps de Moïse, pour appliquer à nos premiers Peres Adam et Eve tout ce que l'Auteur, dont je viens de parler [Huet], a appliqué à Moïse et à Sephora. Ce systême qui paroîtra nouveau, quoiqu'il ne dût pourtant pas le paroître, me semble assez bien soütenu ; et quoique je n'aye pas donné toute l'étendüe que je pouvois à mes conjectures, je me persuade qu'on les trouvera assez solides, et que d'autres personnes plus capables pourront y en ajoûter d'autres qui fortifieront les miennes. (*Ibid.*, p. 12-13).

Il s'agit là d'un prolongement de perspective, plutôt que d'une véritable alternative, auquel correspond également une extension du domaine – spatial, mais surtout temporel – d'investigation. L'universalisme de Lafitau apparaît ainsi comme fondé sur les mêmes bases théoriques que celui de Huet. Il n'est pas innovant, comme l'auteur le remarque lui-même à plusieurs reprises, mais s'inscrit au contraire dans une tradition savante clairement identifiée[13], à laquelle il emprunte également différents éléments de méthode, comme le recours à l'argument étymologique[14]. La théorie des Adams ainsi mise en place par Lafitau s'appuie sur le constat, déjà posé par son prédécesseur, que la « Théologie symbolique des Payens » (*ibid.*, p. 253) est le résultat d'une *confusion* à laquelle il oppose, en un chiasme de toute beauté, « nôtre créance » (*ibid.*) :

> J'avouë que les Payens avoient étrangement confondu toute leur Théologie symbolique ; qu'on se sent naturellement une véritable horreur [a] de comparer [b] une Religion aussi monstrueuse [c], que l'étoit la leur, et à laquelle ils n'entendoient plus rien eux-mêmes, avec une Religion aussi pure [c] que la nôtre ; et qu'on ne pourroit faire cette comparaison [b] sans scandale [a], si l'on concevoit leurs Divinités aussi vitieuses, que les ont dépeintes Hesiode, Homere, et après eux tous les Poëtes. (*Ibid.*, p. 253-254).

L'horreur de la comparaison dont il est ici question s'efface toutefois bien vite devant l'évidence d'une *connexion* sous-jacente aux diverses

13 *Ibid.*, p. 224-227.
14 Notamment pour le cas de Cadmus, *ibid.*, p. 196-197.

religions[15], qui justifie aussitôt que l'on renverse les points de vue, dans un geste relativiste qui est aussi une critique de l'Église de son temps :

> Cependant ces choses, dans la comparaison qu'on en peut faire avec nôtre Religion, sont faciles à débroüiller, à ceux qui la sçavent ; au lieu que nôtre Religion même causeroit de semblables embarras à ceux qui ne l'entendroient point ; car il est certain qu'on y parle du Rédempteur comme d'un Dieu, parce qu'il est Dieu en effet ; on en parle comme d'un Homme-Dieu, à cause de l'alliance qui se trouve en lui de la Nature Divine et de la Nature Humaine ; on en parle comme d'un Homme, quand on ne fait attention qu'à l'Humanité ; et cet Homme est confondu dans le nom d'Adam avec nôtre premier Pere et avec toute sa Race : Il y est confondu avec l'Homme pécheur, parce qu'il s'est chargé de toutes nos iniquités : enfin on lui applique plusieurs Symboles qui conviennent avec ceux de la premiere Antiquité, comme d'être le Soleil de Justice, la lumiere du Monde, le Pain Celeste, etc. Les termes dont on se sert pour honorer sa sainte Mere, semblent en faire une espece de Divinité, et la confondre avec Dieu ; car le titre de Reine des Anges, et une infinité d'autres qu'on lui attribuë, reviennent à ceux qu'on donnoit à la Mere des Dieux des Payens. L'Eglise elle-même lui applique, dans l'Office de ses Fêtes, les paroles de l'Ecriture Sainte, qui ne conviennent proprement qu'à la sagesse increéée, que les Payens sembloient aussi avoir figurée dans la naissance de Minerve. La comparaison qu'on fait d'elle avec Eve, dont on lui donne aussi le nom, à cause du rapport qu'il y a entre l'une et l'autre, pourroit donner lieu à les confondre toutes deux, et à leur faire soûtenir dans une même personne des attributions qui paroîtroient contradictoires, comme d'être Vierge, et d'être la Mere des Hommes. (*Ibid.*, p. 254-256).

La mise en série des comparés abat donc les cloisons temporelles et les scrupules dogmatiques pour mieux laisser libre cours à une érudition critique qui fait largement écho, quand elle n'y renvoie pas explicitement, à celle de Huet. Toutefois, le savoir prolifique de l'évêque d'Avranches, trop étroitement orienté sur le personnage de Moïse, semble n'avoir été mobilisé que dans la première partie du chapitre 4 sur la religion[16] ; avant que n'intervienne dans le texte de Lafitau un renouvellement progressif de sa visée initiale – la défense du *consensus gentium*. Témoigne en premier lieu de ce changement de cap dans son raisonnement la mobilisation croissante de la notion de *figure*[17]. En effet, la théorie des Adams se voit

15 *Ibid.*, p. 253.

16 *Ibid.*, p. 129-130, 140, 153-155, 224-232.

17 Le mouvement s'amorce aux p. 230-236 pour aboutir à cette formule limpide en fin de chapitre : « Les Sacremens de la nouvelle Loy avoient dans celle de Moïse, et dans la Loy de nature, leurs ombres et leurs figures, dont ils sont la réalité et l'accomplissement par

graduellement doublée d'une typologie christique et mariale, qui semble avoir fait totalement défaut à Huet, du moins dans la lecture qu'en propose Lafitau. Cette typologie, si elle répond à d'anciens modèles d'exégèses patristiques et médiévales, reste néanmoins caractéristique du figurisme moderne dans l'application de ces modèles aux religions du monde entier. Le « système » de Lafitau semble ainsi constitué autour de l'articulation centrale des figures d'Adam et du Christ, à l'origine d'un mouvement de balancier entre passé (primordial) et futur (antérieur), où la révélation primitive annonce déjà – à tous et partout – l'avènement du « Rédempteur » :

> Tous ces témoignages des Auteurs payens nous font assez comprendre la sainteté du motif de ceux qui avoient établi ces pratiques de Religion, avant que l'idolâtrie et la superstition les corrompissent. Et qui étoient ceux qui les avoient établies, si ce n'est nos premiers Peres [Adam et Ève] eux-mêmes, qui, n'ignorant pas cette vie heureuse, dont un Libérateur devoit leur ouvrir l'entrée, consacrerent leur pénitence, et toutes les actions de la vie des hommes par des actes de Religion, qui aboutissoient tous à cette fin, qu'il étoit si important à toute leur posterité de bien connoître, pour pouvoir y arriver ? (*Ibid.*, p. 396).

> Ce n'est point certainement en consequence de l'établissement de la Religion Chrétienne, que les Gentils auroient changé les rites et les cérémonies de leurs mysteres, pour en faire une imitation de nos Sacremens. [...] Ce que nous avons déjà dit des Orgies et des Initiations, des Expiations, des Lustrations, des Regenerations, et d'une espece de Confession, dont nous avons parlé sur le témoignage de Plutarque, marque, que ces Institutions étoient anciennes, et d'une antiquité même si reculée, que nous avons eu raison d'en conclure, qu'elles étoient des alterations de la premiere Religion que Dieu ait donnée aux hommes ; Religion, dont les allusions mysterieuses ont eu leur entiere vérification dans celle que le Redempteur du Monde, figuré dans la Loy de Nature, et dans la Loy écrite, nous devoit transmettre dans la Loy de Grace, laquelle doit subsister jusqu'à la consommation des siecles. (*Ibid.*, p. 418-419).

Au second temps de son développement, Lafitau mêle ainsi graduellement aux renvois à Huet et à d'autres célèbres polymathes du XVIIe siècle, des références plus contemporaines, mais aussi plus confidentielles. Le mouvement figuriste, dont les principaux acteurs, au moment où s'écrivent les *Mœurs des sauvages ameriquains*, sont les missionnaires

la grace du Redempteur, de qui ils reçoivent toute leur vertu et toute leur efficace ; et c'est en quoi consiste tout l'avantage que la Loy de Jesus-Christ a sur les autres qui l'ont précedée. » (*Ibid.*, p. 416).

Joachim Bouvet (1656-1730), Joseph Henri Marie de Prémare (1666-1736) et Jean-François Foucquet (1665-1741), se diffuse alors en effet principalement par les canaux de correspondances jésuites, sous forme d'écrits inédits, ou encore par transmission orale :

> Depuis peu il m'est tombé entre les mains quelques manuscrits composez par des Missionnaires, qui ont passé une longue suite d'années à la Chine, où ils se sont rendus très-habiles dans la Langue, et dans la connoissance des caracteres anciens de cet Empire. Ce sont de petits Traités faits sur quelques endroits extraits des cinq Livres Classiques, lesquels renferment tout le précis de la Religion ancienne des Lettrés, que les Chinois respectent, comme nous respectons les Livres de Moïse, et dans lesquels ils reconnoissent une Antiquité si vénerable, qu'ils ne les croyent pas moins anciens que leur Monarchie. Dans ces Extraits, il est parlé d'une Mere Vierge et de son Fils, d'une maniere si caracterisée en tant de points, qui ont rapport avec ce que nôtre Religion nous en enseigne, qu'il semble qu'on ne puisse les méconnoître. Supposé que ces Extraits fussent fidelles et bien authentiques, rien ne soûtiendroit mieux mon systême sur la Mythologie. J'espere que dans la suite ces Missionnaires mettront au jour leurs découvertes et leurs connoissances, et qu'ils leur donneront, et la juste étenduë, et la certitude qu'elles méritent. Alors les lumieres qu'ils donneront au Public sur la Religion des premiers temps, auront d'autant plus de force, qu'ils les auront prises dans des monuments existans, et conservez avec soin depuis les temps les plus reculez, et qu'elles paroîtront dérivées d'une source bien plus sure, que ne le sont des restes de coûtumes, que la barbarie des Ameriquains a beaucoup alterées. (*Ibid.*, p. 235).

> La Confession des pechés est une des pratiques des plus anciennes, et des plus constantes de leur Religion. Leurs Dieux même n'étoient pas exempts de cette obligation ; [En manchette : Lettres édifiantes de la Compagnie. IX. Recueil. Lettre I.] et le P. Bouchet, dans sa Lettre à M. d'Avranche [Huet], rapporte sur cela une de leurs fables qui est très-curieuse. [...] Le Pere Bouchet, dans la même Lettre que j'ai citée, dit, qu'il n'avoit jamais rien remarqué dans la Religion des Brachmanes, qui eut rapport à la divine Eucharistie, mais qu'un Brame converti lui fit faire attention, il y a quelques années, à une circonstance très-digne de remarque : « C'est, dit-il, que les restes des sacrifices, et le Ris qu'on distribuë dans les Temples, conserve chez les Indiens le nom de *Prajadam*. Ce mot Indien signifie en nôtre Langue, *divine Grace*, et c'est ce que nous exprimons par le terme, *Eucharistie* ». (*Ibid.*, p. 420-421).

Comme permettent d'en rendre compte les nombreuses références à Huet dans leurs travaux[18], ou encore le fait que Bouchet s'adresse précisé-

18 Pour quelques exemples de renvois explicites, *cf.* Bouchet, 1723, t. II, p. 157-186 ; Le Comte, 1700, p. 24-25 ; Foucquet, éd. Pinot, 1932, p. 20-21.

ment à celui-ci dans la lettre évoquée par Lafitau, les figuristes s'inspirent largement de la théorie des Moïses pour leurs propres recherches, qui entretiennent avec celle-ci le même rapport d'ambiguïté que nous avons cru déceler dans les *Mœurs des sauvages ameriquains*. Bien plus encore, il semblerait que l'on puisse reconnaître dans ces écrits figuristes des formulations embryonnaires du système de Lafitau, ce qui apparaît par exemple à la lecture d'une autre lettre-traité, celle de Joachim Bouvet, conservée sous forme manuscrite, dont nous livrons ici quelques extraits tirés de notre retranscription :

> Nous nous attacherons sur tout a faire voir, que la loy naturelle, selon l'idée qu'en donnent ces anciens et précieux restes de la plus haute tradition, est comme une figure universelle de la Religion Chretienne. [...] Et parce que la Chine est une des plus ancienne Nations du monde ; et qu'elle est sans contredit celle, qui de tout temps a montré le plus d'attachement et de respect pour l'antiquité, et pour tout ce qu'elle a reçu de ses premiers Patriarches ; il est manifeste, qu'elle doit avoir conservé dans chacun des susdits Chefs, plus d'affinité, que toutes les autres, avec ce peuple primitif, et avec la famille de Noé. D'ou on doit inferer, que ses loix, ses coutumes, la forme de son gouvernement, sa langue, ses caracteres, et ses livres canoniques, qu'elle conserve depuis plus de 4. mil ans dans une si grande integrité, si on en croit la tradition generale ; doivent avoir retenu jusqu'a present, au moins quant à l'exterieur qui est moins sujet aux changemens, presque toute la mesme forme, où Noé et ses enfants les laisserent a leurs descendants, avant la division des peuples ; c'est-à-dire dans le mesme estat à peu pres, où ils les avoient reçuës eux mesme avant le deluge immediatement des premiers Patriarches du monde, qu'on doit assurément regarder, comme l'unique et vraie origine, à laquelle il faut rapporter la Religion, les loix, les coutumes, les arts, les sciences, les langues et les caracteres de toutes les Nations de l'Univers, et sur tout de la Chine. [...] Et si l'Illustre et savant evesque d'Avranches avoit pu joindre ces nouvelles lumieres des livres et des caracteres Chinois, a celles qu'il puisa avec tant d'erudition dans tant d'autres monumens anciens, ecrits en diverses langues, lors qu'il composa son bel ouvrage intitulé *demonstratio evangelica*, il lui auroit donné sans doute une forme beaucoup plus parfaite quant a cete matiere. Car au lieu par exemple de chercher Moyse, sous les figures de plusieurs d'entre les principaux Idoles ou divinitez du paganisme, toutes bien plus anciennes, que ce grand prophéte ; comme il fist, en ramassant avec choix une infinité de convenances si heureuses, qu'il semble effectivement impossible qu'elles puissent toutes ensemble convenir a aucun autre sujet, qu'a ce saint legislateur du peuple de Dieu : au lieu, dis-je, de Moyse, si ce savant Prélat avoit cherché avec la mesme diligence, sous les ombres et figures de ces divinitez, la personne sacrée du messie, dont l'Inventeur de la Theologie symbolique, par une invention aussi sainte qu'ingenieuse, couvrit

> dés le commencement les divins characteres, sous ces differentes images, comme sous autant d'emblémes ou d'enigmes sacrez ; nous ne doutons point, qu'il ne se fust apperçu long temps avant nous de la veritable raison, pour quoy toutes ces divinitez des gentils, qu'il a rapportées a Moyse, se trouvent toutes avoir des convenances si singulieres avec ce St. Prophete. Et Il auroit assurément esté le premier a remarquer et a dire, que Moyse ne se trouve avoir tous ces rapports merveilleux avec les divinitez susdites, que par ce qu'il les eûs premierement avec le Messie, dont il a esté une des plus parfaites figures, et qui estoit l'unique et veritable prototype de toutes les figures et Images de la Theologie symbolique, que la malignité de Satan, jointe a l'aveuglement et a la perversité des hommes, convertit en suite en Idoles. (Bouchet, à l'abbé Bignon, 15 septembre 1704, ms. BNF fr. 17240, fols 17-36).

Au-delà d'une perspective typologique et d'un lexique communs, c'est donc également dans leur rapport ambigu, mais fécond, à la théorie des Moïses que se dessine la proximité des figuristes et de Lafitau. Cette contiguïté de pensée et de méthode ne semble pas avoir échappé à certains lecteurs des *Mœurs des sauvages ameriquains*, dont le père jésuite Antoine Gaubil (1689-1759), l'un des plus sévères pourfendeurs[19] du figurisme auprès des autorités de la Compagnie :

> Vous avés sans doutte entendu parler du Père Laffiteau, Jésuite de Bordeaux, frère de l'évêque de Sisteron. Ce Père, à l'occasion de son ouvrage sur les mœurs des sauvages, eut grand rapport avec quelques jésuites françois qui avoient un système singulier sur l'antiquité chinoise, les livres classiques et la mithologie chinoise. Il voulut savoir mon sentiment sur tout cela. Je luis répondis que lorsque j'aurois achevé l'examen de l'histoire et des livres classiques, je luy pourrois dire mon sentiment. Ayant achevé la lecture et l'examen de l'histoire et des *King* ou livres classiques dans leur entier, je lui dis ce que je pensois, de même que sur son ouvrage des mœurs des sauvages. [...] Sur tout cela je communiquai mes vues au P. Lafiteau, en conséquence d'un plan fort détaillé d'un grand ouvrage qu'il méditoit sur la mithologie et les antiquités ; il me disoit que son ouvrage souffroit de grandes contradictions de la part de plusieurs jésuites et autres, mais qu'il espéroit le pouvoir enfin imprimer. Je ne sçais si cela est fait. J'ay appris depuis la mort du P. Laffiteau.

19 Gaubil, éd. Simon, 1970, n° 136, p. 363-364 [= ms. Obs. AB I, 10-150-2-13, lettre autographe adressée à Fréret, datée de Péking le 28 octobre 1733] : « Le nom de figuriste que vous donnés à plusieurs de nos missionnaires m'a extrêmement plu, et plus on étudiera en Europe les Chinois, plus on verra le sel de cette expression ; le système de ces figuristes est insoutenable, on ne peut le proposer ici sans s'exposer à perdre la mission, et nos supérieurs ont pris de bonnes mesures pour prévenir le mal que ce figurisme pourroit produire, et qui a déjà fait perdre bien du temps à quelques missionnaires [...]. »

> L'évêque son frère, ou autre, aura sans doutte les manuscrits du Père. Autant que j'en juge par le plan qu'il me faisoit, cet ouvrage pourroit bien être utile et faire plaisir, mais il ne pourroit être d'aucun secours pour ceux qui voudroient travailler sur les livres chinois ; de même que les connoissances tirées des vrays livres chinois ne pourroient pas être d'un grand usage pour éclaircir les articles fondamentaux de plusieurs systèmes du P. Laffiteau. (Gaubil, éd. Simon, 1970, p. 669).

> Le P. Laffiteau, frère de M. l'évêque de Sisteron, m'envoya il y a quelques ans. un manuscrit. C'est un grand ouvrage qu'il pensoit donner au public. C'est sur la relligion révélée à nos anciens et dont on voit des vestiges dans toutes les nations. Il m'a fallu du temps pour le lire à cause de quelques occupations ; je me préparois à lui envoyer quelques réflections, surtout pour ce qui regarde la Chine, quand j'appris la mort du P. Laffiteau. Je ne sais si son manuscrit, plein de citations de toute espèce, a été imprimé. S'il l'a été, je suis persuadé qu'on aura eu soin de le bien revoir et retoucher. Si par hazard V^e^ R^e^ juge que ce que ce Père a écrit demanderoit quelque éclaircissement donné par quelque miss. de Chine, faites-le moi savoir, je vous addresserai ce que j'ay remarqué sur ce livre, dans ce qu'on peut et on doit y mettre sur la Chine. C'est en bien des choses différent de ce que ce Père s'étoit figuré, en conséquence de quelques manuscrits envoyés de Chine, qu'il avoit vu et que j'ay vu aussi. (*Ibid.*, p. 704-705).

Ainsi s'explique sans doute en partie la réception mitigée des travaux comparatistes de Lafitau, qui se confond avec celle qui fut réservée au figurisme[20]. Non seulement les recherches consignées dans les *Mœurs des sauvages ameriquains* ne rencontrèrent pas un écho très favorable en France, tant chez les penseurs des Lumières qu'auprès des autorités jésuites – qui trouvèrent là l'un de leur rares terrains d'entente – précisément parce que l'on y reconnaissait un fond figuriste, mais peut-être faut-il également y voir l'un des obstacles majeurs à la publication des travaux ultérieurs de Lafitau, qui prolongeaient, dans un manuscrit aujourd'hui perdu, ses premières réflexions sur la religion primitive[21]. En somme, si Lafitau écrivit son chef-d'œuvre dans le cadre des polémiques suscitées par les thèses de Huet, il fut à son tour reçu dans le cadre de la crise du figurisme. Il nous paraît désormais clair que toute lecture contextualisée des écrits de Lafitau ne pourra plus faire l'impasse sur une étude approfondie de ses rapports

20 *Cf.* Motsch, 2012.

21 *Cf.* la lettre de Lafitau adressée au P. Oudin, datée de Paris le 14 août 1740, citée dans Motsch, 2012, p. 182.

à Huet et aux figuristes : s'il lie clairement sa démarche à celle de son prédécesseur, il ne présente pas pour autant une lecture isolée de la théorie des Moïses, l'attitude de Lafitau à l'égard de Huet correspondant en tout point à celle des figuristes, chez qui il aura pu trouver une première version de son système.

Marc Adam KOLAKOWSKI
Université de Lausanne

DEUXIÈME PARTIE

LE SYSTÈME DE RELIGION

LES COURÈTES

De Strabon à Lafitau

Dès les premières lignes des *Mœurs des sauvages ameriquains comparées aux mœurs des premiers temps*, Joseph-François Lafitau présente son projet, qui consiste à expliquer l'origine commune de tous les peuples et la rémanence universelle de la révélation faite par Dieu à Adam et Ève[1]. Lafitau veut prouver qu'il serait faux de penser que les peuples que l'on appelle « barbares » (c'est-à-dire ici les Autochtones) n'ont « aucun sentiment de Religion, aucune connoissance de la Divinité, aucun objet à qui ils rendissent quelque culte » (Lafitau, 1724, t. I, p. 5). Tout au long de son ouvrage, Lafitau s'attache à montrer que, au contraire,

> Non seulement les Peuples qu'on appelle Barbares, ont une Religion ; mais cette Religion a des rapports d'une si grande conformité avec celle des premiers temps, avec ce qu'on appelloit dans l'Antiquité les Orgyes de Bacchus et de la Mere des Dieux, les mystères d'Isis et d'Osiris, qu'on sent d'abord à cette ressemblance que ce sont partout et les mêmes principes et le même fonds.
>
> En matiere de Religion nous n'avons rien dans l'Antiquité prophane de plus ancien que ces Mysteres et ces Orgyes qui composoient toute la Religion des Phrygiens, des Egyptiens et des premiers Crétois, lesquels se regardoient eux-mêmes comme les premiers Peuples du monde, et les premiers Auteurs de ce culte des Dieux, qui de chez eux avoient passé à toutes les Nations, et s'étoit répandu partout l'Univers. (*Ibid.*, p. 7-8).

Pour défendre sa vision monogéniste de l'humanité (en réponse, comme il le dit, aux « athées de son temps », dont il préfère taire les noms afin de les priver de toute autorité), Lafitau va s'appliquer à comparer les mœurs des Autochtones à celles des peuples de l'Antiquité[2]. Pour ce faire, il se base sur ses nombreuses lectures, aussi bien les œuvres antiques que

1 Lafitau, 1724, t. I, p. 1-10. *Cf.* Motsch, 2001, p. 9 ; Boch, 2003, p. 75-76.

2 Borgeaud et Petrella, 2016, part. p. 19-32.

des relations de voyage, mais aussi sur sa propre expérience. Grâce à cet aller-retour entre Anciens et Modernes, entre « Païens » et « Sauvages », il parvient à établir, d'une part, que le système culturel et religieux des Autochtones est conforme à celui des anciens païens et, d'autre part, que la religion des païens rappelle, sous une forme corrompue –mystères et orgies –, la révélation adamique[3]. Le géographe grec Strabon est, dans ce contexte, une source fondamentale. Car Lafitau construit en partie son modèle d'interprétation, ce qu'il appelle un « système de Religion » (*ibid.*, p. 115), en référence à ce que l'on trouve formulé dans la *Géographie* de Strabon.

LA DIFFUSION DE LA *GÉOGRAPHIE* DE STRABON

La *Géographie* de Strabon, véritable encyclopédie des peuples du monde ancien, constitue un chapitre essentiel dans la fabrique du savoir géographique et ethnographique moderne. Elle est, entre le XVe et le XVIIIe siècle, une référence incontournable pour nombre d'érudits et d'antiquaires qui s'intéressent au monde ancien. Elle est également une source inépuisable pour les missionnaires et les voyageurs qui partent à la découverte de nouvelles terres et de nouveaux peuples qu'il faut inscrire dans l'histoire universelle de l'humanité, qui se confond avec l'histoire de la révélation chrétienne.

L'œuvre de Strabon a longtemps été quelque peu oubliée. Et si l'on en trouve quelques citations chez les auteurs tardo-antiques, c'est surtout à partir de la Renaissance que la *Géographie* connaît un véritable essor[4]. Dès le début du XVe siècle, plusieurs copies de l'œuvre circulent dans les milieux érudits italiens. Ainsi des humanistes tels que Giovanni Aurispa, Francesco Filelfo, Ciriaco de Pizzicolli et le Cardinal Bessarion

3 Cette assimilation entre mystères et orgies n'est pas inédite, puisqu'on la trouve déjà dans la littérature antique, notamment dans l'« Exhortation aux Gentils » (*Protreptique* II, 12, 2) de Clément d'Alexandrie, dont il cite un extrait en traduction (Lafitau, 1724, t. I, p. 227). *Cf.* Jourdan, 2006 ; Massa, 2014, part. p. 126-128.

4 La diffusion de la *Géographie* s'inscrit dans un contexte plus large, celui de la redécouverte de la langue grecque à la Renaissance. De manière générale, on renverra aux études de Grafton 1991 et 1997. Voir également Boulhol, 2008, p. 119-129.

possèdent leur propre codex[5]. En 1458, la *Géographie* est traduite en latin. Dès lors, elle connaîtra une diffusion importante comme en témoigne le nombre important de rééditions[6].

L'*editio princeps* de la *Géographie* fut publiée à Venise en 1516 par l'imprimerie des Alde[7]. En 1549, l'imprimeur et éditeur bâlois, Heinrich Petri, commandite une édition du texte grec, que l'on doit à Marcus Hopper. Puis en 1571, il fait appel à Wilhelm Xylander pour réaliser une traduction latine[8]. Quelques années plus tard, le célèbre savant genevois Isaac Casaubon, jugeant les éditions précédentes imparfaites, décide d'en offrir une nouvelle. Éditer Strabon était, pour Casaubon, un projet de longue date. Cette édition est notamment rendue possible grâce aux manuscrits collationnés et prêtés par son beau-père, l'imprimeur Henri Estienne, exilé à Genève[9]. Malgré les déboires et malheurs personnels qui touchent Casaubon (il se trouve sans emploi durant une année et est touché par le deuil de sa femme et de son père)[10], la *Géographie* de Strabon, accompagnée de la traduction de Xylander, est publiée à Genève en 1587, puis à Paris en 1620 sous son seul titre latin[11]. À l'époque de Lafitau, la *Géographie* est donc largement diffusée, mais il n'en existe aucune traduction française[12]. Mais Lafitau avait une connaissance directe des sources antiques, auxquels il se réfère régulièrement dans les marges des *Mœurs*. Il mentionne généralement le nom de l'auteur et l'ouvrage dans lequel figure le passage cité ; parfois, Lafitau fournit un numéro de page. S'il ne donne guère d'indications quant aux éditions utilisées, il est possible, grâce à ces mentions, de retrouver celles dont il s'agit. Concernant Strabon, Lafitau s'est servi de l'édition genevoise de Casaubon, où le texte est présenté en deux colonnes : le texte grec à gauche, la traduction latine de Xylander à droite. Maîtrisant l'une et

5 Sur l'histoire de ces codices et leur transmission, *cf.* Diller, 1975, p. 101-130 et Dalché, 2017, p. 368-369.

6 Voir la liste des éditions et traductions de la *Géographie* dressée par Biraschi *et al.*, 1981, part. p. 35-37.

7 Στράβων. Περὶ γεωγραφίας. *Strabo. De situ orbis.*

8 Xylander, 1571.

9 Parenty, 2009, p. 57.

10 *Ibid.*, p. 59-60.

11 Casaubon, 1620. Selon Parenty (2009, p. 58), Casaubon vise clairement à privilégier le latin dans son ouvrage, lui permettant ainsi de toucher un public plus large.

12 La traduction française, intitulée *Géographie de Strabon*, est commanditée par Bonaparte. *Cf.* Coray, Gosselin, De La Porte du Theil, Letronne, 1805-1819.

l'autre langue, Lafitau aura sans doute traduit lui-même les passages qu'il cite, en s'appuyant aussi bien sur le texte grec de Casaubon que sur la traduction latine de Xylander[13].

Lafitau se réfère une cinquantaine de fois à la *Géographie* dans les *Mœurs.* Cette dette envers Strabon est très claire dans le chapitre des *Mœurs* consacré à la « Religion ». C'est sur un passage de la *Géographie* que le jésuite s'appuie pour construire son « système » et ainsi démontrer que toutes les religions du monde dérivent en amont de la religion première, révélée à Adam et Ève, dont on trouverait des traces dans la religion des Anciens comme dans celle des Américains[14].

L'EXCURSUS COURÉTIQUE DE STRABON

Quel est ce fameux passage de la *Géographie* qui a particulièrement interpellé le jésuite ? Il s'agit d'une digression sur les Courètes, qui intervient entre la description de l'Acarnanie et de l'Étolie et la description de la Crète[15]. À partir des récits des poètes et des historiens qui l'ont précédé, Strabon revient sur la question de l'origine des Courètes[16]. Ces derniers étaient considérés, d'une part, comme une ancienne peuplade grecque venue d'Étolie ou d'Acarnanie, d'autre part, comme des divinités intervenant auprès de Zeus. De nombreux mythes racontent en effet comment ils ont caché Zeus enfant dans une grotte, en Crète, et ont veillé sur lui, lui épargnant ainsi le destin de ses frères et sœurs, engloutis par leur père. La tradition mythologique veut que Cronos ait avalé ses enfants sitôt ceux-ci venus au monde, mais que Rhéa parvint à

13 Sur les connaissances linguistiques de Lafitau, *cf.* Fenton et Moore, 1974, p. LXII et Albertan-Coppola, 1990, p. 138.

14 Sur l'idée de la lumière naturelle dans la littérature patristique, *cf.* Borgeaud, 2004, p. 183-200 ; Smith, 2014 ; Barbu, 2016, chap. 2.

15 *Cf.* Jeanmaire, 1939, à qui l'on doit la désignation de ce développement comme « excursus courétique ». Dernièrement, ce passage de Strabon a fait l'objet d'une étude de Nicole Belayche (Belayche, 2017). Je remercie l'auteure pour les discussions enrichissantes que nous avons eues autour de Strabon.

16 Strabon cite Homère, Pindare, Euripide, Sophocle, ainsi qu'Eschyle et revient principalement sur les idées d'Éphore, de Démétrios de Scepsis, d'Artémidore d'Éphèse et de Posidonios d'Apamée. *Cf.* Jeanmaire, 1939, p. 600-612 ; Belayche, 2017, p. 616-617.

cacher la naissance de Zeus à son époux, grâce à l'aide des Courètes. Ces derniers avaient couvert les vagissements du nouveau-né par le tumulte de leur danse armée, et avaient par la suite élevé le jeune dieu. Outre les récits historiques et mythiques que l'on racontait à leur sujet, Strabon précise qu'il existait encore des écrits que l'on appelle « Courétiques », dans lesquels les Courètes étaient assimilés aux Cabires, aux Corybantes, aux Dactyles de l'Ida et aux Telchines. L'analogie entre ces différents groupes s'explique par le fait que :

> Tous y sont présentés comme des enthousiastes, des Bachiques, qui sèment l'effroi par leurs danses armées accompagnées de gesticulations et de bruits, de cymbales, de tympanons, de choc d'armes, et encore de flûtes et de cris, exécutant tout cela en tant que ministres des cultes (*própoloi*) qu'ils accomplissent de manière semblable, à Samothrace, à Lemnos et ailleurs encore, de telle sorte que les serviteurs de ces cultes (*própoloi*) se trouvent assimilés les uns aux autres. (Strabon, X, 3, 7[17]).

Ce développement sur les Courètes, suscité par la question de leur origine incertaine, amène ainsi Strabon à s'interroger sur la manière de réunir tous les récits et rituels associés à ces mystérieux personnages en une seule catégorie (qu'il nomme *orgiasmoí*)[18]. En préambule de son développement, Strabon constate qu'aussi bien les Grecs que les barbares, donc l'ensemble des peuples du monde connu, célèbrent leurs cérémonies sacrées (*hieropoiías*) de la même manière, c'est-à-dire

> avec un certain relâchement festif; certains rites avec transport divin (l'enthousiasme), d'autres sans; certains avec de la musique, d'autres non; certains en secret, d'autres en plein jour; c'est la nature qui veut qu'il en soit ainsi. Le relâchement, en écartant l'esprit des préoccupations humaines, le tourne comme il convient en direction du divin. L'enthousiasme semble recevoir un certain souffle divin, qui le rapproche du genre mantique. Le fait de cacher et le secret des objets et des rites confèrent au divin un caractère vénérable, en imitant sa nature, qui échappe à la saisie de nos sens. Quant à la musique, constituée de danse, de rythme et de chant, elle nous lie au divin par le plaisir et la beauté de l'art, et cela s'explique : on a dit avec raison que les hommes imitent au plus près les dieux quand ils pratiquent la bienfaisance; mais on pourrait dire encore mieux : quand ils sont heureux. Ce bonheur, avec la joie, la fête et la philosophie, est lié à la musique. (*Ibid.*, X, 3, 9).

17 Il s'agit de notre traduction des extraits de Strabon. Pour le texte grec, nous renvoyons aux éditions des Belles Lettres.

18 Belayche, 2017, p. 615.

Après une parenthèse sur la dégénérescence de la musique, qui n'enlève rien à son caractère divin, Strabon rappelle que :

> la plupart des Grecs ont donc attribué à Dionysos, à Apollon, à Hécate, aux Muses et même à Déméter – par Zeus – tout ce qui relève du rite orgiaque, *c'est-à-dire*[19] du culte bacchique, du chœur, et du secret des rites. (*Ibid.*, X, 3, 10).

Les termes *órgia* ou *orgiasmoí* renvoient, le plus souvent dans la pensée grecque antique, aux rituels accomplis en l'honneur de Dionysos[20]. Mais ils peuvent également désigner, d'une manière générale, tout type de cérémonies[21]. Selon Strabon, les *orgiasmoí* ne sont pas exclusivement réservés à Dionysos, et surtout, ils facilitent l'accès au divin grâce au secret du rite, ainsi qu'à la pratique de l'enthousiasme et de la musique[22].

En comparant les mythes qui mettent en scène ces « ministres des dieux » (*própoloi*), Strabon veut prouver qu'il existe ce que l'on pourrait appeler un « fait orgiastique », partagé aussi bien par les Grecs que les barbares. Il commence par rapporter que l'on accomplissait d'abord de tels rites en Crète au travers des manifestations « orgiaques » (*orgiasmoí*), en leur associant des ministres de culte semblables à des Satyres. On appelait ces ministres « Courètes », précise-t-il, parce qu'ils avaient aidé le jeune Zeus, étant eux-mêmes de jeunes hommes (*koroi*) ou alors parce qu'ils avaient nourri et élevé (*kourotrophein*) Zeus « à la manière de Satyres » (*ibid.*, X, 3, 11). Strabon établit une analogie entre la fonction des Satyres et des Courètes. En d'autres termes, les satyres sont à l'enfant Dionysos, ce que les Courètes sont à l'enfant Zeus. Quant aux barbares, poursuit-il en se référant aux Phrygiens et aux Troyens, ils honoraient eux aussi Rhéa (sous le nom de la Mère des dieux) par un culte orgiaque, ajoutant que là encore on appelait les ministres de ce culte « Courètes », non pas en raison des mythes liés à Rhéa, mais en raison de leurs fonctions, semblables encore une fois à celles des Satyres. Strabon indique que les Lydiens et les Thraces accomplissent également ces mêmes rites, et qu'il en est de même des Athéniens, connus pour leur goût des cultes étrangers, particulièrement les cultes originaires de Thrace et de Phrygie.

---

19 Je suis ici la traduction de Nicole Belayche (*cf.* Belayche, 2017, p. 627-628) qui donne au premier *kaí* un sens explicatif.

20 Motte et Pirenne-Delforge, 1992, p. 128.

21 Massa, 2014, p. 58.

22 *Cf.* à ce sujet Belayche, 2017, p. 626-627.

Strabon achève sa digression en résumant les différents mythes que l'on racontait au sujet des Courètes, des Corybantes, des Dactyles, des Cabires et des Telchines, notamment ceux autour de leurs origines respectives. L'assimilation de ces différents personnages en une seule catégorie s'explique donc, selon Strabon, non seulement par leur fonction dans le cadre des rites orgiaques, communs – rappelons-le – aux Grecs et aux barbares, mais aussi par les mythes que l'on rapporte à leur sujet. Il avoue néanmoins ne guère aimer ce genre de récits qui consistent en l'examen d'opinions auxquelles il est difficile d'avoir accès à cause de leur ancienneté.

La comparaison joue un rôle essentiel dans le système mis en place par Strabon, car elle lui permet de pénétrer le langage énigmatique des Anciens et, à partir de là, de « conjecturer le vrai » (*ibid.*, X, 3, 23). Cette même méthode sera celle employée également par le jésuite Lafitau, qui écrit que :

> Sur cette idée de Strabon, laquelle me semble très-bien fondée, je crois moi-même pouvoir établir le systême de Religion des Sauvages de l'Amerique, dont je vais maintenant montrer la conformité avec cette Religion ancienne, démêlant, le mieux que je pourrai, ce chaos de ténebres et de confusion qu'y a introduit un long enchaînement de siecles, et cette multitude de fables que les Grecs nous ont débitées, dont il paroît comme impossible de pouvoir se tirer. (Lafitau, 1724, t. I, p. 115).

LE SYSTÈME DE LAFITAU

Pour illustrer sa théorie selon laquelle la religion ancienne des « Sauvages » ressemble à celle des premiers Grecs, Lafitau s'appuie précisément sur l'excursus courétique de Strabon. Même si l'explication du géographe est, pour reprendre les mots du jésuite, « très embarrassée par la multitude et la variété des opinions de ceux qui ont écrit sur cette matière », il ajoute que l'on peut néanmoins en déduire

> que c'étoit-là un système entier, un précis de toute la Religion qui avoit été enseignée aux hommes par ceux qui firent les premieres plantations, et les premiers établissements dans les differentes parties du Monde : que

> toute cette Religion étoit contenuë dans les Orgies et dans les Mystères de Jupiter, d'Apollon, de Bacchus, d'Hecate, de la Mere des Dieux et des grandes Déesses : que ce qu'on appelloit Tytires, Faunes, Pans, Satyres, Sylenes, Curetes, Corybantes, Dactyles Idéens, Cabyres, Telchines, Saliens, Sabaziens, Muses, Bacchantes, Menades, Mimallonides, Nymphes, Naïades, n'étoient que differens noms des Ministres appliquez au service des Dieux : noms differens, ou par la diversité d'état de ces Ministres, ou par la difference des Langues des divers Peuples qui avoient les mêmes, ou à peu près les mêmes pratiques de la Religion ; suivant quoi, il est facile de concevoir, comment on trouve les mêmes usages, non seulement dans l'Isle de Créte, dans les Isles de l'Archipel, dans la Phrygie, dans la Thrace, dans l'Asie-Mineure, mais encore dans la Colchide, dans la Bactriane, jusqu'aux portes Caspiennes, et aux Indes, qui étoient pour les Anciens les bornes les plus reculées du Monde connu. (Lafitau, 1724, t. I, p. 114-115).

Dans une note marginale, Lafitau souligne que le terme d'orgies a d'abord été employé pour signifier « tout le corps de la Religion des Peuples des premiers temps » (*ibid.*, p. 114) et que « c'est dans ce sens que le prend Strabon » (*ibid.*) et que lui-même le prend d'après lui. En faisant sienne la définition de Strabon, Lafitau justifie son intérêt pour le géographe. Il suggère également qu'il a pu exister, parmi les païens, des penseurs capables de percevoir, malgré des siècles d'obscurité, le rapport entre les orgies et la religion des premiers temps[23].

Afin de montrer la grande conformité entre la religion des Anciens et celle des Autochtones, Lafitau va comparer les mœurs de ces deux peuples, éloignés dans l'espace et le temps, et relever les analogies. Selon le jésuite, les Autochtones et les Anciens ont en commun un même sentiment de Dieu, manifeste notamment dans les symboles que l'on retrouve d'une religion à l'autre (comme par exemple le soleil ou encore le serpent), dans leurs mythes, et dans leurs pratiques rituelles[24]. Lafitau explique que :

> [Le culte] des Anciens étoit renfermé dans les Orgies de Bacchus et de la mere des Dieux. C'est maintenant ce culte réduit à certains points principaux que je vais développer, en faisant sentir sa ressemblance avec celui des Peuples barbares de l'Amerique. (*Ibid.*, p. 151)

23 Voir également Lafitau, 1724, t. I, p. 117 : « Au milieu de la Gentilité même, [Dieu] se conserva des cœurs fideles ».

24 *Ibid.*, p. 123. Sur la question de la théologie symbolique, voir la contribution de Brämer et Paschoud dans ce volume, p. 125-135.

Le premier point de la comparaison porte sur la pyrolâtrie, c'est-à-dire le culte du feu sacré qui est, selon le jésuite, une composante des orgies antiques. Ce rapprochement entre orgies et culte du feu, dont on ne trouve aucune mention dans les sources grecques et romaines, est probablement l'œuvre de Lafitau[25]. Il lui permet d'établir une conformité très forte entre les chrétiens, les païens et les Autochtones. Le feu symbolise le dieu chrétien, et c'est ainsi, selon Lafitau, qu'il faut comprendre la divinité Vesta dont il fait la mère de tous les dieux grecs et romains, et le feu qu'entretiennent dans leurs temples les Autochtones[26]. Le culte du feu l'amène ensuite à s'interroger sur la pratique du sacrifice[27] qui mérite une grande attention, précise-t-il, « à cause des traits caracteristiques, qui s'y trouvent de ressemblance avec les Bacchanales, ou les Orgies de Bacchus et de la Mere des Dieux » (*ibid.*, p. 183). Lafitau reprend alors la théorie de Strabon selon laquelle les Courètes, les Corybantes, les Dactyles, les Cabires, et les autres ministres des dieux qu'on leur associait, bien qu'originaires de régions différentes, avaient tous la même fonction rituelle. Il en conclut que les mêmes pratiques étaient répandues dans l'ensemble du monde habité, jusqu'aux Indes, qui constituaient pour les Anciens, rappelle-t-il, les bornes les plus reculées du monde connu. La mention des Indes est absente de l'excursus de Strabon, mais Lafitau ne l'ajoute pas pour autant *ex nihilo*. Certains auteurs antiques, notamment Mégasthène, que Strabon cite dans le livre de la *Géographie* consacré à l'Inde, faisaient de cette région le lieu de naissance et le berceau de l'enfance de Dionysos[28]. Strabon réfute cette théorie. Mais le jésuite Lafitau, en ajoutant l'Inde au discours du géographe, suggère que les rites orgiaques que celui-ci décrivait ont circulé dans l'ensemble du monde habité, jusque dans ses plus lointains confins, que ce soient les Indes orientales ou les Indes occidentales, c'est-à-dire l'Amérique.

Selon Lafitau, Strabon fournit un « précis » de toute la religion enseignée aux hommes par ceux qui, les premiers, établirent des colonies dans les différentes parties du monde. Le jésuite fait des différents dieux que les Anciens honoraient par des orgies et des mystères des premiers

25 Montfaucon (1719, t. I, 1re partie, p. 63) fait une allusion aux mystères de Vesta (l'une des gardiennes du feu sacré), sans toutefois expliciter ce rapprochement. L'idée est peut-être plus ancienne, mais l'état actuel de ma recherche ne permet pas de le confirmer.

26 Lafitau, 1724, t. I, p. 152.

27 Sur le culte du feu et le sacrifice, voir à la contribution de Frank Lestringant, p. 111-123.

28 Strabon XV, 1, 7-8. À ce sujet, voir Dahlquist, 1962, p. 271-275.

législateurs, c'est-à-dire des hommes qui apprirent à leurs semblables à cultiver la terre et tailler la vigne. Pour conserver la mémoire de leurs bienfaits, les Anciens leur instituèrent des fêtes et se mirent, au fil du temps, à les honorer comme des dieux. Lafitau reprend le schéma classique de la théorie évhémériste et explique, dans le tome II des *Mœurs*, à propos des Faunes et des Satyres du cortège de Dionysos, que :

> Ces especes d'hommes extraordinaires avec des cornes à la tête, des pieds de chevre et des queuës pendantes par derriere n'ont rien de réel, et ne doivent leur existence qu'à l'imagination des Poëtes, aux expressions Hieroglyphiques des premiers temps, et à l'ignorance des siècles posterieurs, qui ont ainsi défiguré des hommes véritables, lesquels étoient sans doute moins bêtes que ceux qui les ont crus tels.
>
> Les peuples de la suite de Bacchus, c'est-à-dire les Hommes des premiers temps, se couvroient de la peau des animaux, et surtout des Chevrëuils. Ils en attachoient les cornes à leur tête, comme un ornement que j'ai vû moi-même sur celles de nos Sauvages. Ils noüoient ces peaux sur leurs poitrines avec les pattes de devant, et laissoient pendre celles de derrière avec la queuë. (Lafitau, 1724, t. II, p. 19).

Cette image des guerriers « ameriquains » permet à Lafitau d'apporter aussi un nouvel éclairage sur les coutumes des anciens païens. En mettant en parallèle les Satyres antiques et les Autochtones, tant dans le texte que dans les illustrations (ill. 6), il conjecture ainsi que ces satyres que les Grecs prenaient pour des divinités étaient à l'origine des hommes. Ce qui s'explique, écrit le jésuite, en raison de l'idolâtrie, « qui plaça les Hommes sur les Autels, et qui en fit des Dieux » (*ibid.*, t. I, p. 143). De la même manière, précise-t-il, qu'on avait fait des symboles d'une divinité la divinité elle-même, « on confondit aussi les hommes avec les choses dont ils avoient pris les Noms » (*ibid.*, p. 144). Évidemment, Lafitau s'inscrit ici dans une longue tradition, qui interprète les religions de l'Antiquité au prisme de la théorie évhémériste, et interroge les origines de l'« idolâtrie », envisagée comme l'expression quasi-universelle de la religion « dénaturée[29] ».

Si Lafitau considère que la religion des païens est « corrompue », il pense néanmoins pouvoir y déceler les vestiges du monothéisme originel. Les mystères et les orgies contiendraient les traces de cette

---

29 Sur l'évhémérisme, *cf.* Borgeaud, 2016 et Stroumsa, 2017. Sur la question de l'idolâtrie, se référer à Barbu, 2016.

religion primitive, révélée à Adam et Ève, progressivement altérée par l'accumulation des fables. Le texte de Strabon trouve une place de choix dans cette théorie telle qu'énoncée par Lafitau, notamment parce que le géographe ne traite pas des Bacchanales « historiques », forme corrompue des origines. Strabon, nous dit Lafitau, a au contraire révélé l'essence même de ce culte et en a donné les principales caractéristiques, avant « de passer à la considération de ces orgies païennes » (*ibid.*, p. 185-186), c'est-à-dire à la description des rites tels que les pratiquaient effectivement les Grecs et les Barbares de son temps.

Pour exposer le point de vue de Strabon, Lafitau traduit en français une partie de l'excursus courétique[30] :

> C'est, dit-il, une chose commune aux Grecs et aux Barbares de rendre leurs Sacrifices célebres par des Fêtes. Il y en a quelques-unes où il entre de la fureur, et d'autres qui se passent tranquillement : quelques-unes où l'on chante, et d'autres où l'on ne chante point : quelques-unes où il y a du mystere, et où tout se fait dans le secret, d'autres au contraire, où tout est public et solemnel. La nature et la raison le veulent ainsi ; car les Fêtes retirant l'homme de ses occupations ordinaires, son esprit en a plus de liberté pour s'appliquer aux choses de Dieu : l'Enthousiasme tient de l'inspiration divine, et appartient à la Divination : Le secret des Mysteres concilie du respect à la Divinité, en imitant de plus près son Essence, laquelle se dérobe sous nos sens : Enfin la Musique, jointe à la mesure des vers, nous unit encore davantage à Dieu par un charme attaché aux agrémens, et à la varieté de cet art. On pense très bien, quand on dit que les hommes n'imitent jamais mieux la Divinité, que lorsqu'ils se répandent en bienfaits ; mais on parleroit encore mieux, si l'on disoit que c'est lorsqu'ils l'honorent comme il faut, ce qui se fait par une joye sainte, par des Fêtes en l'honneur des Dieux, par l'application à l'étude la sagesse, et en s'exerçant à la Musique. (*Ibid.*, p. 186).

En comparant la traduction de Lafitau au texte de Strabon et à l'analyse que nous en avons donnée, on remarquera que le jésuite traduit l'adverbe grec *mustikõs* (que nous rendons par « en secret[31] »), qui

30 Il s'agit du chapitre 9 du livre X de la *Géographie* de Strabon. Pour le texte grec et latin à la base de la traduction de Lafitau, *cf.* Casaubon, 1587, p. 322.

31 La question se pose de savoir si les termes dérivés de l'adjectif μυστικὸς (*mustikós*) renvoient, dans le texte de Strabon, aux cultes à mystère ou à une cérémonie réservée à certaines personnes, sans pour autant être liée aux mystères (voir Belayche, 2017, p. 627). De nombreuses études ont été consacrées aux cultes à mystère. Je renvoie le lecteur, tant pour la bibliographie que pour les débats suscités, en premier lieu à Burkert, 2003. Plus récemment, *cf.* Borgeaud, 2013 ; Bremmer, 2014 ; Belayche et Massa, 2016.

caractérise un type de cérémonies partagées par les Grecs et les Barbares, par le syntagme « où il y a du mystère et où tout se fait dans le secret ». Lafitau interprète ainsi le terme dans un sens chrétien, c'est-à-dire, selon de l'aveu même du jésuite, qui revient longuement sur le sujet, comme se référant à une révélation indicible qui touche à la croyance en la vie éternelle de l'âme, et à laquelle les non-chrétiens ne peuvent avoir accès que très indirectement[32].

Comme Strabon, Lafitau va lui aussi chercher à décrire les caractéristiques propres aux différents rites orgiaques, afin d'en saisir le « véritable esprit » (*ibid.*, p. 187). Il s'approprie les catégories mises en place par Strabon dans son excursus, pour montrer que la religion des anciens Américains partage, avec celle des païens, de nombreuses similitudes. Il compare en premier lieu ce qui touche à la musique, notamment les chants et les danses militaires qui accompagnaient les sacrifices et les festins, et qui évoqueraient la danse armée des Courètes tournant autour de Zeus. Lafitau établit ainsi une analogie entre les instruments de musique des Anciens et ceux des « Ameriquains ». Il s'intéresse ensuite à ce qui relève du mystère, c'est-à-dire ce qu'il y a de plus caché dans la religion, et qui n'est révélé « qu'à ceux qui se faisoient initier, et qui passoient par toutes les épreuves » (*ibid.*, p. 220). Cette idée d'« initiation » est absente du texte de Strabon, mais elle est primordiale pour Lafitau. Même s'il précise qu'on ne peut pas donner le détail des initiations à cause du secret inviolable (et respecté) qui les caractérise, il relève néanmoins quelques-unes des épreuves auxquelles l'initié était soumis, telles que la mise à l'écart, le jeûne, la flagellation ou encore la purification, dont il trouve des traces dans certains rituels antiques et américains. Toutes ces épreuves servaient, selon Lafitau, à détacher l'âme des choses terrestres, corruptibles et charnelles, afin qu'elle puisse entrer en communication avec les dieux et accéder à l'immortalité dans l'au-delà[33]. Les symboles, à travers lesquels Dieu se manifeste à nos sens[34], les épreuves des initiations et la théurgie sont les principales caractéristiques des mystères anciens que Lafitau va s'atteler à chercher dans la religion des Autochtones afin d'établir la conformité entre ces religions.

---

32 Lafitau, 1724, t. I, p. 222.

33 *Ibid.*, p. 395.

34 *Ibid.*, p. 121 et 256. Sur la théologie symbolique, *cf.* la contribution de Sarah Diane Brämer et Adrien Paschoud, p. 125-135.

CONCLUSION

Le jésuite n'est pas le premier à mentionner ce passage de Strabon et à s'en servir. En effet, quelques années avant la publication des *Mœurs*, un autre érudit, Bernard de Montfaucon, citait dans son ouvrage l'*Antiquité expliquée et représentée en figures* des extraits de l'excursus courétique. Le but de Montfaucon, comme il l'écrit dans son « Discours préliminaire sur l'idolâtrie et sur l'idée que les païens se font de leurs divinités », qui ouvre son *Antiquité expliquée*, est de comprendre la religion et la manière de vivre des Anciens à travers leur mythologie et leurs monuments non écrits, qui recèlent des informations que les textes ne fournissent pas. Même si, insiste Montfaucon, il est impossible de faire de tout cela un système, car les Anciens eux-mêmes, ne s'accordaient pas entre eux, il propose néanmoins de reconstruire une hiérarchie et une généalogie des divinités païennes[35]. Dans cette perspective, il mentionne d'une part le passage dans lequel Strabon énumère les différents noms que l'on donnait à Cybèle pour prouver que la déesse était la mère de tous les dieux et du monde, de l'autre, il traduit un extrait de la *Géographie* pour illustrer sa théorie selon laquelle Castor et Pollux étaient en fait des Cabires[36]. Contrairement à Lafitau, Montfaucon ne s'intéresse pas aux mystères, et il ne cherche pas à développer une corrélation entre la religion des Anciens et la religion chrétienne.

Ceci dit, les cultes à mystère ont retenu l'attention des érudits antiquisants et des théologiens bien avant que Lafitau ne s'y intéresse. Dans son *De rebus sacris et ecclesiasticis exercitationes Sedecim*, Casaubon s'interrogeait déjà sur ce sujet, dans le contexte des controverses théologiques opposant catholiques et protestants. Se basant sur la littérature patristique, qui envisage les mystères comme une imitation diabolique de la vérité chrétienne, il analyse le vocabulaire associé au culte des mystères pour faire valoir que la religion catholique, notamment le sacrement de l'eucharistie, dériverait de ce culte païen[37].

35 Montfaucon, 1719, t. I, 1re partie, p. XCVI.

36 *Ibid.*, p. 3 et *Id.*, 1719, t. I, 2e partie, p. 300-302. Montfaucon se base respectivement sur Strabon X, 3, 12 et X, 3, 19-22.

37 Casaubon, 1614, p. 500-586. Sur la réappropriation des mystères païens à l'époque moderne et l'interprétation de ce type de cultes par Isaac Casaubon, *cf.* Smith, 1990, p. 55-59 ; Graf, 2011, p. 103 ; Massa, 2016, p. 111-114.

Plus d'un siècle plus tard, en se basant sur l'excursus courétique de Strabon, sur différents exemples tirés de la Bible et des témoignages antiques, ainsi que sur sa propre expérience missionnaire auprès des Autochtones, Lafitau construit un « système de religion » selon lequel la religion des païens et celle des anciens Américains dérivent d'une seule et même source. Les principes de cette religion primitive sont encore contenus dans les rites mystériques et orgiaques des peuples de l'Antiquité. On en trouve également des vestiges dans la religion des Autochtones. Selon Lafitau, le texte de Strabon retiendrait, comme renfermée en lui, l'essence de cette première religion, lentement corrompue par le langage énigmatique des mythes païens. Lafitau adapte ainsi Strabon ; il l'actualise selon ses propres catégories et va jusqu'à le réduire à un système sur lequel il pourra construire son argumentation. Comparer les mœurs des Anciens décrits par Strabon, aux mœurs des « nouveaux sauvages » prouverait ainsi qu'il est possible d'évangéliser ces derniers, c'est-à-dire travailler à rebours du temps et rétablir la religion véritable de toute l'humanité.

Mélanie LOZAT
Université Sapienza de Rome

LA PYROLÂTRIE DES PEUPLES DE L'AMÉRIQUE, SELON LAFITAU

Jean de Léry pour commencer ! Jean de Léry, d'où tout part peut-être, et son *Histoire d'un voyage faict en la terre du Bresil*, publiée pour la première fois en 1578, et rééditée cinq fois de suite, constamment augmentée et corrigée par son auteur sur plus de trente ans. Avant lui, et dès le début peut-être de la colonisation, on parlait de peuples vivant « sans foi, sans loi, sans roi », et dépourvus des trois lettres « f », « l » et « r ». Mais l'affirmation de Jean de Léry est plus radicale encore. Il soutient que les *Toüoupinambaoults* de l'Amérique « ne confessent, ny n'adorent aucuns dieux celestes ny terrestres » (Léry, 1580, chap. XVI, p. 293-294 ; éd. Lestringant, 1994, p. 379). Surprenante déclaration, aux conséquences incalculables !

Certes, en bon calviniste, Léry est soucieux de distinguer le bon grain de l'ivraie et d'instaurer un clair partage entre élus et réprouvés. Comme il le dit encore, il a vérifié en la personne des sauvages du Brésil la différence qu'il y a « entre ceux qui sont illuminez par le sainct Esprit, et par l'Escriture saincte, et ceux qui sont abandonnez à leurs sens, et laissez en leur aveuglement » (*ibid.*, p. 422-423). Mais il n'a pas prévu les conséquences logiques de sa remarque. Or, développée en toute rigueur et jusqu'à ses conséquences ultimes, elle amène à reconnaître qu'il n'existe pas de Révélation universelle. L'existence de peuples athées bat en brèche les prétentions de la religion chrétienne à s'imposer à toutes les nations de la terre.

La remarque incidente et le paradoxe émis par Jean de Léry se retrouvent dans l'*Histoire generale des voyages* de l'abbé Prévost (Paris, 1746-1761), et de là, beaucoup plus tard et sous une forme radicalisée, dans l'*Histoire des deux Indes* de l'abbé Raynal (Amsterdam, 1770), retouchée, augmentée et radicalisée par l'athée Diderot. Ainsi donc l'affirmation de Léry va servir de pièce à conviction à tous ceux qui combattent l'universalité du monothéisme[1]. Là où la tradition reconnaissait un consensus entre tous les peuples, il s'avère désormais qu'il existe des nations sans dieu et se passant fort aisément de la divinité, sous quelque forme que ce soit.

Il faut donc répondre à ce paradoxe ou à ce scandale, ou plutôt le désamorcer. Ce à quoi, d'emblée, s'emploie le père jésuite Joseph-François Lafitau dans ses *Mœurs des sauvages ameriquains comparées aux mœurs des premiers temps*. Quel est le but que se propose Lafitau ? Prouver l'existence de Dieu par le consentement unanime des peuples à reconnaître une divinité[2]. L'humanité entière croit en Dieu, donc Dieu existe. Et tant pis pour les athées et autres libertins, qui s'obstinent à nier l'évidence.

Lafitau s'emploie donc à détruire la fausse idée que les athées ont donnée des sauvages, en en faisant des hommes sans Dieu. Il réfute ceux qui ont voulu infirmer cette preuve du consentement unanime des peuples à reconnaître une divinité, comme si, s'indigne-t-il, « ce consentement unanime pouvait être susceptible d'erreur » (Lafitau, 1724, t. I, p. 7). Mais, objecte-t-il, « les sophismes et les subtilités de quelque particulier qui n'a point de religion, ou dont la religion est fort suspecte, ne peuvent pas ébranler une vérité qui a été reconnue par les païens même, qui a été reçue de tout temps sans contradiction, et qu'on peut supposer comme un principe » (*ibid.*). Argument asséné sans réplique aux athées, qui prétendent s'autoriser « d'une multitude de nations diverses, abruties jusqu'à ce point, qu'elles n'aient aucune idée d'un Dieu » (*ibid.*, p. 6). Religion partout ! tel est le constat, tel est le mot d'ordre. L'enquête systématique des *Mœurs des sauvages ameriquains comparées aux mœurs des premiers temps* est destinée à en apporter la preuve[3].

Le monothéisme étant au principe de l'ouvrage, il s'agit de démontrer non l'existence de Dieu, qui ne fait guère de doute pour l'auteur, mais les manières dont l'humanité la travestit. Il faut donc reconnaître ce qui est déformé, caricaturé et souvent rendu méconnaissable, Satan faisant son œuvre partout, véloce, infatigable, innombrable au fil des siècles. Lafitau est sûr de détenir la vérité et de parvenir à convaincre le lecteur incrédule : « Il n'est donc question que de prouver cette unanimité de

1 *Cf.* Gliozzi, 1977 et *Id.*, 1988, p. 177-213.

2 Lafitau, 1724, t. I, p. 6. Cette édition comprend deux volumes in-4°. Une autre édition en 4 volumes in-8° parut simultanément chez le même éditeur. Sur Lafitau, on consultera les excellentes pages de Certeau, 1985.

3 Voir Borgeaud et Petrella, 2016.

sentimens dans toutes les Nations, en montrant qu'en effet il n'en est point de si barbare qui n'ait une Religion, et qui n'ait des mœurs » (*ibid.*, p. 7). Il se flatte de rendre la chose si sensible qu'on n'en pourra douter, à moins, dit-il de façon très expressive, « de vouloir s'aveugler au milieu de la lumiere » (*ibid.*).

La méthode sera comparative et universelle. Elle ne devra rejeter aucun fait, quelque déformé ou exagéré qu'il soit. De la sorte pourra être établie cette vérité :

> Non seulement les Peuples qu'on appelle Barbares, ont une Religion ; mais cette Religion a des rapports d'une si grande conformité avec celle des premiers temps, avec ce qu'on appelloit dans l'Antiquité les Orgyes de Bacchus et de la Mere des Dieux, les mysteres d'Isis et d'Osiris, qu'on sent d'abord à cette ressemblance que ce sont partout et les mêmes principes et le même fonds. (*Ibid.*).

Ce présupposé étant établi, Lafitau remarque des vestiges de la très-sainte Trinité « dans les mysteres d'Isis, dans les Ouvrages de Platon, dans les Religions des Indes, du Japon et des Mexiquains » (*ibid.*, p. 9). Et il conclut : « Ainsi le Paganisme concourt avec les Livres saints à nous démontrer que la Religion vient d'une même source » (*ibid.*, p. 13).

Rien ne change et tout perdure. Universalité converge avec identité dans l'espace et dans le temps : s'agissant des mœurs des Américains, « le parallele avec les Anciens est toujours soûtenu, parce qu'il n'y a pas un seul trait des mœurs de ceux-là qui n'ait son exemple dans l'Antiquité » (*ibid.*, p. 18). Rien de nouveau sous le soleil, en particulier sous le soleil de l'Amérique !

DES SAUVAGES EN GÉNÉRAL

Avant d'aborder la question « Des cultes », Lafitau décide de donner au lecteur une « Idée ou caractère des Sauvages en général ». Il se réfère pour commencer à Pline et à Pomponius Mela, colporteurs de légendes, à l'en croire, mal renseignés de toute évidence sur les peuples lointains. D'abord, du point de vue de l'apparence physique, les prétendus sauvages nous ressemblent. Contrairement à ceux qui les imaginaient velus ou basanés, « ils naissent blancs comme nous » (*ibid.*, p. 104). De plus, leurs qualités morales les rapprochent encore de nous, en dépit des apparences :

> Le premier coup d'œil ne leur est pas favorable. Ceux qui en ont jugé par-là nous en ont fait un portrait très-désavantageux. A voir en effet ces hommes dépourvûs de tout, sans Lettres, sans Sciences, sans Loix apparentes, sans Temple pour la plûpart, sans Culte réglé, et manquant des choses les plus nécessaires à la vie, on devroit, ce semble, juger qu'ils sont tels, que si le monde ne faisoit que de naître pour eux, et que s'ils ne faisoient que sortir du limon de la Terre, ou du creux des chênes de Dodone, selon l'extravagante imagination des Payens. (*Ibid.*, p. 105).

Or ce portrait serait infidèle. « Ils ont l'esprit bon, l'imagination vive, la conception aisée, la mémoire admirable » (*ibid.*). Point plus important : « [...] tous ont au moins des traces d'une Religion ancienne et hereditaire, et une forme de gouvernement : ils pensent juste sur leurs affaires, et mieux que le Peuple parmi nous » (*ibid.*).

PYROLÂTRIE

Lafitau accorde une place centrale à la « Pyrolâtrie » ou « Culte du Feu sacré », dénominateur commun, à l'en croire, de toutes les religions. La pyrolâtrie est observable dans les nations primitives, mais aussi chez les Anciens : « La premiere chose qui se présente dans les Orgies de Bacchus et de la mere des dieux, c'est la Pyrodulie ou la Pyrolatrie, c'est-à-dire le Culte du Feu sacré » (*ibid.*, p. 152). Dans la physique traditionnelle, il y a quatre éléments, l'eau, la terre, l'air et le feu. Or le feu, qui est le plus vif des quatre éléments, « représente le mieux cette suprême intelligence dégagée de la matiere, dont la puissance est toûjours active » (*ibid.*). D'ailleurs, le feu semble être « un écoulement de la substance du Soleil même » (*ibid.*). C'est pourquoi Dieu est représenté sous ce symbole, comme l'indique le Deutéronome[4] : « Le Seigneur vôtre Dieu est un feu dévorant » (*ibid.*). À diverses reprises, Dieu est apparu aux patriarches du milieu des flammes, « comme du Thrône de sa Majesté » (*ibid.*). En

4 Référence donnée en marge par Lafitau : Deutéronome, 4,24.

témoigne, dans l'Exode, l'épisode du Buisson ardent apparu à Moïse, ou encore les holocaustes d'Élie et d'Élisée, dans le troisième livre des Rois[5]. De là sans doute les hommes apprirent à avoir pour le feu un respect religieux, que Dieu ne désapprouva pas, tant qu'il fut réglé[6].

Le parcours historique se complète d'un parcours géographique. Après les Anciens, au Proche-Orient et en Grèce, vient l'Amérique. La « Pyrolâtrie » ou « Culte du Feu sacré » est commune à toutes les religions de l'Amérique[7]. Ce principe est assorti de la réserve suivante : « Le Feu a eu quelque chose de sacré de tout temps chez toutes les Nations de l'Amerique qui en ont l'usage ; mais les Nations errantes, et la plûpart des sédentaires, n'ont point de Feu perpétuel, ni de Temple pour le conserver » (*ibid.*, p. 166). Dans cette reconstruction globale du fait religieux au Nouveau Monde, il est évident que les cultes solaires observés chez les Aztèques et les Incas ont exercé une influence déterminante. Rapprochées des anciennes Vestales, ces gardiennes du feu sacré à Rome, voici que les Vierges du Soleil projettent, *via* les Amazones de la forêt équatoriale, leur aura légendaire jusque sur le littoral du Brésil.

Des vestales du Pérou, les deux cents vierges du soleil, il est dit : « On n'admettoit dans celui-là que des filles de la race du Soleil, pour lui donner des Epouses dignes de lui, et on les lui consacroit avant l'âge de huit ans, pour s'assurer qu'on les lui présentoit pures » (*ibid.*, p. 169). Il est précisé ensuite : « Les Temples du Mexique, et le Feu éternel qu'on y conservoit n'étoient pas moins célèbres, que ceux du Pérou » (*ibid.*, p. 170). Lafitau poursuit : « Après la Pyrolatrie, ou le Culte du Feu sacré, qui étoit un Culte permanent, et comme le fonds de celui de Vesta, ou de la Mere des Dieux, viennent les Sacrifices, qu'on peut regarder comme un Culte passager » (*ibid.*, p. 177).

« Le Soleil est la Divinité des Peuples de l'Amérique » (*ibid.*, p. 130), constate Lafitau. Pyrolâtrie et culte solaire constituent les aspects complémentaires d'une même religiosité. De la pyrolâtrie on en vient aux sacrifices au soleil, en particulier aux sacrifices humains pratiqués par les Aztèques. De là à élargir la pyrolâtrie au cannibalisme

---

5 Référence en marge à Exod. c. 3.

6 Lafitau, 1724, t. I, p. 152.

7 *Ibid.*, chap. IV : « De la Religion », p. 152-162 : « Feu sacré en Amérique ». Lafitau écrit notamment : « Le Feu a eu quelque chose de sacré de tout temps chez toutes les Nations de l'Amérique qui en ont l'usage ; mais les Nations errantes, et la plupart des sedentaires, n'ont point de Feu perpétuel, ni de Temple pour le conserver ».

des Tupinamba, il n'y a qu'un pas, que Lafitau franchit aisément – allègrement, serait-on tenté de dire. Le massacre du prisonnier nu, debout face au bourreau qui brandit sur lui sa massue, offre au premier plan le feu tourbillonnant qui sera ensuite destiné à sa dépouille. On reviendra sur ce point.

Jacques Le Moyne de Morgues, l'auteur du second volume des *Grands Voyages* de Théodore de Bry relatif à la Floride, est paraphrasé, mais c'est pour être corrigé et ensuite complété : les Floridiens, en l'espèce les Timucua, « selon nos premières Relations, élevoient toutes les années au haut d'un poteau, la dépoüille d'un Cerf, qu'ils remplissoient de toutes sortes de fruits, et qu'ils ornoient de Guirlandes et de Couronnes champêtres » (*ibid.*, p. 180, voir également la pl. VII à la suite). La dépouille d'un cerf offerte au soleil est un écho au second volume de Théodore de Bry, où, dans la planche XXXV, sont représentés les « rites solennels pour consacrer la dépouille d'un cerf au Soleil[8] ».

Lafitau poursuit : « La manière néanmoins d'offrir des Sacrifices la plus commune, c'est de jetter dans le feu l'Offrande, ou la partie de la Victime offerte à la Divinité, après la lui avoir présentée par une espèce de harangue ou de priere » (*ibid.*). À preuve les Mexicains qui offraient en sacrifice « plusieurs victimes humaines », du haut de leurs pyramides. Parmi les autres peuples barbares, « ces sortes de Sacrifices n'étoient pas si ordinaires, ni si marquez, à moins qu'on ne regarde comme un Sacrifice, le supplice qu'ils font souffrir à leurs esclaves, ou prisonniers de guerre : ce que je crois assez probable » (*ibid.*).

Et Lafitau de recourir à l'*Histoire morale des Indes* de José de Acosta, pour affirmer, ce qui est une sorte de confirmation : « Je ne trouve dans les Relations anciennes de l'Amerique Septentrionale, qu'une autre espece de Sacrifice, semblable à celui que les Chananéens offroient à Moloch » (*ibid.*). Occasion de revenir à Jacques Le Moyne de Morgues, pour rappeler que

> dans cette partie de la Floride qui avoisine la Virginie, et où les François aborderent sous la conduite du sieur de Laudonniere, les peuples de ces Païs-là, qui regardoient leur Chef comme fils du Soleil, et qui, en cette qualité, lui rendoient des honneurs divins, lui faisoient un Sacrifice solennel de leurs premiers nez. (*Ibid.*, p. 181).

8 Le titre latin est : « *In cervi exuvio Soli consecrando solennes ritus* ». Voir Lestringant, 2017, p. 204.

Toujours d'après Théodore de Bry, Lafitau ajoute que les Français « furent eux-mêmes une fois les témoins de cette triste cérémonie » (*ibid.*). La cérémonie est ensuite détaillée d'après le commentaire de la planche XXXIV de Jacques Le Moyne de Morgues : « *Primogeniti solennibus ceremoniis Regi sacrificantur*[9] ». Au premier plan à gauche, le chef timucua est assis sur un banc de rondins à côté du capitaine français qui a un geste de recul. Quatre arquebusiers sont debout derrière eux. À l'arrière-plan à droite, se déroule la danse des femmes précédant le sacrifice. Au centre une femme ceinte d'une écharpe porte l'enfant dans ses bras et s'avance vers la gauche. Tournant le dos au cercle des danseuses, la mère accroupie est inclinée devant le billot, « couvrant son visage de ses mains » (*ibid.*). Au fond le bourreau, la massue au côté, parade au milieu de six hommes debout. De tous les voyageurs de la Floride, Le Moyne est le seul à mentionner ces sacrifices d'enfants mâles. Mais leur existence est corroborée par deux passages similaires de François de Belleforest dans l'*Histoire universelle*, compilée et augmentée d'après Joannes Boemus, puis dans sa *Cosmographie universelle de tout le monde*[10]. Les Français, durant leur séjour en Floride, n'assistèrent qu'une seule fois à ce genre de sacrifices. Mais on ignore en quelle saison il se déroulait. Est-ce à une date proche de celle de l'offrande de la dépouille d'un cerf au Soleil, c'est-à-dire vers la fin du mois de février ?

Lafitau retourne pour finir au feu sacrificiel :

> Tel fut, par exemple, le Sacrifice que fit Enée, quand, après avoir vû pendant la nuit les Images de ses Dieux Penates, qui l'éclaircirent sur un Oracle d'Apollon, il se leva sur le champ, et rallumant le feu de son foyer, il y fit brûler à leur honneur quelques grains d'encens, ou quelque autre chose, que le Poëte n'a point exprimé. (*Ibid.*, p. 182).

Vers la fin du XVIe siècle, José de Acosta employait le terme d'hostie pour désigner la victime des sacrifices aztèques, qui étaient associés à une pratique anthropophage. Il invoquait le sens étymologique du mot : « *hostia, quasi ab hoste* » (Acosta, 1590, V, 20)[11]. La victime est toujours prise de l'ennemi. Au Mexique comme au Brésil, on ne sacrifie jamais

9 *Ibid.*, pl. XXXIIII, p. 202.

10 Belleforest, 1570, f. 262 r°-v° ; du même, 1575, t. II, col. 2197-2198. Pour le commentaire de ces pages, voir Lestringant, 2004, p. 415-418.

11 Je m'inspire de l'analyse, au demeurant fragile, de Pino Diaz, 1982, p. 327-362, et notamment p. 357-358.

que les captifs de guerre. Il est légitime de penser que le recours à la notion d'« hostie » en pareil contexte n'est pas innocent. Dans l'esprit du lecteur catholique auquel s'adressait Acosta, le mot éveillait immanquablement le sens moderne de pain eucharistique, qui, lors de la Messe, se convertit en corps du Christ.

Chez Lafitau, il n'y a pas de rapport direct entre l'anthropophagie rituelle et l'Eucharistie[12]. Son livre envisage successivement le « supplice des esclaves » dans les Amériques septentrionale et méridionale[13]. Sensible au démon de l'analogie, exaltant les ressemblances au détriment des écarts, Lafitau met sur le même plan les jeux sadiques exécutés des jours durant sur leurs victimes par les Iroquois, et le cannibalisme, en comparaison fort généreux, des Tupinamba du Brésil, dont il élargit le modèle à toute l'Amérique du Sud. Il a bien conscience, chez ces derniers, du caractère sacrificiel de la mise à mort du prisonnier : « Je dis qu'il sera offert en sacrifice ; car cette terrible fête se célebre avec tant d'appareil et de cérémonie, qu'elle a tout l'air d'un acte de Religion » (*ibid.*, t. II, p. 295)[14].

Le cosmographe André Thevet, puis le pasteur Jean de Léry – le « Ministre de Leri » (*ibid.*, p. 298) – ont écrit tour à tour sur le Brésil, avant que Théodore de Bry ne réunisse dans le troisième volume de l'*America* les témoignages de Jean de Léry et de Hans Staden, un arquebusier hessois qui fut un an prisonnier des Tupinamba. Un changement apparaît dans les illustrations : dans *Les Singularitez de la France Antarctique* de Thevet, le feu couve timidement sous le « boucan » – ou claie de lattes – des Tupinamba, tout en fumant terriblement[15]. Accroupi et penché sur le feu, un sauvage souffle à pleins poumons, tandis que l'écran de fumée se déploie derrière lui, remontant au-dessus de la cabane à droite, par

12 Lestringant, 2016, chap. 5, p. 116-121.

13 Lafitau, 1724, t. II, p. 292.

14 Remarque concordante, amenée par la comparaison avec les sacrifices des Mexicains (*ibid.*, t. I, p. 180, *loc. cit.*). Lafitau a précisé au préalable (*ibid.*, p. 177) ce qu'il entendait par sacrifice : « Le Sacrifice est un acte de Religion, une Offrande faite à la Divinité par les mêmes motifs, qui sont compris dans l'obligation qu'ont les hommes de lui rendre en general le Culte qui lui est dû, et sur-tout par le motif de la reconnoissance des biens qu'ils en reçoivent, et qu'ils avouënt tenir de celui qui en est le Maître. Il est aussi ancien que la Religion même, et aussi étendu que les Nations soûmises à la Religion, n'y en ayant pas une seule chez qui le Sacrifice n'ait été en usage, et chez qui il ne soit en meme temps une preuve de sa Religion ».

15 Thevet, 1557, f. 77 r°.

l'ouverture de laquelle passe une pique hérissée d'une tête coupée. Le feu se déplace, et remonte d'une case dans la séquence gravée par de Bry, passant de la scène de boucherie à celle de l'exécution. Ce feu revêt en définitive une place disproportionnée chez Lafitau, constituant le terme et le but du sacrifice cannibale. Alors qu'à lire Thevet, Staden et Léry, l'exécution du prisonnier constituait le moment crucial d'un rite de vengeance, dont les franches repaissailles ne représentaient que l'épilogue, désormais le feu est au centre du processus sacrificiel. C'est le feu qui l'alimente et le justifie.

Reprenons le récit du rituel, tel que le rapporte Lafitau. Au moment où le prisonnier va être exécuté, il est invité à un simulacre de duel :

> On l'exhorte cependant à venger sa mort prochaine, et on lui laisse la liberté de ramasser des pierres, et des têts de pots cassés, dont la place est toute parsemée à ce dessein. Il les lance en effet avec roideur sur tout le monde indifferemment ; les Guerriers se couvrent de leurs rondaches ; mais malheur aux femmes, qui n'ayant pas de quoi se garantir, tombent sous ses coups ; car à ce jeu, il y en a toûjours plusieurs de blessées. (*Ibid.*, p. 301).

Cet « exercice d'une récréation assez mal plaisante » (*ibid.*) prend bientôt fin. Toujours face à ses bourreaux et à ceux qui vont bientôt le manger, le prisonnier est arrêté immobile au milieu de la place. Lafitau le dit en une phrase : « On allume un feu devant lui à deux pas de distance, qui me paroît être comme la Divinité à laquelle il doit être sacrifié » (*ibid.*).

Aucune mention de ce feu, et du rôle de divinité qui lui serait prêté, dans la plupart des sources dont Lafitau a pu se servir. Ni Thevet, ni Léry n'en parlent. Les gravures qui ornent leurs ouvrages n'associent nullement le feu à l'exécution du prisonnier. Dans la gravure qui montre le meurtre du prisonnier, *Les Singularitez de la France Antarctique* de Thevet aussi bien que sa *Cosmographie universelle*, où un autre bois gravé remplace le précédent, nul foyer et nulle flamme, mais des corps étendus à même le sol[16]. De même chez Léry, qui, dans la seconde édition de l'*Histoire d'un voyage faict en la terre du Bresil*, ajoute cette gravure sommairement inspirée d'André Thevet, la scène de défi avant l'abattage ne comporte ni feu ni fumée[17].

16 *Ibid.*, f. 76 v°; *Id.*, 1575, t. II, livre XXI, chap. 15, f. 946 r°; *Id.*, éd. Lussagnet, 1953, p. 200.

17 Léry, 1580, p. 214.

Une exception toutefois : Hans Staden, dans la deuxième partie de son *Histoire*, montre le prisonnier sur le point d'être abattu, tenu à la taille par une corde, tandis qu'un feu est allumé devant lui, juste à ses pieds[18]. Quatre jeunes femmes nues, de part et d'autre du feu, se pourlèchent les babines à la perspective du festin qui se prépare. Elles paraissent se dandiner de plaisir et d'impatience. Peut-être s'agit-il d'une provocation à l'égard du prisonnier debout devant elles et encore vivant pour quelques minutes, et qu'elles défient par leurs mimiques expressives. Dans le troisième volume de ses *Grands Voyages*, Théodore de Bry réinterprète cette gravure. Le feu est toujours au premier plan en bas, légèrement décalé par rapport à la silhouette du prisonnier qui lève le bras droit en signe de malédiction face au bourreau, lequel brandit vers lui sa massue. Les femmes sont rejetées à l'arrière, au second plan, en retrait du prisonnier. Elles se dandinent et se lèchent les doigts à la perspective du festin imminent[19].

Revenons à Lafitau, qui s'inspire manifestement de De Bry. Une femme apporte triomphalement la massue – « triomphemment », écrit Lafitau, qui ajoute : « poussant de grands cris de joye » (*ibid.*). Elle la dépose entre les mains du bourreau, de l'exécuteur plutôt. Lafitau parle d'un « guerrier », lequel se plaçant devant « l'esclave » – en fait, le prisonnier, qui n'est en rien un esclave –, la tient élevée sous ses yeux, « et lui présente continuellement le fatal instrument qui doit mettre fin à sa vie » (*ibid.*, à la suite).

C'est alors la scène, qui déjà fascinait Montaigne, du défi du prisonnier à ses bourreaux, scène représentée par Staden, Thevet, Jean de Léry, puis par Théodore de Bry associant, comme on l'a vu, Staden à Léry, et enfin par Lafitau. Ce défi où le vaincu, non esclave, mais valeureux agonisant, défie le vainqueur au moment de mourir et d'être mangé par lui, suscitait l'admiration des observateurs européens. « Théâtralisation sanglante de la générosité épique », selon Jean-Michel Racault (2003, p. 271), le supplice se mue en « affrontement héroïque où les adversaires-partenaires organisent mutuellement la célébration de leur propre gloire ».

La conclusion apparaît toutefois décevante. Lafitau ne choisit pas entre les deux explications canoniques du cannibalisme : « Soit appétit pour la chair humaine, soit rage et fureur contre leurs Ennemis, il n'est

18 Staden, 1979, p. 191.

19 De Bry, 1592 ; *Id.*, éd. Bouyer et Duviols, 1992, p. 121.

personne qui n'en mange [...] » (Lafitau, 1724, t. II, p. 304). Faim de viande ou réparation symbolique au détriment des ennemis ? À une époque où la première explication, sous l'empire de la triste nécessité, s'impose, Lafitau ne renonce pas à l'explication par le rite de vengeance ou de réparation[20]. Mais il ne tranche pas entre les deux hypothèses, et ne fait nulle allusion à l'Eucharistie. Le caractère unanime de la fruition anthropophage devrait entraîner le rapprochement avec le sacrement majeur du christianisme, que Lafitau passe sous silence, pour continuer ainsi : « [...] et qui ne témoigne qu'il y trouve un goût très-fin et très-délicat » (*ibid.*). À peine esquissé, le mouvement herméneutique retombe dans la banalité du sens convenu. Le cannibalisme n'est rien d'autre qu'une perversion alimentaire, présente chez presque toutes les nations de l'Amérique, mais les Américains méridionaux sont plus tachés de cette inhumanité que les autres. Et Lafitau concède : « Je ne sache gueres que les Abenaquis qui en ayent horreur, et à qui on ne puisse pas reprocher la cruauté des autres Nations » (*ibid.*, p. 307).

Il est un autre sacrement auquel peut faire penser le rituel cannibale : celui du baptême, rite de renaissance et gage d'éternité, ou, comme le dit un anthropologue contemporain pour le cas des Arawete, « technique d'accès au divin » (Viveiros de Castro, 1986)[21]. Un baptême de sang, cela va sans dire. Le guerrier qui s'est emparé du prisonnier prend un nom nouveau à cette occasion. Le sacrificateur, qui peut être une personne distincte, change pareillement d'identité, une fois le meurtre accompli. Quant aux petits enfants, ils sont oints du sang de la victime. Citant son frère en religion, le père Ruiz de Montoya, le jésuite Charlevoix remarque à propos des Guarani du Paraguay qu'« ils avoient une espèce de Baptême » (Charlevoix, 1756, t. I, p. 182, à l'année 1588), lié au massacre du prisonnier. Le jour venu, on l'égorgeait avec de grandes formalités : « dès qu'il était mort, chacun venoit toucher le Cadavre de la main, ou le frappoit avec un bâton, et c'étoit alors, que l'on donnoit un nom à tous les Enfans, qui n'en avoient point encore » (*ibid.*)[22].

20 Voir sur ce point mon livre déjà cité : Lestringant, 2016, chap. IX, « Cardan ou l'empire de la nécessité », p. 189-201.

21 *Cf.* du même, en collaboration avec da Cunha, 1985, p. 191-208. Cette hypothèse a été partiellement reprise et nuancée par Combès, 1986, p. 211-220 ; de la même, 1992, p. 26, 188, et surtout p. 197-205.

22 Pour le commentaire du passage correspondant du Père Antonio Ruiz de Montoya, voir Combès, 1992, p. 197-198.

La conclusion du chapitre sur la religion est conforme aux présupposés du livre. Comme l'annonçait Lafitau, l'athéisme est vaincu, condamné d'entrée de jeu par les peuples les plus primitifs. Dieu est révéré partout, quoi qu'en disent les athéistes.

> J'en ai dit assez néanmoins, pour faire voir, que l'Auteur de la Nature ne s'est pas tellement caché aux Nations, qu'il ait permis qu'il y eut des Peuples entiers qui l'ignorassent de telle maniere, qu'on n'y vit aucun sentiment de Divinité, et aucun culte ; j'en ai dit assez, pour faire voir que la Religion n'a eu qu'une même origine pour tous les Peuples ; qu'elle a été pure et sainte dans cette origine, austere dans ses pratiques, relevée dans sa fin, et supposant un Etre superieur à tout ; un Dieu, qui n'étoit pas, ou ce Monde palpable et une matiere insensible, ou une intelligence indifferente à la conduite des hommes. (Lafitau, 1724, t. I, p. 454).

Il reste que ces peuples sont pour la plupart dans l'erreur : « Les Sauvages ont erré, comme les Anciens, dans l'objet, dans la fin, et dans tous les devoirs du Culte Divin » (*ibid.*, p. 455). « Les suites de la mort font aujourd'hui très-peu d'impression sur leurs esprits, et sur leurs cœurs, quoiqu'ils croyent l'ame immortelle. Leurs superstitions sont grossieres et criminelles, ils en ajoûtent tous les jours de nouvelles aux anciennes » (*ibid.*). Mais font-ils pis que les Grecs ou les Romains ?

Lafitau simplifie ; il érode et rabote ; il censure par goût des convenances et respect de l'interdit. Ses sources, Lafitau les a retouchées et arrangées. Il ajoute des cache-sexe qui partout dissimulent la nudité, voire la lasciveté des païens hédonistes et souvent édéniques. Toutes les gravures sont retouchées et corrigées[23]. « Ce jésuite ordonne ses figurines antiques comme ses confrères habillent à l'époque les Indiennes des "réductions" du Paraguay. La belle Isis donnant le sein à un taureau est couverte d'un treillis » (Certeau, 1985, p. 68). Il arrange, il s'arrange. Il couvre et masque, sans taire pourtant ce qu'il cache. Il fait parler les objets. Il veut lire partout des signes[24].

Le comparatisme auquel procède Lafitau est un comparatisme généralisé. Il met à profit les collections de livres constituées par les protestants, et publiées à grands frais en Allemagne ou en Hollande. Il utilise Théodore de Bry et bientôt Jean-Frédéric Bernard et Bernard Picart, qui l'utilisent en retour, en en renversant les conclusions. Il fait feu de

---

23 Voir la communication de Myriam Marrache-Gouraud dans ce volume, p. 183-200.
24 Certeau, 1985, p. 68.

tout bois, recourt au plus ancien comme au plus récent, l'adapte de toute manière à son dessein. On ne saurait oublier le caractère inachevé et incomplet de l'ouvrage. Lafitau ne publie pas la totalité de ce qu'il a écrit, par censure de ses supérieurs[25].

Lui réplique un ouvrage, ou plutôt un ensemble d'ouvrages, auquel il a déjà lui-même répliqué, les *Cérémonies et coutumes religieuses de tous les peuples du monde représentées par des figures dessinées de la main de Bernard Picart*, et qui sont réimprimées et continuées après sa mort[26]. Lafitau a déjà perdu en quelque sorte. Les Encyclopédistes vont triompher à l'échelle de l'Europe entière, protestants, agnostiques ou déistes, voire libertins, mais nullement catholiques, en tout état de cause. De plus en plus négatif à l'égard des peuples bientôt réputés « primitifs », le tableau va progressivement s'assombrir et s'enténébrer.

Et le feu dans tout ça ? des flammèches, de la fumée qui se disperse à tous vents et qui s'éparpille pour finir dans le vide de la page.

Frank LESTRINGANT
Sorbonne Université

25 *Ibid.*, p. 83 : « Aussi Lafitau apparaîtra-t-il trop "crédule" aux "Athées" qu'il combat et pas assez sûr pour que la censure royale et ecclésiastique l'autorise à publier un second ouvrage, plus ambitieux, sur la religion primitive ».

26 Picart, 1723. Voir notamment Borgeaud et Petrella, 2016, « Destins croisés : Bernard et Picart », p. 32-38.

DU TEXTE À LA GRAVURE

L'Égypte ancienne dans les *Mœurs des sauvages ameriquains comparées aux mœurs des premiers temps*

Aux côtés des cultures grecque et latine, Lafitau accorde une place substantielle aux divinités, aux croyances, aux rites, aux objets, aux monuments et aux pratiques scripturaires de l'Égypte ancienne. Fondé sur des sources antiques, renaissantes et contemporaines, le savoir égyptologique du jésuite est guidé par des visées polémiques, autour de la loi mosaïque notamment[1], mais surtout apologétiques. Car la représentation de la civilisation égyptienne est toute entière subordonnée au « système » comparatiste des *Mœurs*. L'objectif est de démontrer l'existence de la révélation primitive, celle qui fut donnée dans toute sa pureté à Adam, et que la condition déchue a altérée au point de la « rendre méconnaissable » (Lafitau, 1724, t. I, p. 121). Le rapprochement par analogie tient alors lieu de preuve ; les contextes historiques sont relégués au second plan, voire purement et simplement écartés. Entretenant un lien étroit avec le texte, les gravures relatives à l'Égypte ancienne, auxquelles nous voudrions nous attacher ici, participent de cette lecture anagogique. Dans leur composition et leur agencement, elles sont déterminées en amont par ce que le jésuite nomme une « théologie symbolique » (*ibid.*, p. 16) dont il s'agira de préciser la nature.

Dans les *Mœurs* de Lafitau, les aspects de la civilisation égyptienne que livrent les gravures sont commentés en plusieurs endroits. Les « Explications des planches et figures », qui précèdent le corps du texte, donnent des indications inégalement hiérarchisées, allant de la simple

1 Lafitau (1724, p. 16-17) condamne la thèse d'un Moïse « politique » avancée par la littérature clandestine. Dans le *Traité des trois imposteurs* (diffusé de manière anonyme à la fin du XVIIe siècle sous le titre *L'Esprit de Spinoza*), Moïse est décrit comme un despote qui crée de toutes pièces l'image d'un Dieu vengeur, afin d'exciter la colère du peuple hébreu contre le pharaon (*La Vie et l'esprit de Monsieur Benoît de Spinoza*, 1999, p. 660-662). Voir *La Lettre clandestine*, 2016, numéro spécial consacré au *Traité des trois imposteurs*.

mention (une divinité, un objet, un monument) à des développements plus étendus, concernant par exemple les cosmogonies (« Planche XII », ill. 7). Aux côtés de leur fonction purement informative et de leur instrumentalisation à des fins démonstratives, les « Explications des planches et figures » obéissent à un souci d'érudition. Lafitau cite les sources livresques sur lesquelles il s'appuie. Y figurent notamment l'*Obeliscus pamphilius* (Rome, 1650) du jésuite Athanase Kircher et surtout son *Œdipus aegyptiacius* (Rome, 1652-1654), fort de deux mille pages de texte et accompagné de nombreuses gravures. Le corps du texte est animé de la même volonté d'exactitude. La provenance des gravures relatives à l'Égypte ancienne (monographies, inscriptions lapidaires, médailles et vignettes, catalogues de curiosités comme le *Romanum Museum* [1690] de Michel Ange de La Chausse) est indiquée dans des notes infrapaginales parfois très fournies[2]. Lafitau confronte les sources iconographiques, commente la qualité des gravures, rectifie certaines erreurs, comme dans le cas de l'ouvrage de Bernard de Montfaucon, *L'Antiquité expliquée et représentée en figures* (1719), à propos des attributs d'Anubis (ill. 8)[3]. Le jésuite fait aussi état, mais plus ponctuellement, de controverses savantes : « Apis n'a point ici la croix hermétique pendue au col, mais plusieurs anciens disent, ainsi que je l'ai remarqué, que Sérapis avait cette croix pendue au col ou gravée sur la poitrine » (*Ibid.*, « Explications des planches et figures », « Planche X », Fig. 2, [n.p.]). Se dessine ainsi la genèse des gravures que Lafitau a commandées et auxquelles il a accordé la plus grande attention.

L'érudition dont témoignent les *Mœurs* répond bien évidemment aux exigences de la monographie savante telle que les *scriptores* jésuites du XVIIIe siècle l'ont pratiquée, qu'il s'agisse de l'histoire antique et judéo-chrétienne, de l'histoire de l'Église, de l'exégèse et de la controverse théologique, des arts et des sciences. Il faut cependant souligner que Lafitau ne mentionne pas l'examen des chronologies égyptiennes, objet pourtant de nombreuses controverses à l'âge classique (ill. 9 et 10)[4]. On

2 Lafitau, 1724, t. I, p. 213-214.

3 Montfaucon, 1719, t. I, p. 213-214, et t. II, seconde partie, en regard de la p. 314 (planche CXXVIII).

4 Voir la section « *Quaestio physico-chronologia : utrum Aegyptus ante Diluvium fuerit habitata, an non ? Quive primi ejusdem Reges fuerint* » de Kircher, 1652-1654, t. I, chap. VIII, p. 65 ; *cf.* aussi p. 80-81 où se trouve un tableau chronologique et p. 103 à propos des dynasties égyptiennes.

pourrait *a priori* invoquer une raison évidente, indépendante du projet du jésuite. À l'inverse du monde gréco-latin, relativement bien connu au XVIIIe siècle, la civilisation égyptienne présente des lacunes considérables pour qui voudrait en retracer le développement. Hormis les quelques indications des historiographes antiques (dont le chapitre CXLII de l'*Enquête* d'Hérodote), les repères en matière de dynasties, du moins avant l'époque hellénistique, sont quasiment inexistants. Les savants en sont alors réduits à de pures conjectures. Si Lafitau n'ignore probablement pas ces débats, il choisit de ne pas entrer en matière. Il se contente en effet de distinguer deux états de la civilisation égyptienne, pré- et post-diluvienne[5], ce qui ouvre à une chronologie pour le moins accueillante, sinon imprécise à dessein. Car la difficulté qu'il y a plus généralement à « marquer des époques fixes » (*ibid.*, p. 118) dans ce qui est un « chaos de ténèbres » (*ibid.*, p. 115) sert en réalité l'optique comparatiste des *Mœurs*. Le jésuite inscrit en effet le matériau égyptien dans une représentation avant tout synchronique, voire anachronique[6] que le dispositif iconographique vient prolonger, donnant à ses éléments une durée figée. On comprend dès lors que Lafitau puisse parcelliser à l'envie l'Antiquité égyptienne, s'arrêtant parfois sur des détails infimes[7], sans pour autant que les présupposés théoriques de l'ouvrage en soient affectés. Le jésuite n'envisage les faits de culture, qu'il s'agisse des paganismes antiques ou des « mœurs » autochtones, qu'à l'aune d'une science abstraite des choses premières, à partir de laquelle est établi un principe déductif. Ainsi les « figures emblématiques », dans leur singularité, représentent-elles « confusément », les « principaux points de la foi et de la religion » (*ibid.*, p. 121). Elles donnent à voir les « liaisons », les « ressorts » (notons la métaphore mécaniste), les rapports de « conformité » et de « ressemblance », mais aussi d'« opposition » et de « contraste », qui caractérisent les manifestations du religieux, ouvertes virtuellement à d'autres associations[8].

5 Lafitau, 1724, t. I, p. 122.

6 À titre d'exemple, Lafitau affirme que le culte d'Isis offre de profondes similitudes avec le dogme de la Trinité (*ibid.*, p. 9), qui lui est bien entendu postérieur, car issu de la tradition néo-testamentaire.

7 Ainsi prend-il soin de préciser les différentes appellations latines de la déesse Isis (*cf. ibid.*, « Explications des planches et figures », « Planche X », Fig. 4, [n.p.]).

8 Lafitau souligne la nécessité qu'il y a à apporter des compléments à son ouvrage : « [...] quoique je n'aie pas donné toute l'étendue que je pouvais à mes conjectures, je me persuade qu'on les trouvera assez solides, et que d'autres personnes plus capables pourront y en ajouter d'autres qui fortifieront les miennes » (*ibid.*, t. I, p. 13).

Dès lors, l'optique comparatiste de Lafitau consiste moins à construire une philosophie rétrogressive de l'histoire qu'à établir des typologies, pour ce qui a trait notamment à une notion fondamentale : l'idolâtrie, marque la plus tangible, car universellement observable, de la dégénérescence du monothéisme originel[9]. Entendue dans son sens paulinien (*eidôlolatrês* dérive de *eidôlon*, « image » et de *latreuein*, « adorer », « servir »), l'idolâtrie désigne l'adoration de la créature, qu'il s'agisse de la nature, des êtres animés, de l'homme ou d'un objet fabriqué[10]. Marquant une matérialisation de la croyance inspirée par le diable, elle induit une herméneutique stérile ; le désir de voir est comblé par la contemplation de l'objet pour lui-même. Dans les *Mœurs*, l'idolâtrie, simulacre dévoyé, dérive de la faiblesse de la raison humaine :

> Des vérités abstraites trop au-dessus de la portée des hommes grossiers et charnels, ont été facilement converties en Images sensibles, qui ont fait transporter à la créature le culte qui étoit dû au Créateur ; la Pusillanimité a pû faire autant d'Idoles qu'il y a eu d'objets de terreur et de sujets de crainte ; la corruption des mœurs a dû placer sur les autels tout ce qui flattoit le désordre ; cela est encore de l'homme. (*Ibid.*, p. 109).

Lafitau subdivise les « cultes idolâtres » en trois catégories : le sabéisme, c'est-à-dire le culte du soleil, de la lune et des étoiles ; l'évhémérisme qui désigne le culte des grands hommes divinisés ; enfin, l'égyptianisme ou culte des divinités zoomorphes que le jésuite juge avec le plus grand mépris[11]. Lafitau condamne en effet les « divinités monstrueuses de l'Égypte » (*ibid.*, p. 12), de la même manière qu'il écarte comme aberrant le culte de l'oignon (*ibid.*, p. 122), ce légume révéré dans l'Égypte ancienne pour ses vertus nutritives et médicinales[12]. Or, et quelles que soient ses manifestations jugées les plus condamnables, l'idolâtrie constitue un

9 Voir Racault, 2005, p. 158-160.

10 Voir plus généralement Bernand et Gruzinski, 1988.

11 C'est en réalité un lieu commun qui renvoie aux témoignages des voyageurs antiques lesquels avaient été frappés par la prolifération des cultes égyptiens voués aux animaux. Voir Meeks, 1986, p. 229-230.

12 Ce n'est sans doute pas sans raison que Lafitau déprécie le culte égyptien de l'oignon. Car ce culte est évoqué dans la littérature anti-chrétienne du XVIIIe siècle pour moquer le sacrement de l'Eucharistie ; *cf.* Challe, vers 1710, « Troisième cahier », p. 142 et p. 264. *Cf.* Diderot, 1746, chapitre LVI, qui s'inspire probablement de Challe ; *cf.* également Voltaire, 1756, t. I, p. 81-82 : « Juvénal [*Satires*, XV, 9-11] a dit que les Égyptiens adoraient les oignons ; mais aucun historien ne l'avait dit. Il y a bien de la différence entre un oignon sacré et un oignon dieu [...]. Nous lisons dans Cicéron que les hommes qui

lointain « vestige » de la révélation, au sens que la patristique a donné à ce terme[13]. Il convient dès lors d'examiner avec la plus grande attention ce phénomène et surtout de le *représenter* iconographiquement, une démarche indispensable au projet apologétique du jésuite. Car dans leur erreur même, les polythéismes antiques ont une valeur probatoire : ils font apparaître en creux la révélation primitive, mais aussi, par projection, les figures du culte chrétien (l'argument est justifié sur le plan théologique par le fait que l'alliance adamique contient en elle la promesse de la Rédemption). Il en est ainsi des divinités de l'Égypte ancienne. Dans la « Planche XII » (ill. 7)[14], qui montre les différentes personnifications de la virginité dans la civilisation égyptienne, Diane d'Éphèse est placée au centre de l'image ; elle est entourée par les figures égyptiennes qui guident l'attention du spectateur vers elle par l'orientation de leur regard[15]. Par extrapolation, le spectateur sera conduit à concevoir la présence de la Vierge (*ibid.*, p. 235), soulignée par le corps du texte, lequel entend fonder une généalogie entre cette figure et Ève, « mère de tous les hommes » (*ibid.*, p. 240). De cette manière, et sur un mode cognitif distinct de celui du texte, ce dispositif, qui mêle centralité et circularité, concilie le concret et l'abstrait, l'effet et la cause, la surface et la profondeur, créant une sorte de perspectivisme iconographique.

Les cultes et divinités de l'Antiquité égyptienne, de même que l'ensemble des paganismes antiques, sont plus largement envisagés à l'aune d'un modèle de connaissance surplombant ce que Lafitau appelle « théologie symbolique » (*ibid.*, p. 16), dont il distingue deux formes, l'une « physique », l'autre « historique » (*ibid.*, p. 224). Théorisée dans la culture jésuite de la fin du XVIe et du premier XVIIe siècle, cette notion a été alimentée par les débats afférents au hiéroglyphe égyptien, dont il convient, avant de poursuivre, de préciser la nature à la lumière de la longue tradition philosophique et herméneutique dans laquelle il s'enracine dès la Renaissance tardive. À la suite du *Songe de Poliphile*

---

ont épuisé toutes les superstitions ne sont point parvenus encore à celle de manger leurs dieux et que c'est la seule absurdité qui leur manque ».

13 Le « vestige » ou trace de la ressemblance originelle doit amener l'homme à contempler la grandeur divine et à motiver son désir de s'en rapprocher. Voir Vannier, 1998, p. 1147-1148.

14 Lafitau, 1724, t. I, p. 236.

15 Dans Kircher, 1652-1654, tome III, chapitre IV, p. 500, la figure 1 représentant Isis est tournée vers l'extérieur de la page, alors que la « Planche XII » représente cette déesse en miroir (ill. 11).

(1499) de Francesco Colonna, des *Emblemata* (1531) d'André Alciat et surtout de l'édition commentée des *Hieroglyphica* d'Horapollon (1556) par Piero Valeriano, le signe hiéroglyphique égyptien suscite un intérêt considérable qu'accompagnent parallèlement les recherches menées sur les inscriptions des obélisques. Plusieurs monographies savantes proposent de véritables inventaires de significations symboliques (ill. 12) qui convergent vers l'affirmation de la *Prisca theologia* (devises, emblèmes et énigmes accompagnent ces productions imprimées). Nourri par le renouveau du platonisme, le hiéroglyphe égyptien est, dans ce cadre, perçu comme une image archétypale d'essence divine. Il représente aux yeux de certains humanistes la langue adamique, nimbée de mystère et d'hermétisme. Il fait saisir intuitivement, de manière à la fois ostentatoire et cachée, des vérités inaccessibles à la seule raison. Son champ d'application herméneutique est alors immense :

> La doctrine hiéroglyphique des Égyptiens n'est rien d'autre que la science secrète qui concerne Dieu, les Idées divines, les Anges, les Démons, et les autres troupes et rangs des puissances du monde, sculptées essentiellement sur les pierres ; [...] pareillement à la variété des mondes et l'analogie qu'ils ont les uns avec les autres, les hiéroglyphes comportent les sens les plus variés. (Kircher, 1652-1654, t. I, p. 1 et 4, traduit et cité dans Spica, 1996, p. 419)[16].

L'éminence qu'on attribue au hiéroglyphe égyptien est liée à l'idée selon laquelle « l'image [...] faisait au tout début corps avec le monde, pur reflet du divin, avant que la Chute ne jette un voile d'énigme sur la Création » (Dekoninck, 2005, p. 37). Il revient alors aux savants de déchiffrer sa signification au moyen de la lecture allégorique et du comparatisme linguistique (remonter du grec au copte, puis à la langue adamique). Par sa nature non-verbale et ouverte à des niveaux d'interprétation pluriels, le hiéroglyphe égyptien permet plus fondamentalement de penser l'adéquation – colorée par le *Cratyle* de Platon – entre les mots et les choses dans ce qui correspond à un idéal d'innocence première, une remontée vers la *concordia mundi* qui unissait le Créateur et la créature dans la condition pré-lapsaire et que l'épisode de Babel a définitivement brisée. À rebours de la tradition ockhamiste qui opérait

16 Le hiéroglyphe égyptien revêt aux yeux de Kircher une dimension « sublime », car prompt à élever l'âme vers ce qui est inconnaissable. Voir plus largement Stolzenberg, 2013, p. 36 *et passim*.

une disjonction stricte entre *res* et *verba*, jetant alors un voile de suspicion sur la capacité du discours à établir un rapport à la vérité, les savants élaborent le mythe d'une langue parfaite, tel que l'ont envisagé des jésuites comme Nicolas Caussin et surtout Kircher, suivant en cela les spéculations d'Herman Hugo[17].

Lafitau se réfère à la conception du hiéroglyphe égyptien que les savants des XVIe et XVIIe siècles avaient proposée. Mais son approche diffère sur plusieurs points. Tout d'abord, il n'est plus question de considérer le signe hiéroglyphique égyptien comme l'archétype de la langue originelle ; le jésuite invalide également l'idée selon laquelle le hiéroglyphe serait à l'origine des systèmes d'écriture, comme en témoignent ses considérations sur le caractère *Tau*[18]. Ensuite, et par voie de conséquence, le hiéroglyphe égyptien est affranchi de toute interprétation néo-platonisante. Si Lafitau cite Marsile Ficin, c'est pour se référer uniquement à la doctrine de la *Prisca theologia* de l'humaniste italien[19]. De même, il s'oppose à demi-mots à l'approche « idéale » de Kircher[20], reprenant en cela un grief souvent énoncé à l'encontre du jésuite[21]. Dès lors, il n'est plus question de promouvoir une interprétation du hiéroglyphe égyptien fondée sur l'hermétisme, l'occultisme et la kabbale ; *exit* donc le régime des correspondances, fondé sur une approche quasi intuitive du divin, au profit d'une science stricte des rapports. En effet, et alors même que le hiéroglyphe égyptien autorisait un espace interprétatif illimité, car inscrit dans une conception holistique du monde, il est désormais envisagé comme un élément de comparaison, un phénomène ponctuel, simple variante, parmi d'autres possibles païens, du monothéisme originel. Dans les *Mœurs*, la dilution du hiéroglyphe égyptien dans un paysage antique plus vaste obéit d'abord à des circonstances d'ordre historique. Selon Lafitau, et contre l'idée que s'en faisaient les humanistes, il serait erroné de faire remonter l'origine de la science hiéroglyphique précisément aux Égyptiens. Lafitau attribue cette dernière aux peuples « barbares » sans pour autant donner davantage de précision[22]. L'argument, que l'on peut

17 *Ibid.* ; *cf.* également p. 353-361.

18 Lafitau, 1724, t. I, p. 443-444.

19 *Ibid.*, p. 442.

20 *Ibid.*

21 Sur la réception souvent dépréciative des travaux de Kircher, voir Findlen, 2004.

22 Lafitau, 1724, t. I, p. 122. De fait, la sagesse des Égyptiens n'est pas la plus ancienne, contrairement à ce qu'auraient prétendu les Égyptiens eux-mêmes (*ibid.*, p. 14). C'est là

juger pour le moins contestable, sert le propos du jésuite pour qui il est essentiel de donner au hiéroglyphe égyptien une acception plus large : le terme est inféodé à une théorie universelle du symbole dont la portée abrasive (la partie vaut désormais pour le tout) est renforcée par l'usage des gravures. En témoigne à cet égard le motif de la croix, longuement développé et illustré dans la « Planche XVI » : Lafitau affirme certes que ce symbole est présent dans les mystères d'Isis et qu'il est porté par toutes les divinités égyptiennes (Horus Apollon, Apis, Jupiter Ammon, etc.), mais il entend démontrer la permanence de celui-ci dans d'autres civilisations antiques, notamment grecque[23]. Ainsi, dans la « Planche XVI » (fig. 1-6), les divinités égyptiennes parées de la croix sont placées en dessous d'un ensemble de symboles représentant de manière synoptique les différentes formes de ce même motif (ill. 13). Lafitau propose une lecture horizontale des hiéroglyphes égyptiens, alors que la pensée symboliste et emblématique de la Renaissance tardive et du XVIIe siècle leur assignait une verticalité qui leur était exclusive. Dans les *Mœurs*, les rapports de comparaison obéissent à une démarche de connaissance qui met en avant les notions d'ordre, d'identité, de mesure, non d'exception ou de privilège[24].

Pour autant, Lafitau ne réduit pas les signes hiéroglyphiques égyptiens à une lecture strictement immanente, bien au contraire. Le jésuite conserve ce qui avait constitué le fondement du symbolisme des XVIe et XVIIe siècles, à savoir l'élévation et le dépassement d'un sens premier pour atteindre aux vérités divines. Bien que voilé par la Chute, le hiéroglyphe égyptien renvoie, dans cette perspective, à une signification qui se situe au-delà de sa portée immédiate. Lafitau s'inspire bien entendu du Nouveau Testament[25] : l'homme ne peut prendre conscience

---

un jugement de valeur déjà présent chez Hérodote et Plutarque, puis constamment repris à l'âge classique. Voir par exemple l'article « Égyptiens, philosophie des » de l'*Encyclopédie* (t. V, 1755, p. 434-439). L'article est de Diderot. Voir également l'article « Chaldéens (philosophie des) » de Diderot, dans *Encyclopédie*, t. III, 1753, p. 20 : « Les Chaldéens sont les plus anciens peuples de l'Orient qui se soient appliqués à la philosophie. Le titre de premiers philosophes leur a été contestée par les Égyptiens. Cette nation, aussi jalouse de l'honneur des inventions, qu'entêtée de l'antiquité de son origine, se croyait non seulement la plus vieille de toutes les nations, mais se regardait encore comme le berceau où les arts et les sciences avaient pris naissance ».

23 La figure 4 représente la main d'Énée qui se trouve dans l'ouvrage de Tomasini, 1649. Le signe de la croix est évoqué aux pages 14-16.

24 Pour une mise au point sur le statut du hiéroglyphe au XVIIIe siècle, voir plus largement Graczyk, 2015.

25 Lafitau, 1724, t. I, p. 121-122.

de l'existence de Dieu que par énigme[26]. Les signes hiéroglyphiques, de même que l'ensemble des représentations du paganisme antique, sont alors confortés dans leur fonction de médiation du sacré. S'ils ne constituent plus l'incarnation de la vérité, ils forment une voie d'accès à la contemplation de la grandeur divine. Ce qu'ils perdent d'un point de vue ontologique, ils le gagnent sur le plan logique et surtout rhétorique. Ils se voient en effet pourvus chez Lafitau d'une puissance éloquente, d'une rhétorique de l'effet : « Ces figures sont parlantes, et les symboles paraissent s'y expliquer par eux-mêmes » (Lafitau, 1724, t. I, p. 241). Tout ce qui fait image, du discours rhétorique aux images proprement dites, contribue à asseoir une croyance fondée sur les affects ; le pouvoir du discours rhétorique est calqué sur le visible[27]. Le jésuite emprunte à l'image ses modalités de représentation afin de présentifier l'Antiquité égyptienne :

> J'ai choisi, parmi ces monumens [ceux de l'Égypte ancienne comme les obélisques], ceux qui m'ont frappé davantage, et je les ai fait graver pour les mettre ici sous les yeux du Public, qui sera plus en état d'en porter son jugement. (*Ibid.*, p. 442).

On reconnaît le principe de la *lexis* héritée d'Aristote qui nourrit le régime rhétorique de l'hypotypose, ressort essentiel de toute conviction éloquente dans les *Mœurs*[28]. Dans cette perspective, la dimension rhétorique des gravures permet à l'homme de dépasser le stade purement rationnel pour accéder à un autre niveau de signification, fondé sur l'immédiateté perceptive. Il faut souligner à cet égard que le commentaire du « Frontispice » abonde en termes qui relèvent d'une approche quasi phénoménale (bien que le terme soit anachronique) du religieux. Il s'agit de rendre « plus sensible[s] » les manifestations de la croyance, sous toutes ses formes, ce qui est une manière d'ancrer l'image dans un processus relationnel et participatif, conformément aux principes de la théologie post-tridentine dont les jésuites sont les fers-de-lance au travers d'une « vision mystérieuse » qui ouvre par gradation à une exploration des temporalités passées, présentes, mais

---

26 1 *Corinthiens* 13.12.

27 Voir Mouchel, 1999.

28 Essentielle dans la démarche d'écriture de Lafitau, l'hypotypose est également au cœur des observations du jésuite sur le monde autochtone. Voir Reichler, 1995, p. 67.

aussi futures par l'entassement des objets antiques (principalement des vestiges et des médailles) qui seront ensuite ordonnés par la puissance de l'écriture, incarnée par l'Histoire, et par l'intercession du Temps, représenté sous la forme allégorique d'un vieillard tenant une faux[29]. Lafitau table ainsi sur l'évidence, c'est-à-dire la disposition naturelle de l'esprit à admettre les vérités chrétiennes comme vraies sans le recours à la théologie spéculative.

Si elles puisent dans un vaste gisement de sources, les gravures relatives à l'Égypte ancienne engagent des enjeux qui, comme nous l'avons vu, dépassent de loin la seule érudition. Mises en perspective avec d'autres civilisations pré-chrétiennes, elles sont destinées d'abord et avant tout à valider l'hypothèse du monothéisme originel. Elles induisent en cela une boucle herméneutique : du texte à la gravure, de la gravure au texte. Il revient alors au lecteur d'effectuer par paliers, et au travers de l'alliance de la raison et de la foi, cette remontée vers la source commune des cultes polythéistes. En cela, l'usage de la gravure permet la circularité entre le *voir* et le *croire*, comme le relevait Michel de Certeau[30]. Parce qu'elle autorise un mode sensible d'appréhension du divin au travers des représentations de l'idolâtrie, la gravure conserve son rôle de médiation entre le visible et l'invisible. Elle est destinée à contrer les discours théologiques d'inspiration rigoriste, en premier lieu ceux des jansénistes, pour lesquels il serait vain de vouloir prouver l'existence d'une *Prisca theologia* au travers des paganismes antiques, considérés comme la manifestation de l'égarement de l'homme sans Dieu. L'ouvrage de Lafitau témoigne à cet égard d'une optique théologique qui tempère la Chute, loin de la conception d'un Dieu caché et de la misère irrémissible de l'homme. Mais l'usage des gravures est également instrumentalisé à des fins polémiques. Lafitau entend en effet mener un combat contre les argumentaires des impies et autres « libertins ». Le jésuite dénonce l'interprétation « physique » des « symboles et des hiéroglyphes » (*ibid.*, p. 16) que les libres-penseurs ont avancée sur la base de certains courants de pensée antique (peut-être s'agit-il de la tradition épicurienne et lucrétienne). L'enjeu est considérable : l'élévation par le symbole, théorisée par le corps du texte et présentifiée dans les gravures, doit non seulement contrer

29 Voir Certeau, 1985.

30 Certeau, 1985, p. 68-69.

toute lecture immanente des faits de croyance, mais aussi obvier à l'idée selon laquelle les polythéismes ont précédé les monothéismes, leur donnant naissance historiquement.

Sarah Diane BRÄMER
et Adrien PASCHOUD
Université de Bâle

TROISIÈME PARTIE

DE L'ATELIER DU GRAVEUR AU CABINET DE L'ANTIQUAIRE

FEMMES À POILS

Réception et actualisation d'un cliché dans les *Mœurs des sauvages ameriquains* de Joseph-François Lafitau

La littérature de voyage sur les Amériques a fasciné les premiers ethnologues, car elle peut donner l'impression d'ouvrir une porte sur un monde passé d'une manière « ingénue », voire « directe ». Alfred Métraux décrit, dans les premières pages de *La religion des Tupinamba*, comment Marcel Mauss l'avait encouragé à se rendre à la Bibliothèque nationale de Paris pour y consulter les manuscrits d'André Thevet, le cosmographe du XVIe siècle. Métraux rapporte que son « insuffisante intelligence » garantissait l'« excellence de ses informations ». Ignorant la culture des peuples qu'il décrivait, Thevet « observait tout et, comme tout l'étonnait, il notait tout, sans se soucier des contradictions ou absurdités des renseignements qu'il obtenait » (Métraux, 1928, p. 2). Métraux part donc du présupposé que la méconnaissance des auteurs anciens peut être tirée à profit par l'ethnologue, qu'il serait possible d'en « extraire » quelque chose d'essentiel et d'*authentique*.

Deux cents ans plus tôt, Lafitau avait une opinion presque analogue des « sauvages » qu'il avait eu l'occasion d'étudier durant son séjour à Sault-Saint-Louis, dans la mission jésuite située sur les rives du fleuve Saint-Laurent, en Nouvelle-France. Pour lui, en dépit du fait que les sauvages aient oublié leur *véritable* origine chrétienne, ils ont cependant continué d'en copier les traces à travers leurs « hiéroglyphes ». Ignorance et retranscription fidèle de faits historiques vont encore de pair.

Métraux connaissait l'œuvre de Lafitau qui fut, quelques années plus tard, considéré par d'autres comme un précurseur de l'ethnologie[1]. Cela ne signifie pas pour autant que les textes des cosmographes,

1 Fenton-Moore, 1969.

topographes et missionnaires jésuites, du XVIe au XVIIIe siècle, puissent être pris à la lettre. Dans ces récits de voyages, mots et images ne sont pas forcément le reflet de réalités observées, ils participent de stratégies discursives qui s'analysent et se décortiquent. La gravure d'illustration en particulier est régie par des codes et des modes de représentation qui lui sont propres ; en plein contexte colonial, l'image de l'Autre était loin d'être neutre. Depuis la deuxième moitié du XXe siècle, les chercheurs ont pris le soin de s'arrêter sur les processus de construction de figures d'altérité (une « rhétorique de l'altérité » comme écrivait Hartog [1980]), en milieu colonial et postcolonial[2] et de genre[3]. La représentation de l'Autre, « hybride » et distordue, qui en est ressortie a parfois été l'occasion d'aplatir la diversité culturelle et les spécificités individuelles et donner lieu à des images stéréotypées, façonnées au sein d'une rhétorique qui a repris, tout en les actualisant, des clichés anciens, voire antiques[4].

Cet article a moins pour but d'extraire les informations vraies ou vraisemblables contenues chez Lafitau que de revenir sur l'histoire de la fabrique d'une image centrale pour cet auteur : celle de la femme sauvage. Il sera ainsi question de s'arrêter, avec Lafitau et le XVIIIe siècle, sur les modalités de construction et de réappropriation de cette représentation de l'Autre, quelques décennies avant la diffusion des théories racistes biologiques dans les arts et les sciences.

LA FEMME EN MOUVEMENT

Les illustrations des *Mœurs* peuvent être divisées en deux types, d'abord les planches dans lesquelles des scènes ou des objets sont représentés (planches « narratives » et « présentatives »), ensuite, les planches où des motifs hétéroclites sont disposés les uns à côté des autres pour

2 Saïd, 1978 ; Bhabha, 1985, p. 144-165 et du même auteur, 1994, paru en français en 2007. Pour les Amériques, se référer à l'ouvrage de référence de Gruzinski, 1990 et, pour l'Amérique du Nord, à celui de White, 1991, trad. de l'anglais en 2009.

3 Sur ces questions, on se référera aux études pionnières en la matière dans le champ de l'anthropologie d'Héritier 1996 et 2002.

4 Hartog, 1980.

être comparés[5]. À ces deux espaces représentatifs correspondent deux images de la femme sauvage, qui va de la « sauvageonne » dansant à la reproduction de ses attributs iconographiques, sur lesquels il s'agit à présent de se pencher.

Sans compter le frontispice gravé et la carte des Amériques, les figures féminines sont dépeintes dans la majorité des illustrations et les femmes sont encore plus nombreuses dans les scènes narratives, où elles apparaissent dans dix-sept planches sur vingt-trois[6]. Ces scènes avec des femmes représentées en mouvement appartiennent à un groupe qui fait la célébrité des *Mœurs*, la reconstitution de petites scènes de vie, fidèles au texte, détaillées et souvent originales. La femme sauvage se retrouve aussi bien dans le cadre de cérémonies civiles et religieuses, telles que le mariage (pl. 19) ou le sacrifice du premier-né (ill. 14), que dans des activités quotidiennes, comme la préparation du sucre d'érable (pl. 26) ou le jeu de l'osselet (pl. 35). Pour Lafitau, les femmes jouent un rôle central au niveau civil, politique et religieux, car ce sont elles, par exemple, qui donnent leur nom à leur progéniture ou qui choisissent les futurs chefs de cabane[7] : dans les *Mœurs*, les Iroquois et les Hurons de Lafitau sont présentés sous le signe de la gynécocratie, comme les Juifs et les Lyciens de l'Antiquité[8].

Toutefois, la femme sauvage de Lafitau apparaît sous des traits communs. Elle n'a pas de marque sur son corps, pas de tatouage, pas de traits physionomiques particuliers, pas non plus de vêtements ou d'attributs qui laisseraient penser qu'ils ont été peints sur le vif ou imités d'après des objets autochtones par exemple. Ces cheveux sont soit noués vers l'arrière, soit détachés. Dans quelques cas, elle porte

5 Je pars de la distinction de Reichler (1995, p. 59-66) que j'ai eu l'occasion de discuter et de compléter in Borgeaud, Petrella, 2016, p. 75.

6 Sur les vingt-trois planches représentant des sauvages en mouvement (pl. 7, 13-15, 18-19, 23-26, 29-41), dix-sept mettent en scène des femmes en mouvement (pl. 7, 13, 15, 18-19, 23-26, 30, 33, 35, 37-41).

7 « C'est dans les femmes que consiste proprement la Nation, la noblesse du sang, l'arbre genéalogique, l'ordre des genérations, et de la conservation des familles. C'est en elles que réside toute l'autorité réelle : le païs, les champs et toute leur récolte leur appartiennent : elles sont l'ame des conseils, les arbitres de la paix et de la guerre : elles conservent le fisc et le trésor public : c'est à elles qu'on donne les esclaves : elles sont les mariages, les enfans sont leur domaine, et c'est dans leur sang qu'est fondé l'ordre de la succession » (Lafitau, 1724, t. I, p. 71-72).

8 *Ibid.*, p. 74-75.

un collier (pl. 26). Les seins couverts ou nus, elle a pour unique vêtement un pagne ou un bout de tissu déchiré. Elle semble étrangement familière.

Plutôt que ses apparats ou ses habits, c'est sa gestuelle qui vient lui donner littéralement corps. Dans l'histoire des images gravées sur le Nouveau Monde, les hommes sauvages aussi se contorsionnent, lors de danses collectives ou lors de rites étranges, comme ceux pratiqués par les « jongleurs », les prêtres-médecins des Autochtones représentés depuis les *Grands voyages* de Théodore de Bry comme des personnages gesticulants, à l'image de leur homonyme médiévaux[9].

Comme l'homme, la femme en mouvement n'a rien de *typique*. Pourtant, à l'inverse de son homologue masculin qui peut porter sur sa tête ou tenir dans ses mains des insignes de pouvoir, la femme ne se définit que par le geste dans les scènes narratives. Ces poses sont souvent stéréotypées, par exemple dans les scènes de danse, où les jambes et les bras sont tantôt levés, tantôt rejetés en arrière. Parfois, il est même possible de distinguer la source de certains clichés. C'est le cas de la femme sauvage en train de pleurer dans la scène du sacrifice du premier-né, son corps recroquevillé sur lui-même et ses mains sur son visage (ill. 14). Il s'agit là d'une image qui, au temps de Lafitau, est déjà bien connue, une figure fabriquée au XVIe siècle par Jean de Léry dans son *Histoire d'un voyage faict en la terre du Bresil* (1580, p. 301, ill. 15), et largement diffusée grâce à la reprise gravée, parue quelques années plus tard dans les *Grands voyages* de Théodore de Bry (ill. 16).

Cet exemple montre que la gravure d'illustration consiste moins en une transposition de faits observés que dans une pratique de reproduction, de diffusion et de fixation de motifs visuels, souvent copiés d'après des gravures antérieures. Les illustrations de Lafitau sont en majorité des reprises et, à l'image de tous les lots d'illustrations des récits de voyage du XVe au XVIIIe siècle, elles fonctionnent pour nombre d'entre elles selon un principe qui pourrait être qualifié de *copier-graver*. En tant qu'art de reproduction et de démultiplication, la gravure a ainsi inventé

9 Sur les sources des illustrations de Lafitau, Sturtevant, 1977, p. 271-279. De Bry figure parmi les sources privilégiées de Lafitau : *Grands* et *Petits voyages*, 25 volumes, édités par de Bry à Francfort entre 1590 et 1634. La littérature sur de Bry est abondante, on ne citera donc qu'une étude sur Lafitau et De Bry par Motsch, 2016, et une en particulier sur la figure du « jongleur » par Petrella, Trucchio, 2015.

et fixé des stéréotypes des Autochtones, qui ont fini par supplanter leur figure même.

Certains motifs dont hérite Lafitau sont antérieurs à la découverte des Amériques. Au Moyen Âge, il existe une tradition iconographique bien attestée de femmes et d'hommes sauvages[10]. Ces êtres aux frontières de l'humanité, caractérisés par leur villosité et leur proximité avec la nature, ont connu une importante diffusion, en particulier entre les XIVe et XVe siècles. Poils et cheveux renvoient au même principe et leur excessive longueur est un moyen de signifier par l'image la bestialité et la sauvagerie. Le poil en acquiert une valeur symbolique, voire allégorique. Il fait également office d'attribut parmi les races monstrueuses des confins du monde habité, comme dans le *Liber chronicarum ad inicia mundi* de Hartmann Schedel (1493, fol. XII verso et XIII recto). De plus, femmes et hommes velus étaient des figures ornementales répandues, par exemple dans les marges des livres comme successeurs des singes des drôleries médiévales, ou encore dans les armoiries, où ils avaient une fonction apotropaïque[11]. À cette époque, on pouvait rencontrer un autre type de figure poilue, à la longue chevelure. En tant que symbole du non-civilisé, d'une sauvagerie inscrite dans les bois, au-delà des confins de la cité, la villosité a été attribuée depuis le Moyen Âge à des pénitentes qui, du fait de leur ermitage, en sont représentées hirsutes. Les saintes les plus connues sont Marie l'Égyptienne et Marie-Madeleine[12].

La figure du sauvage du Nouveau Monde s'est forgée sur le modèle de ses prédécesseurs aux longs poils[13]. Toutefois, déjà à partir d'André Thevet[14] et Jean de Léry, les plumes qui recouvrent leur corps (relatés par

10 Husband, 1980.

11 Pour une étude sur l'homme et la femme sauvage, *cf.* les recherches de Pouvreau, 2010 et 2014.

12 Il s'agit d'un motif répandu du XIVe et au début du XVIe siècle, qui se trouve aussi bien en Italie (Anonyme siennois du XVe siècle, *Sainte Marie l'Égyptienne*, dans la prédelle avec les saints Jérôme, Sébastien, Ambrogio Sansedoni, Dominique, François d'Assise et sainte Catherine de Sienne, Pinacothèque Sienne), qu'en France (Jean Bourdichon, *L'homme sauvage et sa famille*, in *Recueil de poésies moralisantes*, 1501-1510, Paris, BnF, Français 2374, f. 3v), en Belgique (Maître de la Légende de Sainte Marie-Madeleine, détail du *Triptyque de Quesnoy-van der Tommen*, 1330, Bruxelles, Musée Royaux des Beaux-Arts de Belgique) et en Suisse (Rondel héraldique de la commune de Vuisternens, 1565, vitrail, Romont, Vitromusée).

13 Gagnon, 1975, et Pratt, 1989.

14 Thevet, 1558.

les premiers voyageurs comme un trait caractéristique des Tupinamba de la Baie de Rio de Janeiro) ont bientôt fini de remplacer les longs poils[15]. Dans son texte, Lafitau réfute

> l'idée que l'on se formoit autrefois des Sauvages, étoit d'une espece d'hommes nuds, couverts de poil, vivant dans les bois sans société comme les bêtes et qui n'avoient de l'homme qu'une figure imparfaite. (Lafitau, 1724, t. I, p. 103).

Lafitau insiste sur le fait qu'hormis les cheveux et les sourcils, ils « n'avoient pas de poils sur le corps » (*ibid.*, p. 104). Cette constatation, le jésuite la tire de son expérience propre, puisqu'il revendique dès les premières pages des *Mœurs* avoir vécu « pendant cinq ans [...] dans une Mission des Sauvages du Canada » (*ibid.*, p. 2). Le témoignage direct, l'« autopsie », contredit la tradition iconographique qui faisait de la sauvageonne une femme à poils[16]. Lafitau et ses graveurs éliminent non seulement la villosité des sauvages, mais aussi leurs traits les plus monstrueux. Par exemple, la « sauvage aux seins pendants », une figure difforme et laide qui apparaît dans les *Grands voyages* de Théodore de Bry, disparaît complètement des *Mœurs*[17]. À cause de sa poitrine tombante, cette femme-sorcière des Amériques est à la fois associée au régime du démoniaque, comme les démons représentés avec des seins pendants, et à celui du monstrueux, comme les merveilles de la nature racontées par Pline l'Ancien[18]. En éliminant ce motif, Lafitau cherche à libérer la femme (et l'homme) sauvage de sa charge sulfureuse en conférant à son corps des proportions humaines.

On aurait tort toutefois de croire sur parole les voyageurs et leurs graveurs qui n'ont de cesse de revendiquer l'autopsie comme leur premier principe, car les illustrations sont moins le résultat d'un fait d'observation que d'une tentative d'adéquation entre le texte et des images tirées de la tradition occidentale. L'analogie entre les longs poils-cheveux qui couvrent la taille et les cuisses de la Marie-Madeleine de Donatello (Florence, Museo dell'Opera del Duomo, 1456-1460) et le pagne des sauvages « ameriquaines » de Lafitau, qui demeure leur

---

15 Marrache-Gouraud, 2016. Sur les gravures de Thevet et Léry, voir Lestringant, 1978, 2004 (orig. 1994) et 2016 (orig. 1999).

16 Sur le concept d'autopsie, voir Hartog, 1980 et Lestringant, 2016 (orig. 1999).

17 Bucher, 1977.

18 Holtz et Maus de Rolley (éd.), *Voyager avec le diable. Voyages réels, voyages imaginaires et discours démonologiques (XVe-XVIIe s.)*, 2008 ; Céard, 1996.

attribut vestimentaire le plus fréquent dans les illustrations, n'est pas le fruit du hasard.

Chez Lafitau, comme dans la toute première gravure illustrant la lettre de Christophe Colomb à Luis de Santagel, les corps des sauvages correspondent au degré zéro de l'image chrétienne de l'homme, ramené aux origines et à l'essence même de la forme humaine[19]. C'est d'ailleurs à un « paradis sur terre » que Colomb compare l'Amérique[20]. Dans la gravure qui illustre la *Lettera di Amerigo Vespucci* (1505), hommes et femmes sont tous dotés d'une longue chevelure ; les genres se confondent. De même, dans les illustrations de Lafitau, homme, femme et homme-femme (les « hermaphrodites ») se distinguent peu, voire parfois pas du tout (ill. 17).

Pour Lafitau, les « Sauvages naissent blancs comme nous » (*ibid.*, p. 104). Si différence de corps il y a, que ce soit par difformité physique ou altération de la couleur de peau, celle-ci ne peut être imputable qu'à l'imagination des mères, seules capables d'altérer les formes naturelles[21], ou à des rites de modification corporelle. Car c'est bien de nature commune dont il s'agit ou, mieux, d'origine. Pour le jésuite, Dieu, lors de la Création, façonna Adam à sa propre image[22]. La figuration de la femme sauvage répond à cette idée d'origine commune, inscrite dans les corps aussi bien modernes, antiques et sauvages. Ainsi, la figure de la femme sauvage entre en résonnance avec une image primordiale pour Lafitau, celle d'Ève, qui apparaît dans le frontispice, à gauche, dans l'encadrement qui laisse apparaître la « vision » de Lafitau (ill. 1).

Lafitau se soucie de défendre aussi bien Ève que la femme sauvage et il insiste sur le fait que la compagne d'Adam n'a pas commis de péché de chair :

> Mais au travers de cette fable, toute ridicule qu'elle est, on croit entrevoir la verité malgré les ténebres épaisses qui l'enveloppent : en effet en approfondissant un peu, on y démêle la femme dans le Paradis terrestre, l'Arbre de la science du bien et du mal, la tentation où elle eut le malheur de succomber, que quelques hérétiques ont cru être un peché de chair, fondez peut-être sur les alterations des idées payennes [...]. (*Ibid.*, p. 95).

19 *De Insulis in mare Indico repertoris*, Rome ?, 1493 et Bâle 1494, commentée par Duviols, 2006, p. 59 et ss.
20 Voir Cocchiara, 2004 et Richard, 2017 (orig. 2006).
21 Lafitau, 1724, t. I, p. 68.
22 *Ibid.*, p. 110.

Plus loin, à propos des femmes sauvages, il ajoute :

> Les Sauvages peuvent fort bien abuser de leurs retraites pour couvrir leurs abominations. Les Anciens en ont fait autant dans leur Bacchanales ; mais c'est alors un abus contraire à l'esprit de leur retraite même, dont la continence est une des conditions des plus essentielles ; car, outre ce que j'ai dit de leurs Vestales et de leurs Solitaires, il est certain qu'ils avoient parmi eux un certain temps qui lui étoit, et qui lui est encore consacré. Ils ont une grande opinion de la Virginité, et chez toutes les Nations Sauvages il y a quelque chose, ou dans les mœurs, ou dans la langue, qui marque l'estime qu'ils en font. [...] Ils attribuënt à la virginité et à la chasteté certaines qualités et vertus particulieres ; et il est certain que si la continence leur paroît une condition essentielle pour donner du succès à ce que leur superstition suggere, ils la garderont avec un très-grand scrupule, et n'oseront la violer le moins du monde, de peur que leurs jeunes, et tout ce qu'ils pourroient faire d'ailleurs, ne fut absolument inutile par cette inobservation. (*Ibid.*, p. 338-339).

Ainsi, dans le système de Lafitau, le corps dés-érotisée de la femme sauvage est un vestige autant qu'un garant de son origine biblique.

Le poil de la femme sauvage – sa longue chevelure – est moins factuel qu'allégorique. Les cheveux ne sont évidemment pas un attribut comme les autres, ils sont un attribut féminin et du féminin[23]. Lorsque la femme, Marie-Madeleine, Ève ou la sauvage, est nue et que sa chevelure détachée (le détail est important) et « luxuriante » la couvre partiellement, l'excès de cheveux renvoie au poil interdit, à celui qu'il cache, au sexe. La charge érotique de la figure de Marie-Madeleine a contaminé dès ses débuts celle de la femme sauvage des Amériques.

Dans son texte, Lafitau fait de tout pour combattre ce cliché. Il n'a de cesse de défendre la pudeur des femmes sauvages contre ceux, par exemple, qui les ont accusées de prostitution. Dans ses illustrations, il procède de la même manière et demande à ses graveurs de cacher autant que possible les seins des femmes sauvages[24]. Dans les cas où celles-ci sont vêtues, les figures des femmes sauvages n'ont rien d'affriolant et aucune courbe ne transparaît au travers des tissus déchirés et difformes. La volonté de désamorcer le potentiel érotique

---

23 Arasse, 2000, p. 97-122.

24 « Ces figures étant trop nues, la bienséance m'a obligé de les faire revêtir, ainsi que beaucoup d'autres » (Lafitau, 1724, t. I, « Explication des planches et figures »), citation commentée par de Certeau, 1980, p. 42.

de la femme sauvage est si forte que les seins en sont parfois réduits à des formes vagues. À cause de ces corps purifiés, les rondes sauvages (et antiques) dans les *Mœurs* ne sont ni envoûtantes, ni sensuelles : au contraire, la danse est un moyen d'accéder à l'« harmonie divine » (*ibid.*, p. 407). En somme, par souci catholique, Lafitau tente d'arracher le corps de la sauvageonne à son histoire (iconographique) en censurant sa représentation.

LA FEMME-OBJET

Les dix planches comparatives ne répondent pas aux mêmes principes que celles avec des scènes de vie, et les femmes n'y sont pas représentées comme des Madeleine dansant[25]. Contrairement aux scènes narratives, dans lesquelles les figures sont inscrites dans un environnement, les figures et planches de cette seconde catégorie n'ont pas de fond et semblent flotter dans un espace vide. Deux planches sont entièrement consacrées aux différents peuples des Amériques et, pour les présenter dans leur spécificité, des couples ont été disposés sur deux rangées (pl. 2 et 3, ill. 18). Le principe qui régit l'ensemble est celui de la collection. Il s'agit de tirer des motifs d'après des feuillets ou des pages disparates pour les réunir sur une seule planche, comme l'a fait, par exemple, Jean de Laet dans son *Histoire du Nouveau Monde ou Description des Indes Occidentales* (1640, ill. 19) qui a copié sur une page les illustrations éparses de Samuel Champlain. La collection est une manière d'acquérir une vue d'ensemble et, en même temps, de donner l'illusion au lecteur d'avoir tous les objets sous les yeux comme devant un cabinet de curiosité miniature. Les planches d'objets sont fondées sur le principe de *mimesis*, d'imitation du réel. Ce nonobstant, les objets ne semblent pas copiés sur le vif et la plupart d'entre eux consistent en des copies d'après d'autres gravures.

Chez Lafitau, les femmes sauvages qui apparaissent sur les deux planches sont tirées de Jean de Léry et de Théodore de Bry, mais aussi

---

25 Sur les quatorze planches comparatives (pl. 1-5, 8-12, 16-17, 20-21), dix mettent en scène des figures féminines ou des objets liés à la femme (pl. 1-4, 8, 10-12, 17, 21).

d'Isaac de la Peyrère et de François Du Creux (ill. 20)[26]. Héritier d'un mode de représentation déjà courant au XVIe siècle, le sauvage vaut en vertu de son vêtement[27]. Ainsi, ce qui caractérise ces différents sauvages, les Hurons, les Algonquins, les Iroquois, les Inuits, les Brésiliens, les Virginiens *etc.*, ce sont moins leur corps que leur *habitus* (hormis pour l'acéphale, reliquat des races monstrueuses du XVIe siècle).

Il est d'autres planches où la figure féminine n'a pas été juxtaposée à d'autres figures, mais à des objets, comme l'Iroquois (pl. 21) tiré d'après Bacqueville de la Potherie (ill. 21)[28]. Sur ce point, les illustrations de Lafitau innovent : elles ne consistent pas seulement en une collection d'objets, mais en une forme de classification qui se fonde sur la représentation, la juxtaposition et la comparaison de motifs antiques et exotiques. Les ornements des Iroquois et des Hurons, comparés à ceux antiques, seraient autant de traits caractéristiques qui prouveraient leur origine commune[29].

C'est bien pour prouver et pour représenter les « origines de l'idolâtrie » (*ibid.*, pl. 4, ill. 22) que Lafitau propose une planche avec, parmi d'autres, une Diane d'Éphèse, une Isis, et une Cybèle syrienne. Le jésuite explique dans son texte que ces figures divines, tout comme Cœlus, Saturne, Jupiter, Vesta et Junon, renvoient à un même « symbole hieroglyphique » (*ibid.*, p. 129), dans ce cas, le Soleil.

Ces planches comparatives, Lafitau les doit aux antiquaires, parmi lesquels Bernard de Montfaucon de qui est tirée la Cybèle syrienne (ill. 23). Dans l'*Antiquité expliquée* qui paraît cinq ans avant les *Mœurs*, en 1719, les planches gravées sont conçues comme des cabinets de curiosité en miniature, dont l'observation et la comparaison des pièces qui les composent sert de base au discours. Mais Lafitau va plus loin que Montfaucon. Pour l'antiquaire, la planche comparative permet d'établir des systèmes qui demeurent propres à un peuple (les Grecs, les Romains, les Égyptiens, les Perses et même les Gaulois) et qui sont le plus souvent thématiques. Lafitau quant à lui, veut établir une « science symbolique », dite aussi « science hieroglyphique » (*ibid.*, p. 122). Grâce

26 Respectivement : Léry, 1580, p. 107 ; Bry, 1590, t. I Virginie (Raleigh), p. X et *Id.*, 1591, t. II, Floride (Le Moyne de Morgues), pl. XXXIX ; la Peyrère, 1647, illustration insérée entre les pages 144 et 145 ; Du Creux, 1664, illustration insérée entre les pages 70 et 71.

27 Defert, 1987 ; Blanc, 2006 et numéro spécial de la revue en ligne *Journal 18*, 2018.

28 Le Roy de Bacqueville de la Potherie, 1722.

29 Sur Lafitau et le comparatisme, *cf.* Borgeaud, 1986 et 2004, p. 253 et suivantes.

à son système comparatiste fondé sur le « parallèle continuel », celle-ci permet d'éclairer les traces de la révélation première dans les « figures emblématiques » et monstrueuses des « Religions étrangères » (*ibid.*, p. 120-121). Chez Lafitau, la Cybèle syrienne porte l'empreinte de la révélation divine, elle en est, elle aussi, le vestige. Le rôle joué par l'image en devient central pour penser les Amériques, car les sauvages n'ont, aux yeux de Lafitau, « pas de Lettres » (*ibid.*, p. 93). En l'absence d'archives d'un savoir autochtone, ce sont les planches gravées qui, construites à partir du texte des *Mœurs*, permettent de mettre en exergue des motifs et de les comparer à d'autres, pour légitimer une culture propre à une « Nation ». Déjà au XVIe siècle, le langage des sauvages était associé aux pictogrammes (surtout par les jésuites, qui traduisaient le catéchisme par l'image)[30]. Dans les planches comparatives de Lafitau, le symbole (le « hiéroglyphe ») permet de conférer une histoire aux peuples observés. Bien avant les tentatives de l'anthropologue Augustus Pitt-Rivers, on cherchait à mettre en place une « science des formes ».

CONCLUSION

Comme je l'ai montré, Lafitau tente d'arracher le corps de la femme sauvage à la tradition iconographique qui lui a donné forme en ses débuts, des figures de pénitentes hirsutes chrétiennes à la figure primordiale d'Ève, par la censure de la représentation. Dans les illustrations des *Mœurs*, la femme sauvage soudainement devenue *sage*, n'est ni monstrueuse, ni obscène. Lafitau veut faire de son corps un motif neutre et *transposable*.

Déjà avec Léry, les corps des sauvages sont progressivement isolés dans l'illustration, à l'instar de la faune et de la flore. Chez Lafitau, l'image poursuit cette sélection et évacue encore plus le naturel au profit du proprement humain. Ce point est central : les plantes, les fruits et les animaux exotiques disparaissent presque complètement du répertoire figuré[31]. Le corps et ses attributs devient le cœur du discours. Les sauvages de Lafitau ne sont pas monumentaux et leur corps n'est

30 Severi, 2007.
31 Chaffray, 2005.

plus fondé sur le modèle des statues antiques. La figure de la femme est uniformisée au sein d'un processus d'universalisation du corps au regard d'une imagerie chrétienne[32].

Ce corps neutralisé sert de support à des objets exotiques singuliers. En fait, ce sont ces objets exotiques comparés aux antiques qui caractérisent, littéralement, qui confèrent un caractère propre et à la femme et à l'homme sauvage, et qui les rendent différents des Anciens mais aussi complémentaires. Dans son texte, Lafitau admet à plusieurs reprises former des conjectures dont les bases demeurent encore floues. C'est l'image, ou plutôt la reproduction d'objets précis, dont l'auteur mentionne autant que possible les sources, qui sert de preuve et de base au texte. En ce début de XVIIIe siècle, la preuve passe par l'objet et par sa reproduction.

Chez Lafitau, l'universalisme du corps a donc pour pendant la singularité des objets. Sa « science symbolique » (*ibid.*, p. 122) avec ses illustrations se situent entre religion et science, entre une imagerie chrétienne et un système déductif fondé sur l'observation de motifs transposés et reproduits[33].

Les femmes sauvages de Lafitau permettent de penser ce début du XVIIIe siècle comme une période intermédiaire entre la sauvage du XVIe siècle au corps monstrueux et celle du XIXe appartenant à une race biologique. Dans cette période de transition, caractérisée par le primat de l'objet (exotique comparé à l'antique), la figure du sauvage se caractérise par les choses qu'il endosse, qu'il fabrique, qu'il adore et qu'il célèbre. Dans les illustrations, les objets et les gestes qui lui sont liés permettent de penser les spécificités de l'homme et l'altérité religieuse. Toutefois, l'étude de la femme en image montre que pour conférer une dignité à des peuples souvent assimilés à des bêtes, Lafitau tire l'Autre vers le soi à partir des corps d'Ève et de Marie-Madeleine, et d'une culture gréco-romaine, en en comparant les objets et les fables. Il y a une origine commune du corps et une culture partagée par des peuples pensés en groupes, comme les antiques (Grecs, Romains et Égyptiens) et les « sauvages » des Amériques, mais aussi de Chine. Un corps qui

32 Sur Lafitau, l'universalisme et l'émergence d'une perspective anthropologique voir Motsch, 2001 et 2014.

33 Dans son livre, Motsch a développé la question du rapport entre religion et science, de même que dans son article de 2014 (sur le ginseng d'Amérique).

porte en lui les traces d'une histoire qu'il a oubliée, un primitif muet auquel un savant mâle, occidental et chrétien, va redonner un langage pour en circonscrire la culture propre : ces paradigmes annoncent les débuts de l'ethnographie, de même que ceux du discours sur le racisme biologique[34].

Sara PETRELLA

34 Fenton-Moore, 1977. Le « vol du langage » est un concept de Roland Barthes, développé dans *Mythologies* (1957) que Borgeaud (2016) a récemment appliqué à l'histoire des religions.

JEAN DE LÉRY ET THÉODORE DE BRY AUX SOURCES DE LAFITAU

En publiant les *Mœurs des sauvages ameriquains, comparées aux mœurs des premiers temps* (1724), Joseph-François Lafitau poursuit un double objectif. Au moyen d'une accumulation d'exemples concordants, il entend d'une part démontrer que les hommes « sortent tous d'une même tige » (Lafitau, 1724, t. I, p. 19 ; *i.e.* défendre la thèse du monogénisme) et d'autre part prouver que toutes les formes de croyances sont issues d'une seule et même religion originelle. Pour mener ce projet à bien, Lafitau peut compter sur sa solide formation jésuite et sur sa longue expérience missionnaire en Nouvelle-France, mais la dimension comparative et universelle de sa démonstration le conduit à faire de multiples détours par la bibliothèque. Le savoir livresque occupe en ce sens une place prépondérante dans les *Mœurs*. Il se déploie sous la forme d'une série de comparants dont la fonction tend systématiquement à établir une relation de « conformité » avec le comparé. Ainsi, livres antiques et relations de voyage de la première modernité sont constamment mobilisés pour démontrer que telle pratique culturelle ou religieuse observée chez les Iroquois ou les Hurons est « conforme » à telle pratique ancestrale ou étrangère. Dans ce vaste réseau analogique, l'accumulation d'exemples « conformes » tend implicitement à confirmer que toute pratique culturelle s'inscrit dans un rapport de filiation qui trouve son origine dans les mœurs des « premiers temps ». Autrement dit, l'analogie, dans les *Mœurs*, vise principalement à mettre au jour une généalogie des coutumes et des croyances qui permettrait de remonter à l'origine de l'humanité et à la religion adamique, dont toutes les religions seraient issues.

Bien que plus modestement convoquée que la bibliothèque, l'iconothèque mobilisée par Lafitau et son graveur[1] pour réaliser les

1 Dans les *Mœurs*, aucune planche n'est signée et le nom du graveur demeure inconnu. Sturtevant (1977, vol. 2, p. 272-273) estime d'ailleurs que Lafitau a employé au moins

quelque quarante et une planches qui viennent illustrer les *Mœurs* est également riche de représentations antiques et exotiques. L'image, comme le texte, a pour fonction de dévoiler les rapports de conformité entretenus par des pratiques ou des objets, quel que soit leur éloignement dans le temps et dans l'espace. Michel de Certeau précise d'ailleurs que dans les *Mœurs*, les figures « ont force d'"autorités" en tant qu'elles conservent une visibilité des origines » et qu'elles fonctionnent comme des « pièces à conviction », des « monuments [...] qui donnent à voir les commencements » (Certeau, 1985, p. 66-67). En ce sens, l'image a sans doute, plus que le texte, valeur de preuve, du moment qu'elle met l'analogie sous les yeux du lecteur, faisant implicitement passer la ressemblance pour une parenté, voire une identité.

Ainsi, qu'elles soient iconographiques ou textuelles, les sources de Lafitau obéissent toutes à un même critère sélectif : celui de la convergence. Dans les *Mœurs*, la différence n'a pas sa place. Or, cette exigence de conformité doit parfois s'accommoder de textes et d'images dont le sens originel ne converge pas complètement avec la démonstration. Aussi n'est-il pas rare de rencontrer certaines formes de manipulations, de distorsions ou plus simplement de décontextualisations dans le traitement des sources. Lafitau effectue ainsi plusieurs bricolages iconographiques et textuels dont cette étude aimerait éclairer les implications par l'examen de deux sources importantes du jésuite : la collection des *Grands et Petits voyages* (1590-1634) de Théodore de Bry[2] et l'*Histoire d'un voyage faict en la terre du Bresil* (1578) de Jean de Léry. Paru plus d'un siècle avant les *Mœurs*, ce corpus issu de la Renaissance réformée paraît avoir fonctionné comme un matériau à la fois essentiel et encombrant dans le projet de Lafitau. Sans cesse convoqué au fil des deux volumes, il se voit tour à tour copié, découpé, remodelé ou recontextualisé pour répondre aux besoins de la démonstration.

---

deux artistes pour l'exécution des planches. Il avance également plusieurs éléments qui tendent à prouver que Lafitau a supervisé directement l'élaboration des gravures afin d'en améliorer la précision ethnographique. Sur ce point, *cf.* l'« Introduction » du présent volume.

2 C'est sous ce titre qu'on désigne communément les deux séries de la collection Théodore de Bry dans le monde francophone depuis que Charles d'Orléans de Rothelin en a établi la première bibliographie au XVIIIe siècle. Les *India Occidentalis*, composées de treize volumes en grand format, sont en effet appelées *Grands voyages*, tandis que les *India Orientalis*, composées de douze volumes en plus petit format, sont connues sous le nom de *Petits voyages*. Théodore de Bry, qui est mort en 1598, n'a en outre supervisé que les six premiers volumes des *Grands voyages*. Les dix-neuf autres volumes ont été édités par ses fils, Jean Théodore et Jean Israël, puis par Matthieu Merian et William Fitzer, gendres de Jean Théodore.

L'USAGE SINGULIER DE LA COLLECTION DE BRY

Théodore de Bry (1528-1598), célèbre graveur et éditeur réformé liégeois installé à Francfort, fait figure de modèle privilégié pour Lafitau. Sur les quarante et une planches qui illustrent la première édition des *Mœurs*, dix-neuf sont, au moins en partie, empruntées à Théodore de Bry. Ainsi, près de la moitié des illustrations, chez Lafitau, comportent au moins un élément emprunté au graveur liégeois. Le manque d'images relatives aux Grandes Découvertes disponibles au XVIIIe siècle explique en partie ce recours massif à la collection de Bry, qui compte près de six cents gravures. En outre, ce vaste corpus iconographique, où sont représentés les peuples des quatre parties du monde, répond parfaitement au projet de Lafitau en ce sens qu'il véhicule lui-même un tableau universel des coutumes. La série des *Grands voyages* fait voir d'innombrables peuples d'Amérique, des Patagons de la Terre de Feu aux diverses nations du Grand Nord canadien. Celle des *Petits voyages* est encore plus étendue puisqu'on y découvre les nations d'Afrique et d'Asie. Au spectacle des Hottentots châtiant leurs ennemis succèdent ainsi celui des cérémonies chinoises, des scènes de rencontres diplomatiques à la Cour du Grand Mogol ou encore des pratiques idolâtres des Samoyèdes, pour ne citer qu'une infime partie de ce tableau des « mœurs orientales ». Pourtant, si Lafitau a copieusement puisé dans les gravures de la collection de Bry, il n'a eu recours – à une exception près[3] – qu'aux trois premiers volumes des *Grands voyages*, qui portent respectivement sur la Virginie, la Floride et les côtes brésiliennes. Nous ne chercherons pas ici les raisons de cet emploi à la fois massif et restrictif de ce vaste fonds iconographique, que rien ne permet d'expliquer, si ce n'est le prix et la difficulté, au XVIe siècle, de se procurer l'intégralité des volumes de la collection de Bry. L'examen du traitement que Lafitau fait subir à cette source iconographique permet par contre d'apporter un nouvel éclairage sur les rapports entre l'élaboration des illustrations et le double objectif des *Mœurs* énoncé au début de cette étude.

3 La figure 3 de la neuvième planche du second tome (Lafitau, 1724, t. II, pl. IX, p. 206) est copiée d'une gravure du neuvième volume des *Grands voyages*, vol. IX ([1602], pl. 2). Notons que cette même gravure est reproduite dans le douzième volume, vol. XII ([1624], fol. 88v°). On ignore lequel de ces deux volumes possédait Lafitau.

Le nom de Théodore de Bry n'apparaît qu'à deux reprises dans les *Mœurs* ; une première fois dans l'« Explication des planches et des figures » de la planche III du second tome, puis une deuxième fois dans le chapitre III du même tome (« De la Guerre », p. 208), dans le passage où Lafitau s'emploie à décrire diverses embarcations indigènes[4]. C'est peu, lorsqu'on sait que vingt-six planches du graveur liégeois ont été mobilisées pour élaborer près de la moitié des illustrations des *Mœurs*. Il est surtout surprenant que Lafitau fasse scrupuleusement référence à la collection de Bry dans une de ses « explications », alors qu'il ne le fait pas dans les dix-huit autres légendes des planches où figurent des éléments provenant de la même collection. Le statut singulier de l'image empruntée à de Bry pourrait fournir des éléments de réponse. Après la série de gravures sur la Virginie et ses habitants qui ponctuent le premier volume des *Grands voyages*, Théodore de Bry a placé six portraits de Pictes. Lafitau a copié le premier pour le placer à côté d'un « Sauvage peint » dans le plan supérieur de la planche III (ill. 24). Or, lorsqu'on la compare à son modèle (ill. 25)[5], la gravure de Lafitau révèle quelques légères modifications. La nudité du guerrier a été masquée dans un vraisemblable souci de bienséance, tandis que la seconde tête ennemie au sol et les gouttes de sang ruisselant de la première ont disparu, sans doute pour atténuer la cruauté de la scène. La fonction principale que Théodore de Bry confère à ce portrait demeure toutefois intacte. En effet, dans les *Grands voyages*, la représentation de ce guerrier picte tatoué, ancêtre des Britanniques, tend déjà à dévoiler la ressemblance entre d'anciennes pratiques européennes et celles du Nouveau Monde. Elle s'inscrit en ce sens parfaitement dans la logique de Lafitau. Seule l'exploitation de cette ressemblance – ou de cette communauté de pratiques – varie. Chez de Bry, il s'agit avant tout de réduire la différence des Américains et en particulier des Virginiens, en montrant à son lecteur que ses propres ancêtres avaient des pratiques semblables à celles de certains habitants du Nouveau Monde. Toujours amené à présenter l'analogie comme un signe de filiation, Lafitau place le sauvage et le picte côte à côte et précise dans le texte que « les Sauvages ont hérité [cette pratique] de

4 *Cf.* note précédente.

5 Les gravures de Théodore de Bry reproduites dans cet article sont issues de la première édition latine des *Grands voyages* (*India Occidentalis*). Elles proviennent toutes du fonds de Bry de la Bibliotheca Bodmeriana à Cologny, récemment numérisé et mis à la disposition de l'auteur.

leurs pères » et que « c'est elle qui donna le nom aux Pictes » (Lafitau, t. II, p. 38-39). Sans qu'elle ne soit explicitée dans l'« Explication » de la figure ni dans le texte, l'idée d'une filiation généalogique finit par s'imposer au lecteur.

Les six portraits de Pictes constituent une exception dans la collection de Bry puisque toutes les autres gravures se rapportent aux Grandes Découvertes de la Renaissance. L'Amérique fait à elle seule l'objet de plus de deux cents planches au sein desquelles se déploient les spécificités culturelles de nombreuses populations autochtones. Dans les *Mœurs*, la seule contemplation des planches conduit au contraire le lecteur à percevoir une forme d'indifférenciation au sein de l'altérité américaine. Ce phénomène se renforce encore à la lecture des « explications » qui se contentent souvent de distinguer l'Amérique méridionale de l'Amérique septentrionale sans autres précisions. Or, cette tendance à l'indifférenciation – évidemment au service de la thèse du jésuite – n'est pas étrangère à l'usage que Lafitau fait des gravures de Théodore de Bry.

William C. Sturtevant s'est déjà penché sur le phénomène de « tupinambisation » à l'œuvre dans la représentation iconographique des Premières nations au XVIIIe siècle[6] et Frank Lestringant a démontré qu'il était notamment dû à la « pauvreté du stock iconographique disponible » (Lestringant, 1995, p. 15). Objet de nombreuses gravures à la Renaissance (de Hans Staden à Théodore de Bry en passant par André Thevet et Jean de Léry), la petite nation brésilienne des Tupinamba devient au XVIIIe siècle une sorte de modèle utilisé pour dépeindre des peuples extrêmement divers mais dont les images prises sur le vif font défaut. Lafitau n'échappe pas à cette tendance et ne rechigne pas à faire figurer des Tupinamba, systématiquement empruntés à de Bry, en Amérique du Nord, négligeant par la même occasion sa distinction entre peuples méridionaux et peuples septentrionaux. Dans les planches des *Mœurs*, toutefois, le Tupi n'est pas la seule figure indigène à subir de tels transferts géographiques et à contaminer des espaces aussi éloignés de ses terres natales que les plaines canadiennes. D'autres nations le remplacent ou l'accompagnent parfois dans ses improbables migrations ; en premier lieu les Virginiens et les Floridiens de Théodore de Bry. Ainsi en va-t-il de la planche XIX du second tome, censée représenter une danse funèbre en l'honneur d'un chef chez les Natchez de Louisiane (ill. 26). Cette planche est entièrement

6 Sturtevant, 1988, p. 293-303.

élaborée à partir d'éléments empruntés à Théodore de Bry chez qui on ne trouve pourtant nulle trace des Natchez de Louisiane, moins encore dans les trois volumes dont disposait Lafitau. Privé de source iconographique sur la Louisiane, le jésuite s'est employé à fusionner deux gravures de la collection de Bry ; l'une relative à la Floride, l'autre à la Virginie (ill. 16). La première représente le sacrifice des premiers-nés chez les Floridiens. On y découvre au premier plan le capitaine Laudonnière à qui le roi Outina semble expliquer le spectacle, et la mère de l'enfant sacrifié, accroupie au centre, en pleurs devant le billot, sous le regard indifférent des hommes de la tribu. Aucun de ces éléments n'a été retenu par Lafitau qui semble s'être contenté de transférer le cercle des danseuses – sans oublier de les revêtir – chez les Natchez de Louisiane, à quelques centaines de kilomètres de la Floride. Non content d'avoir « floridisé » la Louisiane, Lafitau est allé chercher l'élément central de sa gravure dans les planches virginiennes de la collection de Bry. La seconde gravure (ill. 27) représente en effet la sépulture des rois en Virginie que le jésuite a manifestement copiée pour en faire le temple funéraire des chefs natchez. Or, comme le déroulement du rite funéraire n'est pas le même en Virginie et en Louisiane, l'idole Kiwasa veillant les corps a été gommée et le prêtre accroupi devant le feu remplacé par le corps du dernier chef natchez défunt, allongé sur une pierre à l'entrée du temple. Il apparaît ici indéniable que le traitement des gravures de la collection de Bry ne fait pas uniquement l'objet de simples transferts géographiques mais qu'il affecte également la fiabilité documentaire de l'iconographie des *Mœurs*. Tandis que Théodore de Bry s'est inspiré de sources visuelles prises sur le vif pour exécuter ses gravures (les aquarelles de John White pour la Virginie et les dessins de Le Moyne de Morgues pour la Floride[7]), Lafitau en fait un usage arbitraire pour reconstituer une pratique culturelle natchez dont il ne subsiste aucune source iconographique. L'illustration, dans ce cas, vise manifestement moins à révéler la spécificité des rites funéraires natchez qu'à les inscrire dans un réseau analogique.

Si les Virginiens et les Floridiens de Théodore de Bry semblent s'exporter aussi facilement que les Tupinamba, il leur arrive également de les côtoyer dans une même scène, voire de se métisser avec eux. Il devient dès lors difficile de localiser la scène dans un espace géographique précis et Lafitau

7 La Virginie et la Floride sont tour à tour dépeintes dans les deux premiers volumes des *Grands voyages*, 1590-1634, (voir vol. I [1590] et vol. II [1591]).

ne s'encombre pas de cette tâche dans les légendes des gravures. Ainsi explique-t-il le plan inférieur de la planche VIII du second tome (ill. 28) : « Le second sujet représente un parti de Guerriers sortant de leur Village à la file les uns des autres. Leur Chef est à la tête chantant sa chanson de mort » (Lafitau, 1724, t. II, « Explication », pl. VIII). Quels guerriers ? Quel village ? La légende ne le précise pas, mais dans le texte, l'image prend place au milieu d'un passage relatif aux expéditions guerrières des Hurons et des Iroquois. Cette piste trouve d'ailleurs une confirmation au sein même de la gravure puisque les maisons, à l'arrière-plan, sont de type iroquois. Le chef en question, deuxième personnage du premier plan à partir de la gauche, est quant à lui aisément identifiable : il s'agit du même roi Outina qui promulguait des explications à Laudonnière dans une planche précédemment évoquée (*cf.* ill. 16). Mais Lafitau est allé le chercher sur une autre gravure de Théodore de Bry à laquelle il emprunte également le conseiller d'Outina (ill. 29). On notera d'ailleurs que si le roi entouré de ses deux conseillers est aisément reconnaissable dans la gravure source, le réaménagement de la scène par Lafitau engendre une confusion. À la contemplation de ces deux guerriers qui mènent leurs hommes, on peine en effet à savoir qui est le chef et qui est l'adjoint. Ce sont toutefois les guerriers qui méritent davantage notre attention dans la mesure où ils apparaissent comme le produit d'un véritable métissage. Ils partagent manifestement des traits communs avec le roi et son conseiller, ce qui en ferait logiquement une armée timucua. Leurs arcs sont en effet semblables à celui du roi et leur coiffe, quoique moins fournie, ressemble indéniablement à celle du conseiller. Pourtant, comme l'attestent les gravures de Théodore de Bry (effectuées à partir des dessins de Le Moyne exécutés sur le vif), les guerriers timucuas du nord-est de la Floride ne portent pas de coiffes emplumées, réservées aux notables de la nation. Ces coiffes sont par contre caractéristiques des guerriers tupinamba (ill. 30). En comparant de près ces différentes coiffes, il apparaît cependant que Lafitau a cherché à les « floridiser ». D'abord parce que les plumes sont moins longues et moins ramassées que celles des Tupinamba et qu'elles rappellent en ce sens celle du conseiller royal qui conduit la colonne. Ensuite parce que les coiffes de deux des guerriers (le troisième et le cinquième en partant de l'arrière) sont affublées d'une tête d'oiseau qui, bien que plus petite, rappelle étrangement celle du second conseiller d'Outina que Lafitau n'a pas retenue dans sa gravure (*cf.* ill. 28).

À la lumière de ces quelques exemples, le phénomène de « tupinambisation » évoqué par Sturtevant et Lestringant paraît être intrinsèquement lié aux gravures de Théodore de Bry que possédait Lafitau en nombre limité et surtout à l'usage qu'il en a fait. Dans le cas des *Mœurs* tout au moins, ce phénomène mérite ainsi d'être redéfini – ou élargi – puisque si la représentation des Tupinamba vient contaminer celle d'autres peuples d'Amérique, les Timucuas et les Virginiens resurgissent également dans divers espaces géographiques et brouillent tout autant l'information ethnographique véhiculée par les planches du jésuite. Le temple virginien en Louisiane et le conseiller timucua de Floride dans le Nord canadien en sont des preuves incontestables.

MONOGÉNISME, MONSTRUOSITÉ ET CONSENTEMENT UNIVERSEL : DE LÉRY À LAFITAU

Au fil des quelque mille pages qui composent la première édition des *Mœurs* défilent d'innombrables citations empruntées tantôt à Plutarque tantôt à José de Acosta, tantôt à Apollonios de Rhodes tantôt à López de Gómara, tantôt à Strabon tantôt à Jacques Cartier, etc. Au milieu de cette foule d'auteurs anciens et modernes figure Jean de Léry (1534-1613), pasteur réformé et Genevois d'adoption, dont la description détaillée des Tupinamba a manifestement retenu tout l'intérêt de Lafitau. L'*Histoire d'un voyage faict en la terre du Bresil* (1578) est en effet citée à treize reprises dans les *Mœurs*, parfois sur plusieurs pages[8]. Léry représente à ce titre une source importante de Lafitau.

A priori, tout oppose le missionnaire jésuite du pasteur calviniste : le premier entend proposer un tableau universel des mœurs et des croyances, le second entend parler « non pas de toute l'Amerique en general, mais seulement de l'endroit où [il a] demeuré environ un an : assavoir [...] entre

8 Il faut ici préciser que le volume III des *Grands voyages* reproduit une version largement retranchée de l'*Histoire d'un voyage*. Lafitau avait ainsi connaissance de cette version de même – on l'a vu – que des illustrations de Théodore de Bry, mais le texte cité dans les *Mœurs* est bien celui de l'édition française originale (la première de 1578 ou la seconde de 1580).

les sauvages nommez Touoüpinambaoults » (Léry, éd. Lestringant, 1994, p 98). Mais la richesse documentaire de l'*Histoire d'un voyage* semble avoir naturellement conduit Lafitau à en reproduire plusieurs passages. Il est plus surprenant de constater que le chapitre le plus cité soit précisément celui dans lequel Léry réfute la thèse du consentement universel, qui constitue un des principes mêmes de l'argumentation des *Mœurs*.

Sur les treize emprunts à Léry, quatre proviennent en effet du chapitre XVI dont le seul titre paraît incompatible avec la thèse de Lafitau dans la mesure où il suggère qu'il existe des peuples sans Dieu : « Ce qu'on peut appeler religion entre les sauvages Ameriquains : des erreurs, où certains abuseurs qu'ils ont entr'eux, nommez Caraïbes les détiennent : et de la grande ignorance de Dieu où ils sont plongez » (*ibid.*, p. 377). La modalisation initiale et surtout l'affirmation selon laquelle les Tupi ne connaissent pas Dieu semble en effet menacer la thèse du consentement universel. Inutile de préciser que Lafitau ne cite pas ce titre, pas plus que la première phrase du même chapitre où cette thèse se voit explicitement réfutée :

> Combien que ceste sentence de Ciceron, assavoir qu'il n'y a peuple si brutal, ni nation si barbare et sauvage, qui n'ait sentiment qu'il y a quelque Divinité, soit receuë et tenuë d'un chacun pour une maxime indubitable : tant y a neantmoins que quand je considere de pres nos Toüoupinamboults de l'Amerique, je me trouve aucunement empesché touchant l'application d'icelle en leur endroit. (*Ibid.*, p. 377-379).

Léry relativise par la suite cette affirmation avançant que les Tupi ont tout de même l'idée d'une forme de divinité puisqu'ils craignent le tonnerre (« Toupan ») qu'ils assimilent à Dieu (passage cité dans les *Mœurs*, t. II, p. 125) ou qu'ils croient en l'immortalité de l'âme. Pourtant, sa démonstration risque d'invalider la thèse du consentement universel et il n'est pas étonnant que Lafitau fasse un usage extrêmement sélectif de ce chapitre.

Quant à la thèse du monogénisme, on sait qu'elle est communément admise depuis la Renaissance. Le chapitre VIII de l'*Histoire d'un voyage* défend par ailleurs admirablement la thèse de l'humanité des Autochtones du Brésil tout en réfutant celle de leur prétendue monstruosité. Pour ce faire, Léry démontre que ce que le voyageur pressé pourrait prendre pour des difformités naturelles (percements de lèvres, d'oreilles ou autres peintures corporelles) est en fait le résultat de pratiques culturelles. Le chapitre tend en effet à dévoiler que Tupinamba et Européens partagent la même complexion naturelle et que tout ce qui les différencie relève de la culture – la démonstration faisant de Léry un incontestable précurseur de l'anthropologie moderne[9]. On distingue ainsi, dans ce chapitre, un véritable discours réactif face à l'existence de créatures fabuleuses ou de cas de semi-humanité hérité de la littérature médiévale. Léry s'emploie par exemple à préciser que les habitants du Brésil « n'ont le corps ny monstrueux ny prodigieux à nostre esgard » (Léry, éd. Lestringant, 1994, p. 211) ou encore affirme, contrairement à ceux qui veulent « faire accroire qu'ils soyent velus », qu'ils ne sont « point naturellement plus pelus que nous sommes » (*ibid.*, p. 214). Les quelques gravures qui ornent l'*Histoire d'un voyage* vont d'ailleurs complètement dans ce sens, à l'instar de ce portrait en pied d'une famille tupinamba que Lafitau a fait reproduire presqu'à l'identique dans les *Mœurs* (*cf.* ill. 31, n° 3). Chez Léry, la thèse du monogénisme – bien qu'elle ne soit pas explicitement formulée – apparaît à ce titre intrinsèquement liée à celle de l'humanité des Tupinamba. En somme, pour le voyageur réformé, si les Tupi sont des hommes à part entière, c'est d'abord parce que les monstres n'existent pas.

Il est à cet égard surprenant de découvrir, près de cent cinquante ans plus tard, le portrait d'un acéphale, précisément reproduit à côté de la famille tupinamba de Léry (*cf.* ill. 31, n° 2). Plus étonnante encore est la fonction conférée à la présence de cet acéphale dans la démonstration de Lafitau. Comme l'a montré Jean-Louis Fischer, ce « monstre » a en effet comme rôle principal, dans les *Mœurs*, de consolider la thèse du monogénisme[10]. De l'Antiquité au Moyen Âge, d'Hérodote à Mandeville, on a considéré que les acéphales étaient originaires d'Asie et leur présence au Nouveau Monde, attestée par Sir Walter Raleigh et Jacques Cartier, permet à Lafitau de soutenir la théorie du peuplement de l'Amérique par le Détroit de Béring, dont on ignorait la largeur exacte à l'époque – il a été découvert trois ans après la publication des *Mœurs*[11]. Il va toutefois sans dire que prétendre à la réalité de ce « monstre » en 1724 obligeait le jésuite à quelques justifications :

9 Dans un entretien accordé à Dominique-Antoine Grisoni, Claude Lévi-Strauss considère l'*Histoire* de Léry comme « le premier modèle d'une monographie d'ethnologue » (Léry, éd. Lestringant, 1994, p. 8) et revient sur ce qui l'a incité, dans *Tristes Tropiques*, à qualifier ce même livre de « bréviaire de l'ethnologue » (Lévi-Strauss, 1984 [1955], ch. IX, p. 87).

10 Fischer, 1985, p. 89-105.

11 Voir Motsch, 2001, p. 41-42.

> On ne doit point croire que ces Peuples n'ayent absolument point de tête, mais qu'ils l'ont extrêmement enfoncée [...]. Cela peut se faire par artifice, en contraignant la tête des enfans au berceau, de la même maniere que plusieurs Peuples de l'Amerique applatissent le front, les temples et le nez de leurs enfans aussi-tôt qu'ils sont sortis du sein de leur mere. (Lafitau, 1724, t. I, p. 67-68).

Alors que l'« explication » de la gravure mentionne des « Acéphales de l'Amerique Meridionale », voilà que le texte leur restitue une tête en révélant, exactement à la manière de Léry, que l'apparente difformité naturelle est en réalité le fruit d'une pratique culturelle[12]. Il y a là une tension manifeste entre le texte et l'image, car l'acéphale représenté dans la gravure ne saurait en aucun cas correspondre à l'un de ces hommes dont la tête a été enfoncée au berceau. Dans les *Mœurs*, le texte apparaît en ce sens indispensable à la compréhension des illustrations qui, à elles seules, risqueraient de conduire le lecteur sur de fausses pistes. L'image, alors qu'elle est censée faire voir ce que le texte explique, n'est donc pas solidaire de la démonstration et semble au contraire la menacer. Initialement conçue pour dévoiler la filiation généalogique qui unit les peuples d'Amérique à ceux de la haute Antiquité, elle finit par entretenir des croyances légendaires que le texte vient démentir. Au fond, chez Lafitau, la démonstration prime sur tout le reste, même sur la précision ethnographique des illustrations. L'examen de la première planche du second volume des *Mœurs* achèvera de nous en convaincre. Placés côte à côte, ces hommes à queue suggèrent l'existence d'une analogie entre les satyres et certains peuples d'Amérique. En contemplant ces quatre figures, on est amené à penser que ces hommes sont pourvus d'une queue naturelle (ill. 6). L'« explication » de la planche ne nous détrompe que partiellement puisqu'elle évoque la « fable des Satyres » et précise que l'accoutrement du Virginien (à droite) est celui « qu'ils ont coutume de se mettre lorsqu'ils vont en guerre » (*ibid.*, t. II, « Explication », pl. I). C'est d'ailleurs la seule information textuelle sur ce guerrier virginien qui n'intéresse visiblement Lafitau que pour sa ressemblance avec les satyres. Ce constat se confirme lorsqu'on examine la source du jésuite. Chez Théodore de Bry, ce prince virginien est représenté de face et de dos, de

12 L'exemple du nez pourrait provenir directement de Léry qui, témoignant d'une naissance à laquelle il assista chez les Tupi, affirme que le père « enfonça et ecrasa avec le pouce [le nez] de son fils », parce que parmi eux, les nez sont considérés comme « plus jolis quand ils sont camus » (Léry, éd. Lestringant, 1994, p. 431).

sorte qu'il apparaît immédiatement que sa queue, loin d'être naturelle, est en fait le bout d'un cordon permettant d'attacher le carquois à la ceinture. En ne reproduisant qu'une moitié de sa source, Lafitau renonce à la valeur ethnographique de l'image au profit de la démonstration.

Si la thèse du monogénisme conduit le jésuite à dissimuler certaines caractéristiques intrinsèques des cultures américaines, un autre motif, tout aussi diffus dans les *Mœurs*, peut entraîner des conséquences analogues. Dans certaines planches examinées précédemment (*cf.* ill. 24, 26, 28 et 31), il est apparu que Lafitau avait systématiquement tendance à masquer la nudité des personnages représentés. Loin de s'en cacher, le jésuite affirme au contraire explicitement ne pas vouloir faire outrage à la pudeur : « Ces Figures étant trop nuës, la bienseance m'a obligé de les faire revêtir, ainsi que beaucoup d'autres » (*ibid.*, t. I, « Explication », pl. XII). Les feuilles de vignes et autres artifices prolifèrent ainsi au fil des quarante et une planches qui ornent le texte, sans que cela ne porte véritablement atteinte à l'information ethnographique véhiculée par les figures. Il est toutefois au moins un cas où la pudeur du jésuite se révèle moins innocente. Dans la galerie de portraits exposés dans la troisième planche du premier volume des *Mœurs* apparaît une femme portant un enfant dans ses bras (ill. 31, n° 5). La source est à nouveau Théodore de Bry et, comme dans l'exemple précédent, Lafitau ne reproduit que la moitié de son modèle (ill. 32). La jeune femme, représentée de face et de dos dans les *Grands voyages*, n'apparaît en effet ici que de face et l'enfant qu'elle portait initialement dans le dos a été placé dans ses bras, manifestement pour couvrir la poitrine dénudée de sa mère. Pourtant, dans la légende qui accompagne la planche source, de Bry explique en détail la spécificité de cette coutume :

> *Miram habent liberos gestandi rationem, et a nostra plane diversam : nam nostra brachiis ante pectus liberos sustinent, illa vero prehensa pueri dextra manu, in tergo gerunt, crus illius sinistrum sinistro brachio amplectentes, ratione satis mira et peregrina, ut ex pictura videre licet.*

> « [Les femmes de Dasamonquepeuc] ont une manière étonnante de porter les enfants et différente de ce qui se fait chez nous : on porte les enfants dans les bras devant la poitrine et elles les portent dans le dos en les tenant de la main gauche pour pouvoir leur entourer le pied droit avec leur bras droit ; c'est une méthode assez étrange, comme on peut le voir sur la gravure. » (De Bry, 1590, vol. I, pl. X ; ma traduction).

De toute évidence, la technique singulière du portage des enfants parmi les Virginiens n'était pas au centre des préoccupations de Lafitau lorsqu'il est allé chercher cette gravure chez de Bry. Son intention était vraisemblablement de compléter sa galerie de portraits en plaçant côte à côte un couple de Virginie. Reste que ce geste engendre un double préjudice ethnographique. D'une part, il forme un couple peu probable entre une jeune mère de Dasamonquepeuc et un vieillard de Pomejooc[13]. D'autre part, faisant primer la pudeur sur la précision documentaire, il place dans les bras de la mère un enfant qu'elle semble porter maladroitement et surtout, à l'instar de toutes les mères d'Europe, contre sa poitrine.

Que ce soit par pudeur ou pour répondre aux besoins de la démonstration, Lafitau apparaît ainsi enclin à travestir ses sources iconographiques. En partie lié à la réserve limitée d'images sur l'Amérique dont il disposait, son geste entraîne parfois de fâcheuses conséquences sur le plan de l'information ethnographique véhiculée par les gravures. Ces transformations ne sont toutefois pas toutes motivées par les besoins de la démonstration, par exemple dans le cas de la femme à l'enfant que nous venons d'examiner par exemple ou dans celui des guerriers métissés. Ce geste obéit toutefois le plus souvent à une démarche stratégique qui consiste à gommer les spécificités culturelles susceptibles de parasiter la relation analogique à l'œuvre, dans le texte ou dans les images. Paradoxalement, certaines figures monstrueuses tendent par ailleurs à entretenir une ambiguïté que seule la lecture des chapitres permet de résoudre. Bien qu'également manipulées et soigneusement triées, comme le démontre l'emploi sélectif de l'*Histoire d'un voyage*, certaines sources textuelles permettent dès lors de conférer aux images un nouveau sens, conforme aux enjeux de la démonstration.

Matthieu BERNHARDT
Université de Genève ; Bodmer Lab

13 Comme son titre l'indique, la gravure utilisée par Lafitau pour dépeindre l'« homme virginien » (fig. 7, n° 5) représente à l'origine un des « vieillards de Pomejooc en habits d'hiver » (Voir de Bry, 1590, vol. I, pl. IX).

LAFITAU ET LES DIEUX D'ASIE

Visualisations synoptiques dans les *Mœurs des sauvages ameriquains comparées aux mœurs des premiers temps*

Quand on étudie le discours de la première modernité sur l'idolâtrie, une question qui mérite attention est celle de la perspective choisie par les auteurs pour parler d'un « autre » distant, en termes temporels aussi bien que géographiques. Dans les nombreux essais de cette période, on trouve d'un côté une conception très générale de l'idolâtrie entendue comme universelle, un grand « autre » défini par certains savants comme la « quatrième religion[1] ». Mais on observe aussi une tendance qui ne cesse de croître, et qui s'intensifie vers la fin du XVIIe siècle et dans les décennies suivantes, à caractériser, différencier et singulariser une pluralité d'idolâtries ; cette tendance est encouragée avant tout par la multiplication des informations sur les paganismes du Nouveau Monde et d'Asie que génère l'expansion européenne.

Des savants très respectés publiaient des écrits sur le paganisme dans une perspective historique, mettant en évidence les étapes d'un passé religieux, dont la description devait nécessairement révéler qu'il était mauvais, lointain et dépassé depuis longtemps. Pourtant, dans une perspective diachronique, les sources collectées par ces savants étaient aussi considérées comme des témoignages sur leur propre histoire, et donc sur un passé qui leur appartenait. Plusieurs auteurs ont ainsi tenté d'intégrer les formes de paganismes les plus récemment rencontrés dans des modèles diffusionnistes hérités de l'apologétique chrétienne, dans l'intention de contrer les arguments des déistes et des athées.

---

1 Edward Brerewood (1614, p. 79), par exemple, décrit un tel système de quatre catégories : « Il existe quatre sortes de sectes religieuses, observées dans les régions ensoleillées du monde. L'idolâtrie, le mahométisme, le judaïsme et le christianisme ».

La tension et la compétition entre ces deux pôles, la proposition théologique et la proposition généalogique, est un domaine de recherche fascinant[2]. Un élément crucial est ici l'idée largement partagée au début de l'ère moderne selon laquelle tout paganisme est une déviance par rapport à la révélation et par conséquent un phénomène secondaire. Or si l'idolâtrie se développe comme un chemin secondaire à partir d'une mécompréhension, alors cette déviance qui s'écarte de la vraie religion ne peut être que graduelle, sans pour autant se développer nécessairement de façon uniforme dans le temps et dans l'espace. Différents stades doivent être identifiables, de même qu'une échelle permettant d'évaluer les degrés de divergence, au moyen de comparaisons et d'analogies. Dans le champ de cette « paganologie » pour reprendre l'expression de Jan Assmann, l'étude de la culture matérielle et l'usage ciblé des représentations visuelles prirent une importance considérable.

Dans les *Mœurs des sauvages ameriquains comparées aux mœurs des premiers temps*, rédigées après plusieurs années passées au Canada comme missionnaire, Joseph-François Lafitau fit un usage abondant d'images soigneusement choisies et disposées de sorte à servir de preuves visuelles pour son argumentation[3]. Le père jésuite avança comme thèse que toutes les manifestations de paganisme à travers l'histoire ne sont que des altérations de la vraie religion, révélée, celle des patriarches de la Bible. Pour le prouver, il désira retrouver les traces de la vraie religion à la fois dans le paganisme ancien et dans le paganisme moderne.

> De la maniere dont j'explique la Mythologie Payenne et la Théologie Symbolique, je rapporte les Symboles et les Hieroglyphes à la Divinité, aux principes de nôtre Religion, et non pas à une explication du Monde Physique, telle que l'ont donnée des Philosophes Payens dans les derniers temps du Paganisme, explications qui peuvent favoriser l'impiété, et donner du credit à un Atheïsme raffiné. (Lafitau, 1724, t. I, « Dessin et plan de l'Ouvrage », p. 16).

Les deux volumes de Lafitau comprennent respectivement dix-neuf et vingt-deux gravures sur cuivre. On relèvera que chacun des deux

---

2 Un panel présidé par Dominik Fugger, Franziska Turre et moi-même lors d'une journée des historiens allemands (51. Deutscher Historikertag 2016) a été consacré à ce sujet (« Paganisme ou paganismes. Visions du polythéisme au début de l'ère moderne »). Une publication est prévue.

3 *Mœurs des sauvages ameriquains comparées aux mœurs des premiers temps*, Paris, Saugrain et Hochereau, 1724, 2 vol. in-4° ; toutes les citations du présent article se réfèrent à cette édition.

volumes s'ouvre, juste après le sommaire, sur une « Explication des planches et figures », qui consiste en de nombreuses pages de notes sur les illustrations, de la main de l'auteur. Dans certains cas, il est discuté de la provenance de telle ou telle figure représentée, avec une précision remarquable qui va jusqu'à inclure des références bibliographiques, des mots-clés pour ainsi dire, richement documentés, qui anticipent, *in nuce*, les arguments du livre. Quant à savoir si les planches et les légendes ont été préparées avant ou après l'achèvement du manuscrit, il est difficile de l'établir avec assurance. Toutefois, il est évident que Lafitau lui-même a soigneusement dirigé et supervisé leur exécution. Pour sa méthode comparative et son approche combinatoire, pour son interprétation de la mythologie païenne comme théologie symbolique, le recours à des sources matérielles et picturales était essentiel ; il ne pouvait pas ne pas les introduire dans le livre publié : les planches représentaient un instrument-clé, un mode visuel de discours en quelque sorte. Comme Lafitau lui-même le formule clairement dans son introduction : « Ce que les descriptions ou les notes n'expliqueront pas assez, sera éclairci par les figures et le nombre de planches que je fais graver » (*ibid.*, p. 26). Et pourtant, en dépit de cette fonction démonstrative clairement et explicitement attribuée par le missionnaire jésuite à la mise en scène habile des illustrations, celles-ci n'ont fait l'objet que de peu d'attention, à quelques notables exceptions près[4].

Dans cet article je vais diriger mon attention sur trois planches qui apparaissent tôt dans le premier volume. J'ai l'intention de montrer qu'elles sont d'un intérêt et d'une importance particulières concernant la thèse centrale développée par Lafitau, dans ce livre conçu comme étude de la religion primitive. Elles font référence respectivement au mythe, et à l'origine et progression de l'idolâtrie, et font partie d'un type de gravure caractérisé dans les *Mœurs* par la juxtaposition sur la même page de plusieurs figures singulières. Claude Reichler a décrit ces représentations comme des « images présentatives » (Reichler, 1995, p. 61), à savoir des planches qui proposent une comparaison explicite entre des objets ; on peut les opposer à un groupe plus vaste d'« images narratives » (*ibid.*), synoptiques ou monoscéniques, des planches ethnographiques celles-ci, proposant un type de comparaison plus implicite.

4 *Cf.* Sturtevant, 1974 ; Certeau, 1985 ; Fries, 1992 ; Reichler, 1995 ; Paschoud, 2008 ; Borgeaud, Petrella, 2016 ; Motsch, 2016.

Les « images présentatives » étaient des *illustrationes* dans le sens attribué à ce mot par des antiquaires, tels que Lorenzo Pignoria, Cassiano dal Pozzo ou Athanase Kircher : pas simplement des images visuelles qui accompagnent un texte, mais plutôt des instruments d'« illustration » destinés à fonctionner directement, de plein droit, comme des éclairages et des preuves argumentatives[5]. Ces planches constituent donc une partie et une expression importantes de la méthode employée par Lafitau pour atteindre son objectif, un objectif qui, quoi qu'il en soit de la nature innovatrice de ses propositions ethnographiques, doit être envisagé dans le cadre sous-jacent de son projet apologétique et théologique.

Il convient de souligner que les trois planches sur lesquelles je m'arrêterai sont les seules, dans l'ensemble des deux volumes, à présenter des images d'« idoles » issues du contexte d'Asie du Sud et de l'Est, disposées à côté de représentations d'*antiquitates sacrae*. Un regard plus précis – tenant compte de leur position et de leur fonction dans le corpus d'images – permettra de discuter la genèse de chaque figure singulière, d'éclairer leurs origines respectives, aussi bien iconographiques que discursives, ainsi que d'examiner leur séquencement et leur disposition à l'intérieur d'une planche. On peut de cette façon parvenir à une meilleure compréhension de ce que l'on pourrait appeler un principe des images synoptiques chez Lafitau, avec ses illustrations qu'il conçoit de manière paradigmatique ; une meilleure compréhension aussi des parallèles et analogies extrêmement suggestifs entre l'idolâtrie ancienne et l'idolâtrie récente, ainsi que des multiples liens tissés entre ces trois planches et le fameux frontispice, et enfin de la construction délibérée par le missionnaire jésuite de preuves au service d'un modèle généalogique pour expliquer le paganisme. Cela permettra de mieux comprendre certains aspects spécifiques de la stratégie visuelle de Lafitau, et plus généralement de donner un meilleur aperçu de sa méthode et de ses intentions. L'inclusion de dieux asiatiques dans un essai sur les Autochtones des Amériques peut au premier abord paraître déroutante. J'essaierai toutefois de montrer, dans ma conclusion, que Lafitau a délibérément orchestré la représentation visuelle de figures cultuelles et d'éléments iconographiques issus des « peuples idolâtres des Indes orientales » dans son argumentation sur le développement et les différents

5 Wyss-Giacosa, 2019 (à paraître).

stades de la religion primitive, dans le but de conférer à son argumentation une dimension supplémentaire, en mettant en évidence ce qui est commun et, simultanément, ce qui diffère, entre ces Indiens orientaux et ces « Sauvages ameriquains ».

DES TORTUES PARTOUT

Le second chapitre des *Mœurs* traite de l'origine des peuples américains. Après avoir discuté de manière approfondie de la connaissance que les Anciens auraient eu du continent américain, de la manière dont il fut peuplé, et quand, Lafitau rapporte une version du mythe de création iroquois. Au temps où seul le vent existait, et où la terre n'existait pas, il y avait six hommes. L'un d'entre eux, aidé par des oiseaux, voyagea jusqu'aux ciel. Là, il rencontra une femme qui puisait de l'eau près d'un arbre et il la séduisit. Le Seigneur du Ciel, en découvrant cela, fut pris de colère et jeta la femme dans l'océan. Elle se serait noyée si une tortue ne lui avait offert une assise sur laquelle se tenir, une assise qui, avec le temps et l'accumulation de terre, devint une île peuplée par les descendants de Femme-Ciel, les ancêtres des Iroquois.

Le rendu visuel de cette « Fable de l'origine des hommes selon les Iroquois », comme l'indique la légende de la figure 1 de la première planche, a sûrement dû frapper les lecteurs, dans la mesure où la posture de la femme, que l'on voit en train de fuir le ciel, offre des similarités saisissantes avec l'iconographie biblique d'Ève (et d'Adam) au moment de l'expulsion du jardin d'Éden (ill. 33). De plus, la représentation de Femme-Ciel, en son apparence physique et ses vêtements, a de toute évidence été conçue comme proche d'une autre image de la même planche, la figure 3. Il s'agit de la Vénus Uranienne décrite par Pausanias ; elle se tient elle aussi sur une tortue au milieu des eaux, dessinée elle aussi à partir de l'imagination du graveur, « selon l'idée du graveur » comme le mentionne la légende, ce qui revient à dire d'après les instructions de Lafitau. Un des enchaînements argumentatifs centraux de Lafitau – qui fait d'Ève l'ancêtre de tous les cultes antiques d'une *Magna Mater*, ces cultes étant à leur tour les ancêtres de la tradition autochtone[6] – se trouve donc exprimé en images dans la Planche I, la toute première planche de la publication (mis à part, bien sûr, le frontispice et la carte de l'Amérique) et en même temps la seule de ce chapitre. Le texte se penche sur cette question, lui aussi, en soulignant explicitement des analogies entre le mythe iroquois et celui de la Genèse et en établissant, sur la même base morphologique et symbolique, des parallèles aux récits classiques d'Até et de Latone.

Après avoir éclairé les origines de la figure féminine expulsée du ciel, Lafitau se tourne vers la tortue, comme étant un autre motif important du mythe Iroquois. La tortue est présentée comme un symbole chtonien qui aurait perduré dans la culture iroquoise sous la forme d'un hochet fabriqué à partir de la carapace de l'animal, comme Lafitau l'expliquera plus en détail dans un chapitre ultérieur. Le missionnaire compare, en texte et en image, le hochet iroquois et le sistre d'Isis, sans oublier la lyre d'Apollon fabriquée à l'origine par Mercure à partir d'une tortue morte. Il traite aussi de l'usage de tels objets dans des contextes musicaux et divinatoires[7]. Pour apporter des preuves supplémentaires de la symbologie chtonienne de l'animal, Lafitau introduit d'abord des indices provenant de l'Antiquité : il note qu'Harpocrate était souvent représenté avec une tortue entre ses pieds, comme dans la figure 2 de la planche, une statue dont l'illustration est tirée du *Romanum Museum* (1690) de Michel-Ange de la Chausse. La figure 5, reproduisant une « main hiéroglyphique » discutée dans le second volume de l'*Œdipus Aegyptiacus* (1652-1654) d'Athanase Kircher, montre aussi une tortue, que Kircher expliquait comme un symbole de la terre[8].

Ce que le texte discute à l'aide d'une somme imposante de références littéraires, les lecteurs des *Mœurs* pouvaient le saisir en un coup d'œil grâce à toutes ces tortues rassemblées dans la première planche illustrée. N'y figuraient pas seulement des pièces de l'Antiquité classique ; Lafitau renvoyait à des traditions païennes plus récentes, en provenance

---

6 « S'il est vrai, comme je le dirai plus au long dans la suite, que la Ceres des Grecs, l'Isis des Egyptiens, et la Mere des Dieux des Phrygiens, ne soient autre chose qu'Eve, la Mere de tous les hommes ; presque toute la fable de la Mythologie payenne devra se rapporter aux temps qui ont précedé le Déluge ». (Lafitau, 1724, t. I, p. 36).

7 *Ibid.*, p. 211-218 et planches 8 et 9. *Cf.* Motsch, 2016.

8 Kircher, 1653, t. II, p. 451 : « *In posteriori vero manu sparte, signata O litera omnis generis reptilia, uti sunt Rana, Serpens, Lacerta, Testudo, … per Ranam Elementum humidum, per Testudinem terrestre [...]* ».

d'Asie, dans lesquelles cet animal représentait aussi l'élément chtonien. Dans la figure 4, il illustre et décrit brièvement l'une des incarnations de Vishnou, le dieu indien de l'Immanence, qui, comme il dit, prit la forme d'une tortue pour soulever une montagne qui menaçait d'écraser la terre[9]. Le dernier exemple mentionné est à nouveau emprunté à Kircher, cette fois-ci à sa *China illustrata* (1667) : la figure 6, placée sous toutes les autres images de la planche comme pour souligner la fonction de la tortue comme soutien, donne à voir un dragon chinois à carapace soutenant le monde[10]. Cette notion chtonienne était répandue, selon Lafitau, et son origine était partout la même : « Le fonds de cette fable, qui est par-tout la même, prouve que la Tortuë étoit un Symbole de cette Religion ancienne que les peuples ont travestie quand ils ont cessé de l'entendre » (Lafitau, 1724, t. I, p. 100).

La planche I (ill. 33) a toutes les caractéristiques d'un « montage » pictural, pour parler comme Aby Warburg. Elle réunit femmes célestes et tortues soutenant le monde, en les reliant dans le temps et l'espace. L'ensemble de la composition était conçu comme bien plus qu'une *demonstratio ad oculos* immédiate. Lafitau fit créer ou adapter toutes les figures en fonction d'un projet précis. Deux d'entre elles, Femme-Ciel et Vénus, furent selon toute évidence réalisées à partir d'une description textuelle, et commandées par l'auteur, qui voulait par elles étayer son argument. Les autres, Lafitau les rangea sous la catégorie de citations visuelles. En fait, il donna des informations très précises à propos de chaque source, mais une comparaison directe révèle des différences remarquables, ainsi que des adaptations. Par exemple, on dit de la main hiéroglyphique qu'elle a été empruntée à l'*Œdipe* de Kircher et Lafitau l'a expliquée en référence au texte de ce *polyhistor*. Toutefois, le modèle pour la gravure vient de l'ouvrage de de la Chausse, probablement parce que la qualité esthétique et donc le caractère identifiable de la tortue y étaient bien meilleurs[11]. On trouve l'exemple d'un autre type d'intervention avec

9 Lafitau, 1724, t. I, p. 99. Le rôle de Vishnou en son second avatar est communément décrit comme le soutien du Mont Mandara, rendant possible le barattage de l'Océan de Lait.

10 Lafitau fait référence à Kircher, 1667, p. 127 : « Le dieu Fe est un dragon volant qu'ils appellent l'esprit de l'air et des montagnes. Il est recouvert d'un bouclier en carapace de tortue. Ils ont emprunté cette fable aux brahmanes qui disent que le monde est né d'un dragon ou d'un serpent, comme il sera clairement expliqué plus loin ».

11 *Cf.* La Chausse, 1690, Section V, pl. 12, *Manus Aeneae pars exterior*. L'image de Lafitau est ici une image miroir.

la figure 4 : l'avatar *kurma* de Vishnou, à en juger par son style et sa forme, a très probablement eu pour modèle une statuette en bronze contemporaine provenant d'Inde du Sud[12] dont les traits ont été occidentalisés dans les *Mœurs* – une procédure clairement intentionnelle aussi utilisée dans la planche 5 (discutée plus bas). Cette adaptation peut s'expliquer par le fait que Lafitau avait tendance à homogénéiser ses sources, qui étaient rassemblées non en tant qu'objets d'étude individuels, mais comme confirmation de l'origine commune dont il faisait l'hypothèse. Le dragon chinois est un exemple supplémentaire de l'usage par l'auteur d'éléments visuels (et de leur construction) : il n'a utilisé qu'un petit détail, une seule figure parmi l'ensemble de la page gravée tirée d'un original taoïste reproduit dans la *China illustrata*. Comme il l'indique dans sa légende, Lafitau fit ajouter un globe pour rendre la fable chinoise plus intelligible (ill. 34). Lafitau invitait ainsi ses lecteurs à comparer les images de leurs propres yeux. Tout en introduisant chaque figure individuellement, il lia les images singulières les unes aux autres de manière visuelle et verbale, en faisant en sorte qu'elles s'enrichissent réciproquement d'une signification commune, qui vient en supplément. Plutôt que des objets, les planches et les figures deviennent pour lui des signifiants, et représentent des conjectures visuelles censées faire appel aux sens, comme autant d'éléments d'un argument discursif sur-imposé.

Il vaut certainement la peine de souligner le fait que Lafitau ne rassemblait pas simplement, sur une planche, un certain nombre d'objets : mais qu'il s'agissait d'objets recopiés, dans bien des cas, d'après des livres connus, et donc d'objets ayant déjà été discutés par d'autres érudits. Les contemporains du père jésuite ont pu percevoir ces figures comme des références, ou même des réponses à des discours ambiants. La question de l'interprétation de l'iconographie d'Harpocrate – en tant que symbole du silence, d'un silence ésotérique, ou comme une représentation du soleil – avait préoccupé des chercheurs tels que Kircher, Cuper et Spon[13]. Il en va de même de la main hiéroglyphique, objet mystérieux, intrigant, dont la signification et l'usage ont été débattus pendant des

12 La découpe du socle laisse à penser qu'il est fait de métal. La tortue semble très réaliste dans sa conception, même si le vêtement à hauteur de chaque hanche a été transformé en membres supplémentaires. On notera que la taille du *tilaka* vishnouite sur le front, dont la signification n'était probablement pas vraiment comprise, a été réduite.

13 Kircher, 1652-1654 ; Cuper, 1676 ; Spon, 1685.

décennies par des érudits tels que Tomasini et Montfaucon[14]. Les dix incarnations de Vishnou – les multiples transformations du dieu et les possibles secrets d'une théologie indienne qu'elles pouvaient recouvrir de leur voile– avaient fait l'objet central de publications sur le sous-continent depuis le XVIIe siècle, que ce soit par des voyageurs, des missionnaires catholiques ou protestants, ou encore des savants. La *China illustrata* de Kircher, cette somme sur les réalisations des jésuites en Orient, offrait une version condensée, en outre renforcée par des matériaux visuels nouveaux, de sa théorie diffusionniste sur l'idolâtrie, publiée pour la première fois plus de dix ans auparavant dans le premier volume de l'*Œdipus*.

Ainsi, une étude approfondie de cette seule planche des *Mœurs* et de son environnement est hautement instructive concernant la conception générale que Lafitau se fait de l'image. La première dimension à apparaître est celle du visible : différentes figures singulières sont disposées sur un fond neutre, chacune numérotée et ainsi liée aux autres, agencée en une séquence destinée à montrer les analogies et à permettre des comparaisons. Ensuite, si l'on pose la question de l'intention des producteurs d'images, celle aussi de l'« intermédialité » des images, du cadre de référence, des possibles interprétations de ceux qui les reçoivent, alors leur mise en scène synoptique, sur une seule planche, paraît être destinée non seulement à jeter un pont entre visible et invisible, mais aussi à révéler une seconde dimension, concernée par la construction générale, dans les *Mœurs*, de preuves picturales ayant pour objectif évident de persuader.

COMPARAISON DES PAGANISMES

Le quatrième chapitre des *Mœurs*, de loin le plus long, est consacré à la religion. L'argument principal de l'auteur était essentiellement fondé sur une histoire de la diffusion de de la religion de la Bible, à partir des origines adamiques et de la notion traditionnelle d'un *consensus gentium*, une foi universelle en Dieu[15]. De ce point de vue, toutes les formes de

14 Tomasini, 1649 ; Montfaucon, 1719, t. II, p. 328-329.

15 *Cf.* déjà dans l'introduction : « Une des plus fortes preuves que nous aïons contre eux (les Athées) de la nécessité et de l'existence d'une Religion, c'est le consentement unanime de

paganismes devaient avoir pour origine l'ignorance et la superstition, ce qui menait à l'altération et à la corruption de la religion pure et originelle. Comme nous l'avons vu, le postulat de Lafitau, caractéristique de l'ordre missionnaire jésuite et ancré dans un programme apologétique, était que la connaissance de Dieu est demeurée présente dans tous les peuples et nations de toutes les époques, et que des vestiges d'une notion divine sont par conséquent forcément détectables dans le paganisme :

> [Mais] quelque alteration qui soit arrivée à cette Religion, les idées de Dieu ne s'effacerent pas de telle maniere, qu'il n'en restât plus aucune trace ; car dans quelques erreurs où l'idolatrie ait plongé les Gentils, ils ne se sont pas tellement abandonnez à leurs Idoles, qu'ils en ayent perdu la connoissance d'un Dieu vrai et unique, qui est l'Auteur de toutes choses. (*Ibid.*, p. 119).

Les planches 4 et 5 sont les premiers énoncés visuels de ce chapitre-clé des *Mœurs*. Elles ont été délibérément placées après de nombreuses pages de considérations purement verbales afin de renforcer la démonstration à l'aide d'une clarification synthétique picturale. Les deux illustrations se suivent de près et forment une unité solidement interconnectée. Le tiers supérieur de la planche 4, qui a pour thème « Origine et progres de l'Idolatrie » – comme le précise le bref titre explicatif –, donne à voir un amoncellement de pierres, suivi de différentes pierres aux formes variées : une pyramide, un cône, ainsi que trois hermes (ill. 22). Bien que Lafitau n'offre aucune information quant à la source de l'image, Kircher semble une fois de plus avoir servi d'inspiration, étant donné les parallèles évidents avec l'une des gravures sur bois du premier volume d'*Œdipus* (ill. 35)[16]. La séquence de marqueurs aniconiques et anthropomorphes du divin était destinée à représenter les débuts de l'idolâtrie. Lafitau suggère ainsi qu'avec le temps, des idoles de plus en plus sophistiquées furent inventées. Par conséquent, une Diane éphésienne et une déesse syrienne sur un trône servent d'exemples de « figures symboliques », tandis que trois « figures panthéiques » sont représentées côte à côte dans la partie inférieure de la planche. Un médaillon illustrant une *Isis Mammosa* entourée, comme la légende l'explique, de symboles animaux correspondant aux quatre éléments, forme le centre dynamique de la gravure. La plupart

tous les Peuples à reconnoître un Etre superieur, et à l'honnorer en quelque maniere, qui fasse connoître qu'on sent sa superiorité, et le besoin qu'on a de recourir à lui » (Lafitau, 1724, t. I, p. 6).

16 Kircher, 1652, t. I, p. 384-392.

des images sont empruntées à de la Chausse : les divinités composites représentées sont, une fois encore, de célèbres *antiquitates sacrae*, des figures polysémiques très discutées dans la communauté des spécialistes de l'époque. Elles posaient un défi interprétatif et avaient déjà inspiré un grand nombre de théories[17]. Les trois images constituant le tiers inférieur de la planche, caractérisées par la multiplicité de leurs bras et de leurs têtes, sont interprétées par Lafitau comme des vestiges de la « Sainte Trinité ». Deux des légendes sont explicites, celle de la « Diana triformis, symbole de la Trinité » sur la droite, et celle de l'« Idole des Indes et du Japon, autre symbole de la Très-Sainte Trinité » au centre[18]. Comme l'explique la légende, cette dernière image est empruntée à Kircher. Le polyhistor avait en fait introduit cette figure à la fois dans *Œdipus* et dans *China* : il considérait ce « *Iaponiorum Numen Triceps* », sans doute fondé sur le dessin effectué par un confrère jésuite d'un *asura*, une divinité bouddhiste, comme une preuve de sa thèse selon laquelle les divinités d'Asie provenaient forcément d'Égypte (ill. 36). Sur la quatrième planche des *Mœurs*, cette image d'un objet d'Extrême-Orient est le seul exemple d'une idolâtrie plus récente. Sa frontalité attire le regard, et sa position sur la planche encore davantage : sous le médaillon, à la base d'un axe de composition vertical qui commence au sommet par les formes pyramidale et conique des idoles les plus anciennes. À travers le jeu bien orchestré entre les éléments verbaux et visuels du volume, les lecteurs de Lafitau devraient naturellement comparer ces images et les lier intuitivement les unes aux autres. En étudiant la planche 4, ils seraient conduits à percevoir, de manière sensible, les stades et les développements de l'idolâtrie comme étant parallèles dans le temps et dans l'espace, et à les lire, aidés par les légendes de Lafitau, à un niveau symbolique permettant invariablement de remonter aux vestiges de la vraie religion. Cette perception par les sens serait à nouveau confirmée par le texte, par exemple dix pages plus loin, lorsque Lafitau écrira :

> Peut-être vouloient-ils figurer en même-temps la Divinité, et ce qui leur restoit d'idées du Mystere de la Sainte Trinité dans les trois faces de ces Pyramides ;

17 Selden, 1617 ; Spon, 1690.

18 Lafitau avait déjà introduit cette notion au tout début de son essai : « On trouve, par exemple, des vestiges du Mystere de la très-sainte Trinité dans les mystères d'Isis ; dans les Ouvrages de Platon, dans les Religions des Indes, du Japon et des Mexiquains » (Lafitau, 1724, t. I, p. 9-10).

> du moins est-ce ainsi qu'aux Indes un Brame paroissoit concevoir les choses, et s'expliquer d'après les Anciens. (*Ibid.*, p. 148-149)[19].

Lafitau décrit le caractère hiéroglyphique de toute religion connue en Occident et en Orient – une théologie remplie de symboles – en expliquant que ce qui était prévu à l'origine comme un langage secret préservé à des questions divines était devenu de plus en plus obscur, de sorte que les gens finirent par ne plus le comprendre. Une fois l'idée originelle oubliée, ils se mirent à vénérer des objets, ignorant les concepts sous-jacents et le Créateur[20]. Alors que la planche 4 traitait des différents stades du paganisme qui s'en suivit, la planche 5 se focalise sur les parallèles entre les idoles anciennes et plus récentes (ill. 37). Deux paires, « Figures symboliques de l'Antiquité, parallèles à celles des Indiens » (*ibid.*, « Explication des planches et figures », planche 5), sont montrées. D'abord, une représentation d'Isis empruntée à de la Chausse est placée à côté d'une image de « Pussa » provenant de *China illustrata*. Dans l'ouvrage de Kircher, cette dernière était accompagnée du titre interprétatif suivant : « *Typus Pussae seu Isidis aut Kybele Sinensium* ». Ce magnifique rendu de l'original chinois, sans doute une gravure sur bois de Guanyin (ill. 38), émanation du Bodhisattva Avalokiteshvara aux mille bras[21], est une figure dont l'iconographie et la signification symbolique ont été décrites et expliquées en détail par Kircher[22]. Une comparaison des images de *China* et des *Mœurs* montre une claire occidentalisation des traits de visage de Pussa chez Lafitau et confirme le réductionnisme formel délibéré déjà noté sur la planche 1.

Il semble néanmoins utile de souligner le fait que Lafitau fait souvent référence à Kircher, à la fois verbalement et visuellement[23], y compris lorsqu'il modifie les matériaux du polyhistor pour les adapter à ses propres besoins. Il est indubitable qu'il connaissait très bien plusieurs des publications du vieux père. Il est également possible qu'à l'occasion d'un séjour à Rome, il ait visité le Museo Kircheriano et vu certaines dispositions d'objets suggestives, même si la collection ne devait plus être à l'époque, plus de trente ans après la mort de son créateur, dans

19 Lafitau fait ici référence à la lettre de son confrère jésuite Jean Venant Bouchet sur la métempsycose, adressée à Pierre-Daniel Huet.
20 *Cf.* Lafitau, 1724, t. I, p. 123.
21 « P'u-sa » est le terme chinois pour Bodhisattva.
22 *Cf.* Wyss-Giacosa, 2012.
23 Stolzenberg, 2013, p. 237-238.

le même état qu'à l'origine[24]. L'approche diffusionniste et la méthode comparative de Kircher, son usage prolifique de matériaux illustratifs, sa constante mise en scène d'analogies ont sans aucun doute inspiré Lafitau, qui a clairement adopté certains éléments de cette stratégie médiatique.

Dans le second parallèle de la planche 5, une ancienne « figure symbolique du soleil » est placée à côté d'une autre représentation de « Pussa » tirée de Kircher, en l'occurrence un exemple de l'iconographie populaire chinoise d'une Guanyin vêtue de blanc (ill. 39). Ici, c'est le halo de Guanyin qui a été quelque peu retravaillé, de façon à accentuer la similarité avec les rayons de la divinité romaine du soleil. Pour Lafitau, le soleil était le premier hiéroglyphe, le premier signe sacré. Il considérait son culte comme un phénomène très ancien qui avait précédé le sabéisme et qui représentait un type d'idolâtrie compréhensible et plus pardonnable :

> Dans la Theologie Hieroglyphique des Anciens, le Soleil, avant même les erreurs du Sabaïsme, fut regardé comme le Symbole de Dieu le plus expressif. (...) Il fut aussi le premier des Ouvrages de Dieu, qui attira l'attention des hommes, et dans lequel ils se proposerent d'honorer le souverain Maître, lequel, ne pouvant tomber sous les sens, leur devenoit en quelque sorte sensible dans ce Globe qui paroît animer le Monde, et porter par-tout une heureuse fécondité, en dispensant les trésors de châleur et de lumiere, qui sortent de son sein comme de leur source. (*Ibid.*, p. 128).

Le lien entre les deux paires parallèles sur la planche 5 semble donc très étroit, dans un jeu entre l'argument visuel et l'argument verbal qui se prolonge dans une discussion du culte du feu, à son tour immédiatement lié au soleil, entraînant la planche 6 consacrée à Vesta, souvent personnalisée par un feu sacré dans son temple. À l'instar de Pussa et Isis – et de Femme-Ciel et Vénus sur la planche 1 –, la déesse était un exemple pour le culte de la nature, le culte d'une *magna mater* qui avait Ève pour ancêtre.

Comme l'analyse des trois planches l'a espérons-le montré, Lafitau, à l'aide de ses parallélismes visuels, construit un *tertium comparationis*[25], tout en présupposant et postulant celui-ci comme un point de départ impératif à mettre en lumière à travers des analogies et des comparaisons. Les images,

---

24 Thérien, 2009, p. 199-200.

25 Motsch, 2001, p. 64 : « Lafitau utilise la "méthode comparative" à l'envers, c'est-à-dire qu'au lieu de la fonder sur un tiers commun et identique qui serait donné d'avance, il construit ce tiers ».

dans leur agencement délibéré, sont destinées à offrir aux lecteurs de multiples références temporelles et spatiales, dont chacune désigne son origine biblique comme le point commun historique et théologique obligatoire pour permettre une comparaison de l'humanité dans toute sa diversité.

« ÉCLAIRCI PAR LES FIGURES »

Les « planches présentatives » tracent un fil pictural à travers les *Mœurs* : en raison de l'immédiateté du médium visuel, elles contribuent à « clarifier » la démonstration, comme Lafitau l'avait annoncé dans son introduction, en la résumant périodiquement à mesure de son développement. Nombre de planches contiennent une référence directe au fameux frontispice (ill. 1). Cette gravure de composition complexe, du fait de sa fonction, sa position, et aussi sa conception iconographique, est à la fois synthèse et quintessence : c'est l'*illustratio* du livre tout entier. Dans sa première légende, Lafitau en décrit la composition en même temps qu'il explique sa méthode : elle est rendue visible, comme il le dit, grâce à deux génies. Ils présentent à la personne assise sur la droite, qui est sur le point de se mettre à écrire, des éléments de comparaison. Il convient de porter attention à la formulation exacte de la légende : « (…) en lui faisant *sentir* le rapport qu'ils peuvent avoir ensemble » (*ibid.*, « Explication des planches et figures », Frontispice). Ils lui font « sentir » la possible connexion entre des choses – ce qui est exactement l'effet attendu auprès des lecteurs, que Lafitau espérait de son corpus d'illustrations. Le choix des objets que les deux génies tiennent en main est lui aussi remarquable et montre certaines des sources centrales pour cette comparaison : une paire, dans les mains du génie debout, est composée d'un sistre Iroquois en forme de tortue et d'un sistre antique, attribut de la déesse Clatra. Dans le même temps, l'autre génie, qui a un genou à terre, présente une pipe cérémonielle et un caducée. Lafitau continue en expliquant que Chronos, le temps qui révèle toutes choses, aide le personnage à comprendre ce lien – « lui rend ce rapport plus sensible » – en désignant l'arrière-plan, où une « espèce de vision mystérieuse » révèle l'origine des hommes et « le système de revélation faite à nos premiers Peres après leur péché », le « fond de notre religion » (*ibid.*).

La première paire d'objets peut être interprétée en relation à la fois à la planche 1 et à la partie inférieure de la vision mystique, où l'on voit Adam et Ève de part et d'autre de l'arbre de la connaissance. En fait, Ève a la tête tournée vers les nuages, exactement comme Femme-Ciel chassée par le Seigneur du Ciel et sauvée par une tortue. Les instruments de musique dans la main du génie peuvent donc être interprétés comme une référence évidente à la Chute de l'Homme. La seconde paire d'objets concerne un autre aspect important de la culture Iroquoise traité par Lafitau, à savoir le rituel du serpent, dans lequel la pipe cérémonielle joue un rôle-clé pour rétablir la paix entre des ennemis. Comme Anna-Verena Fries l'a suggéré, la pipe renvoie à la partie supérieure de la vision, où est montré le fondement trinitaire de la foi chrétienne, et donc à la rédemption et au salut[26].

Si on laisse de côté le vaste champ de références contenu dans les *Mœurs*, il est encore possible de faire ressortir des parallèles visuels du frontispice avec d'autres publications bien connues de Lafitau et de ses contemporains : il y a une forte similarité entre la représentation de Chronos debout chez Lafitau et celle que l'on trouve sur le frontispice de l'édition française du *Romanum Museum* (1706)[27] de de la Chausse ; l'idée générale de Lafitau pour la composition du frontispice est similaire à celle de la page de titre de l'édition française de la *Pansebia* (1668) d'Alexander Ross, sur laquelle un ange montre un tableau eucharistique à un homme écrivant à son bureau[28]. L'édition par Nicolas Gueudeville des *Nouveaux Voyages* (1706) de Lahontan offre également des parallèles – et des différences – intéressants (ill. 40)[29]. Une personne en train d'écrire, et de nouveau, aussi, Chronos avec sa faux, sur le point de découvrir, ou peut-être de recouvrir, le globe terrestre sont montrés. Cependant, la chose la plus intéressante, dans ce contexte, est de comparer la représentation de l'idolâtrie dans les deux compositions. Sur le frontispice des *Nouveaux Voyages*, on voit une figure diabolique et gastro-céphale, placée de façon proéminente sur un piédestal et que Chronos désigne de sa faux. Il s'agit d'un cliché éculé mais populaire, qui remonte aux débuts du XVIe siècle : il a commencé comme une représentation de l'« idole indienne de Calicut » mais a très vite été employé pour la description de

26 *Cf.* Fries, 1992, p. 18.

27 La Chausse, 1706.

28 Ross, 1668. L'édition originale anglaise a été publiée à Londres en 1658.

29 *Nouveaux voyages du baron de Lahontan dans l'Amérique septentrionale, qui contiennent une relation des différens peuples qui y habitent*, 1706.

toutes sortes de paganismes contemporains, asiatiques ou américains[30]. Sur le frontispice des *Mœurs*, Chronos désigne la « vision mystérieuse ». Les idoles sont montrées elles aussi, en fait un grand nombre d'entre elles, à l'arrière-plan, et disséminées au premier plan, avec parmi elles une statue, ainsi qu'un médaillon, de déesse « multimamma ». Elles sont toutes, sans exception, des représentantes d'idolâtrie antique. Le frontispice de Lafitau ne montre aucune idole récente, d'aucune sorte. Seuls deux objets cérémoniels Iroquois sont illustrés, et ils sont explicitement connectés à la vision biblique de l'arrière-plan. Plusieurs des idoles antiques apparaissent également sur les planches, où elles figurent aux côtés d'idoles indiennes, chinoises et japonaises, pour expliquer l'origine et le développement de l'idolâtrie.

La question qui vient à l'esprit est alors la suivante : pourquoi aucune idole récente n'est-elle représentée sur le frontispice ? Pourquoi Lafitau a-t-il choisi des divinités asiatiques pour représenter le paganisme récent dans un livre consacré aux Autochtones ? Une remarque qu'il fait dans le chapitre sur la religion, dix pages après la planche 5, donne un indice :

> Tous les Sauvages ont des Monumens à peu près semblables. [...] On peut dire neanmoins en général que le grand nombre des Peuples Sauvages n'a point d'Idoles, et qu'ils n'ont pas donné dans cet excès, comme l'aveugle antiquité ou les Nations Idolâtres des Indes Orientales. (*Ibid.*, p. 151).

Les divinités asiatiques figurent sur les planches comme les preuves d'une grande divergence vis-à-vis de la vraie religion. Vue sous cet angle, l'absence d'idoles américaines sur le frontispice est un *argumentum e silentio* délibéré. Lafitau considérait clairement l'idolâtrie des Iroquois, *ses* sauvages à lui, comme moins mauvaise que celle des autres, et il estimait que leur culte du soleil et du feu était très proche de la religion primitive et pure qu'il essayait de reconstruire.

Paola VON WYSS-GIACOSA
Université de Zurich

30 *Cf.* Wyss-Giacosa, 2006, p. 200-207. Plus spécifiquement, la figure du frontispice des *Nouveaux Voyages* de Lahontan, 1706, est directement inspirée d'une gravure de « Vitzliputzli » dans Manesson Mallet, 1683.

LAFITAU AU MIROIR DE LA CURIOSITÉ

À l'époque où écrit Lafitau, cela fait déjà pratiquement deux siècles que les collectionneurs rassemblent, pour les exposer dans le secret de leur cabinet de curiosités – un secret néanmoins ouvert aux visites – tout ce que l'univers compte de merveilles de la nature et de l'art. D'une part les *artificialia* recouvrent des pièces produites par la main de l'homme : antiquités (monnaies, médailles, statues, inscriptions romaines, grecques, égyptiennes…), peintures, sculptures et estampes, et artefacts exotiques. D'autre part, les *naturalia*, ou productions de la nature, regroupent végétaux, animaux, minéraux ou métaux. Des catalogues décrivant les collections sont publiés, souvent accompagnés de gravures dont les éléments iconographiques finissent par instaurer au cours du XVIIe siècle une sémiotique propre à la curiosité, qui est à l'œuvre aussi bien sur les gravures des ouvrages en question que dans la peinture : certaines vanités, ou encore les toiles de Frans Francken, généralement intitulées « Cabinet d'art et de curiosité » en sont de bons exemples. Au début du XVIIIe siècle, certains codes sont désormais établis, que ce soit pour évoquer le lieu proprement dit de l'exposition des objets – sur les gravures et tableaux de cabinets – ou pour recenser certaines des belles pièces détenues par le collectionneur. Dans ce cas, les objets sont disposés côte à côte sur une planche gravée[1], dans un ordre que chaque collectionneur sera à même de justifier ; là encore, en dépit de quelques variations, une topique s'est peu à peu imposée : ce sont le plus souvent des planches thématiques, organisées par séries signifiantes au sein desquelles chaque objet est assorti d'un numéro qui renvoie à son explication dans le texte. Dans la tradition iconographique qui

1 Voir par exemple le cabinet de Nicolas Chevalier (Amsterdam, 1702, [https://curiositas.org/cabinet/curios293]), ou de Sainte-Geneviève (Paris, 1693, [https://curiositas.org/cabinet/curios283]).

s'est développée à l'ombre du collectionnisme, existe enfin le genre du portrait de collectionneur environné de ses marottes favorites, portrait synthétique destiné à donner une vue d'ensemble de l'orientation de la collection ou de ses particularités les plus remarquables ; Felix Platter, par exemple, prend la pose devant des restes archéologiques antiques, et il fait représenter à ses côtés les fameuses oranges qu'il avait réussi à faire pousser à Bâle, de manière à mettre en évidence ses talents de naturaliste et d'humaniste (ill. 41)[2] .

Il a été dit et supposé par Michel de Certeau[3] et par d'autres après lui que Lafitau exposait, notamment sur le frontispice des *Mœurs des sauvages ameriquains comparées aux mœurs des premiers temps* (ill. 1), une « collection », un « musée personnel », une « galerie », voire un « cabinet de curiosités[4] ». Nous voudrions ici revenir sur cette interprétation qui semble éveiller une belle unanimité dans l'historiographie, non pour la réfuter, mais dans l'idée de l'interroger pour en montrer les limites et permettre de la nuancer. Le point central de cette étude consistera en une confrontation des gravures de Lafitau avec les représentations iconographiques de véritables cabinets de curiosités contemporains – datés du premier quart du XVIIIe ou de l'extrême fin du XVIIe siècle. Cette datation restreinte permettra de se conformer à la représentation de la curiosité qui devait être précisément celle de Lafitau, sachant que de fortes variations ont accompagné l'évolution du phénomène entre la Renaissance humaniste et l'encyclopédisme des Lumières. Il s'agira ainsi de tendre aux gravures de Lafitau le « miroir » de la curiosité.

Toute la question est de savoir si Lafitau, parce qu'il rassemble des faits et des objets, constitue ce qu'on pourrait appeler une collection, et *a fortiori* un cabinet de curiosités. Sur le fond, cela revient à se demander si toute compilation qui sélectionne ses éléments peut être appelée une collection – et si tout historien qui mobilise des archives est un

2 Bock, 1584.

3 Dans une étude décisive du frontispice de Lafitau : Certeau, 1980 ; version française 1985 (voir en particulier p. 63-72). Les numéros de page qui seront donnés dans notre article réfèrent exclusivement à la version française du texte.

4 Voir Paschoud, 2008, p. 82. Motsch (2014, § 61), plus prudemment, parle de « culture de la curiosité » : « L'"antiquarianisme" et la culture de la curiosité s'unissent plus clairement dans son futur projet ethnographique, les *Mœurs des sauvages ameriquains comparées aux mœurs des premiers temps*, un ouvrage dans lequel il relie les sauvages contemporains aux barbares de l'Antiquité, mais cette dimension historique marque aussi sa démarche botanique. »

collectionneur. Pour cela il faudra s'interroger sur le statut de l'objet dans le discours : *res* ou *documentum* ?

Nous montrerons, en nous intéressant successivement au frontispice puis aux planches, comment la compréhension du livre de Lafitau comme une collection de curiosités ne résiste pas à un examen attentif : il s'agit à la fois d'une juste tentation et d'un leurre. Plus fondamentalement, il importera surtout de s'interroger sur les raisons qui poussent l'auteur à manifester cette affinité de surface avec la culture de la curiosité, pour s'interroger sur la fonction qu'il assigne à toutes les allusions trompeuses qu'il dissémine adroitement dans le texte comme dans l'image. Quel intérêt a-t-on en 1724 à vouloir se faire passer pour un « curieux » ?

LE LEXIQUE, PREMIER MIROIR AUX ALOUETTES

Il est avant tout nécessaire d'évoquer la forme afin de considérer les indices qu'a disposés Lafitau pour rendre possible une interprétation qui irait dans le sens du cabinet de curiosités. Premiers miroirs aux alouettes, certains éléments de lexique sont des termes récurrents sous la plume des collectionneurs. Le mot « curiosités », employé au pluriel pour désigner les choses exposées, est de ceux-là. Énoncé dès la description du frontispice, il semble identifier ce milieu spécifique et fonctionne comme un signal fort pour le lecteur. C'est lui qui donne le ton en étant placé à la fin de l'énumération des objets entourant le personnage ; à cette place, il apparaît comme un hyperonyme capable de résumer l'ensemble et de laisser ouverte la liste qui précède : « plusieurs monumens de l'Antiquité, Pyramides, Obelisques, Figures Panthées, Médailles, Auteurs anciens, et entre plusieurs Relations, Cartes, Voyages *et autres curiosités* de l'Amerique au milieu desquelles elle est assise » (Lafitau, 1724, t. I, « Explication des planches et figures », Frontispice [n.p.]).

L'énumération non fermée (« et autres… ») évoque un ensemble foisonnant dont il serait trop long de restituer tous les éléments, motif topique de la *copia* propre au cabinet de curiosités traditionnellement encombré de mille choses. Cette clausule bien connue du lectorat fait suite à une association également parfaitement reconnaissable d'antiquités égyptiennes, romaines, de médailles, d'*exotica* mais aussi de livres : autant d'objets qui constituent les repères traditionnels d'un cabinet de curiosités, intuition que le lecteur finalement confirme en lisant le mot « curiosités », investi, par sa place finale, d'une force conclusive.

Ensuite, les descriptions des différents objets qui composent les différentes planches de l'ouvrage, indiquant pour l'objet un nom, une origine, des détails quant à sa forme et des remarques sur son sens, sont à leur tour conformes à ce qu'on peut trouver dans l'inventaire d'un catalogue de l'époque. D'autant plus lorsque Lafitau ajoute ce qu'en disent d'autres collectionneurs, inscrivant en quelque sorte sa parole dans le vaste réseau de celles qui traitent en spécialistes de tels objets : « Main hiéroglyphique où la Tortuë est le symbole de la Terre, ainsi que l'explique le Pere Kirker, *Œdip. Aegypt. tom. 2. pag. 451, part. 2.* » (*ibid.*, pl. I, fig. n° 4).

Certaines autres remarques, insérées dans les mêmes descriptions, rappellent la fausse modestie des catalogues de collections, tel le regret typique du collectionneur qui avoue un manque, signalant l'insuffisance du texte ou de l'image à restituer la richesse des choses : « Cette Médaille a été mal prise par le Graveur » (*ibid.*, pl. XVII, n° 11) ; « Il y a encore d'autres Médailles semblables avec differentes Inscriptions. [...] J'aurois pû encore faire graver des Etendarts Romains [...] » (*ibid.*, n° 14) ; « Je pouvois encore faire graver ici trois Médailles très-curieuses, mais j'y ai fait attention un peu trop tard. » (*ibid.*, pl. XII).

Mieux encore, les occurrences de l'adjectif « curieux » ou termes équivalents (« singulier », « rare »), assorties d'intensifs de circonstance, arrivent volontiers sous la plume de Lafitau et guident un peu plus le lecteur vers l'interprétation déjà subodorée : « La Médaille, *Num. 12.* est *d'autant plus curieuse*, qu'elle est frappée [...] » (*ibid.*, n° 12) ; « La Figure 2. est *très-singulière* » (*ibid.*, pl. XII). La synonymie formant redondance avec le mot « singulier » apparaît également comme une tentation propre au discours hyperbolique d'un collectionneur : « Ce sistre m'a paru *très-singulier et très-curieux* à cause de cette conformité » (*ibid.*, p. 212)[5]. Est-ce à dire que Lafitau travaille comme l'avait fait Thevet, partant des *Singularités*[6] pour décrire des *Mœurs* ? Il en épouse le lexique du moins, et réemploie à l'envi le mot « curieux », y compris dans son sens étymologique de « soigné »

5 Nous soulignons par l'italique.
6 Thevet, 1558.

comme le montre dans le « Dessein » initial l'intention affichée, après d'autres, de « dire quelque chose de plus détaillé, de plus *curieux*, et qui même ait la grace de la nouveauté » (*ibid.*, p. 2). Lafitau saisit régulièrement l'occasion de mettre en valeur son propos en faisant appel à un vocabulaire ouvertement emprunté aux pratiques discursives des collectionneurs, où les mots « curieux » et « singulier » deviennent des critères d'appréciation du jugement, pratique courante chez les collectionneurs.

Toujours sur le plan de la forme, l'iconographie lance également des signaux troublants qu'il importe de soumettre à l'analyse pour se demander si l'on peut désigner l'œuvre de Lafitau comme une collection. Voyons jusqu'à quel point le frontispice et les planches adoptent successivement les codes iconographiques du cabinet de curiosités.

LE FRONTISPICE

LE GRAND DÉBALLAGE

Dans son grand déballage d'antiquités et « autres curiosités », l'image du frontispice propose des signes qu'il importe de confronter à leur modèle avoué, la culture de la curiosité, dans les mots mêmes choisis par l'auteur pour décrire cette planche. Michel de Certeau montre que trois éléments sont à l'œuvre sur la gravure du frontispice, le lieu « de la collection », les anges, l'auteur, et pour évoquer ce qu'il appelle la « collection » (Certeau, 1985, p. 69) du premier plan, il emploie les termes de « musée hétéroclite » (*ibid.*), « "galerie" » (avec guillemets, *ibid.*, p. 70), ou encore « musée personnel » de Lafitau (deux occurrences, *ibid.*, p. 70-71).

Cette lecture repose en partie sur la présence des objets divers, typiques des collections, jetés en vrac aux pieds du personnage qui s'apprête à écrire. Il est vrai qu'une telle *dispositio* rappelle les peintures de genre représentant des intérieurs de cabinets, modélisées et reprises pour ces portraits de collectionneurs ou de voyageurs amateurs de curiosités qui sont réalisés à la fin du XVIIe. Le frontispice réalisé pour l'édition de 1695 des *Voyages* de Balthazar de Monconys[7] développe

7 Monconys, 1695, première partie.

ainsi un portrait de l'écrivain plume à la main environné d'un beau désordre d'objets. Ceux-ci semblent l'inciter à la méditation ou à la rêverie (ill. 42), sorte de fatras poétique dont on comprend à la fois qu'il inspire et qu'il est destiné à trouver sa place dans l'ordre que lui offrira le texte écrit. L'amas d'objets semble être la matière première du texte. Cette soigneuse mise en scène n'implique pourtant pas que Balthazar de Monconys possède une collection – de fait, ce n'est justement pas lui, mais son frère qui en rassemble une – mais plutôt qu'il privilégie les cabinets de curiosités lors de ses voyages européens. Dans le code iconologique de l'époque, cette présence matérielle des objets au frontispice n'induit donc pas nécessairement l'existence d'une « collection personnelle » ; elle permet en revanche de faire comprendre au lecteur, aussi bien pour Monconys que concernant Lafitau, que l'auteur n'écrit pas à partir de souvenirs ou de vagues rumeurs, ni encore guidé par les fantaisies de son imagination. La disposition suggère au contraire que les éléments qui se trouveront dans le texte, si curieux soient-ils, ont bien été vus, sinon touchés (ils sont à portée de main, prêts à être saisis et manipulés), et que si l'auteur écrit à la lumière d'une vision personnelle, c'est toutefois en observant les choses et en les restituant sur le motif, comme un peintre réaliserait un portrait « au vif ». La ferveur de l'autopsie, qui a animé les écrivains voyageurs et les savants du XVIe siècle, a laissé sa marque dans les esprits. La présence des objets dispersés au sol a pour but de montrer que le texte, fondé sur des *realia*, répond au critère du vrai.

Notons au passage avec M. de Certeau que certains autres objets, visiblement issus de l'Égypte ou de la Grèce ancienne, ne sont pas dispersés au sol avec les autres, mais mis de côté. Leur place hors du désordre et plus en hauteur sur la gravure indique assurément un prestige lui aussi plus élevé[8]. Nous ajouterons que cette forme de hiérarchisation par la composition est une pratique déjà ancienne, comme le montre l'exemple déjà cité du portrait du Bâlois Felix Platter (ill. 41) qui place, plus haut encore que les oranges dont il est si fier, les vestiges antiques toujours plus chers aux yeux d'un humaniste.

Dans une autre mesure, la présentation pêle-mêle des éléments connote d'une part l'abondance indispensable à la renommée, et qu'il est donc essentiel de faire apparaître dès le seuil d'une collection – on songe au

8 Certeau, 1985, p. 45.

frontispice de Rumphius[9] (ill. 43) qui expose l'arrivée de coquillages par paniers entiers et débordants, ou encore au premier plan des tableaux de Francken, et au sol jonché d'objets sublimes des toiles de Jan Van Kessel, voire aux gravures qui dévoilent le contenu de tiroirs glorieusement vidés devant les armoires de Levin Vincent, célèbre collectionneur d'Amsterdam (ill. 44). Au sein de cette abondance topique, signe de richesse d'autant plus impressionnante pour le spectateur qu'elle n'est, paradoxalement, constituée que d'objets rares, Lafitau prend soin de ne pas faire figurer tous les objets de l'ouvrage au frontispice. C'est ici encore un procédé fréquent dans les catalogues de curiosités, dont la planche inaugurale est surtout destinée à attirer par un échantillonnage spectaculaire, métonymique dans sa forme pour laisser imaginer tout le reste à l'avenant, plutôt qu'à tout dévoiler d'emblée. Ainsi Levin Vincent ne montre que certains bocaux (avec lézards et crapauds), uniquement certains livres ouverts à certaines pages (l'oiseau de paradis), car ce sont de belles pièces de sa collection (ill. 45). Pour en voir plus, il faut venir en visite, ou à défaut ouvrir le livre. Lafitau, usant du même type de *captatio*, met l'accent au frontispice sur ce pouvoir suggestif des objets choisis, en insistant particulièrement sur une série d'objets associés à la religion, pièce maîtresse des développements du volume 1.

D'autre part, l'amas désordonné indique qu'il y a là des matériaux bruts livrés dans leur caractère énigmatique, d'autant plus énigmatiques qu'ils sont présentés dans une contiguïté étrange qui rend impossible une saisie globale ; la présence des autres objets crée une hétérogénéité qui rend en retour chaque objet plus bizarre qu'il ne le serait s'il était présenté seul. Ces énigmes à résoudre incitent au travail le personnage de l'écrivain qui bientôt trouvera un sens à toute cette diversité grâce à des recherches et à un travail de mise en ordre dont les planches suivantes témoignent – tous les objets représentés au frontispice seront ensuite reconnaissables, une fois ordonnés, sur les différentes planches de l'ouvrage. La présence pêle-mêle des objets participe donc de la mise en scène globale du travail de l'historien, en une combinatoire encore renforcée par la connotation studieuse de la table, la plume, le papier, et de la collégialité savante suggérée par les diverses figures allégoriques qui entourent le personnage de l'auteur. Si l'objectif de Lafitau, est, comme le dit M. de Certeau, de « reconstruire un monde à partir de reliques »

9 Rumphius, 1705.

(*ibid.*, p. 44), il gagne à rappeler ces composantes communes au travail d'ordonnancement et de compréhension du monde, tâche de l'historien et du collectionneur, même s'il ne se livre pas, *in fine*, à la réalisation d'une collection. C'est en effet à ce niveau du frontispice que s'arrêtent les rapprochements avec les collections de curiosités.

LES PERSONNAGES ALLÉGORIQUES

En effet, tant du point de vue du traitement de l'espace que de celui des personnages allégoriques, la gravure de Lafitau s'émancipe des codes qu'affectionnent les frontispices des catalogues de collection.

Du point de vue du lieu, d'abord, il manque à l'iconographie de Lafitau des éléments essentiels qui ont su s'imposer au début du XVIIIe siècle quant à la représentation spatiale des cabinets de curiosités. L'architecture en est volontiers grandiloquente : vastes dimensions, voûtes élancées vers le ciel, démultipliées en dômes successifs sont le propre des gravures du Collegio Romano d'Athanase Kircher (ill. 46) ou du cabinet de raretés de Rumphius (ill. 43) pour ne citer qu'eux : avant cette innovation graphique qui n'apparaît qu'à la fin du XVIIe siècle, le cabinet de curiosité était figuré sur les frontispices comme une pièce carrée ou allongée, jamais circulaire, plutôt étroite et obscure, remplie d'étagères tout aussi débordantes que le plafond est surchargé[10]. Or ces lieux, qui attirent désormais une mondanité savante plus aristocratique, voient leur représentation évoluer vers des formes où l'exagération des proportions et des échelles[11] oriente désormais l'espace dans le sens d'une élévation grâce à des perspectives nombreuses, des points de fuite aérés et vitrés avec balustrades, rideaux, élégants drapés, mobilier orné à Amsterdam (ill. 45), hauteurs de plafond quasi célestes et fondamentalement ouverts dans le cas de l'*oculus* d'Haarlem pour Levin Vincent (ill. 47) comme si ce *locus amoenus* du musée faisait se rejoindre le ciel et la terre. De telles compositions architecturales, pourtant chères à la curiosité de son temps, n'intéressent manifestement pas Lafitau, qui se

10 On se reportera pour ces représentations aux frontispices bien connus de Ferrante Imperato, de Francesco Calceolari, d'Ole Worm, ou de Basilius Besler.

11 Le frontispice du catalogue publié en 1678 à Amsterdam par Giorgio de Sepi montre des obélisques démesurément hauts par rapport à la taille des personnages, alors que celles qui ont été retrouvées dans les greniers sont des modèles qui n'excèdent pas un mètre de haut (voir sur ce point Rowland, 2000).

contente pour son frontispice d'un cadrage serré (sans plafond, ni murs latéraux) sur une pièce nue, tout juste agrémentée d'un rideau, et sans aucune armoire. Puisque cette chambre austère s'écarte radicalement des canons les plus attendus en ce type de lieu, on peut considérer qu'il n'y a certainement pas eu ici la moindre intention de représenter un cabinet de curiosités.

Les personnages allégoriques disposés sur la gravure de Lafitau n'ont rien à voir non plus avec ceux qui intéressent les collectionneurs. L'exemple du frontispice de Levin Vincent à Haarlem (ill. 47), qui comporte ainsi que celle de Lafitau son « Explication » développée sur cinq pages en latin[12], montre, au premier plan, assises au bas de l'estrade, devant les nombreuses armoires qui occupent les murs, les puissances tutélaires de la collection. Ce sont les allégories de la Nature (une Isis à multiples mamelles coiffée de murailles), du Voyage (une Amazone coiffée d'un nautile et tenant une rame), toutes deux entourées de deux personnages qui ressemblent à Apollon et à Mercure[13] mais que le texte préfère nommer le Curieux et la Curieuse. Le premier Curieux, muni d'un filet à insectes, soulève le voile de la nature pour s'émerveiller des splendeurs qu'il dévoile. Quant à la Curieuse, ses yeux tournés vers la gauche embrassent à la fois le Voyage, la Nature et le Curieux, et elle porte, prête à écrire, un calame sur l'oreille ; elle tient d'une main un caducée et une missive, et de l'autre un bocal contenant un lézard. Un livre est ouvert sur ses genoux à la page de l'oiseau de paradis, un herbier est dressé sous son bras. La Curieuse présente donc au lecteur les différentes techniques de conservation (herbier sec, dessin, bocaux), et d'exposition, ainsi que les échanges (lettres, billets écrits) qui font vivre la curiosité. Les portraits des collectionneurs fondateurs (Bréda, au médaillon central) ou méritants (la femme de Levin Vincent, qui a beaucoup œuvré pour la renommée de cette collection, figure à gauche) ponctuent un espace saturé de signes du sol au plafond – on trouve dans des caissons des allégories de l'Amérique, de l'Afrique en bas-relief, sur la balustrade sommitale un globe céleste, surplombant une lyre d'Apollon. Enfin, une nymphe tenant une ruche, symbole

12 Vincent, 1719, sign. A-A3v°.

13 La reconnaissance de Mercure et d'Apollon ne figure pas dans le texte en latin qui ne mentionne pas ces dieux. C'est cependant ainsi que Pierre Martin (2013, p. 113-117, part. p. 116) interprète ces personnages.

du butinage du collectionneur qui fait son miel de tout, occupe sur un piédestal une position centrale au fond de la pièce. Deux *putti* l'entourent, dont l'un tenant règle et compas représente l'ordre, et l'autre, qui a dans les mains un dessin et une queue de paon, la beauté des arrangements – deux critères indispensables pour un cabinet réussi[14]. C'est l'occasion de souligner une divergence chez Lafitau, où les *putti* certes présents sont les « génies » non du lieu, mais du livre. Ils tendent au personnage plusieurs objets à la fois pour signifier que la méthode sera comparative ; ils n'ont pas vocation à animer le lieu, contrairement à l'usage qui consiste à les représenter tantôt travaillant avec la muse du lieu, tantôt enthousiastes, batifolant et dansant dans l'espace d'exposition (ill. 48)[15].

Peut-être est-ce là le nœud de la question, du reste : Lafitau ne représente pas un lieu d'exposition. Or, l'exposition est une composante constitutive du cabinet de curiosités, dont l'ensemble du dispositif iconographique concentre ses effets sur le voir. Le lieu, sans renier ses ambitions savantes, parfois à juste titre désigné comme un théâtre, est le fruit d'une mise en scène car c'est un espace destiné à exposer des curiosités, espace de spectacle, de sociabilité, de visite. Au contraire, le frontispice de Lafitau s'apparente plutôt à une pièce entièrement dévolue à l'étude solitaire. Les objets n'y sont pas exposés, ils ne sont que posés, rendus disponibles pour être employés au profit d'une méditation.

On pourrait supposer, alors, que les planches ordonnées dans la suite du livre jouent, quant à elles, le rôle d'exposition des objets. Mais l'assimilation de ces planches à des vitrines de cabinets de curiosités n'est sans doute, là encore, pas si simple.

---

14 Voir sur ce point la *Lettre sur le choix et l'arrangement d'un cabinet curieux* que Dezallier d'Argenville fait paraître en juin 1727 au *Mercure de France* pour théoriser les formes et les méthodes du cabinet de curiosités [https://curiositas.org/lettre-sur-le-choix-larrangement-dun-cabinet-curieux-ecrite-par-m-dezallier-dargenville-secretaire-du-roy-en-la-grande-chancellerie].

15 Schley, 1725.

LES PLANCHES

AU MÉPRIS DE L'OBJET

On peut écrire des livres entiers pour les objets, pour les décrire, en faire l'éloge et en somme les exposer par le discours. C'est le propos des catalogues des collectionneurs. Rien de tel chez Lafitau. Les objets y sont traités, pour reprendre un mot de Michel de Certeau, comme des « documents », c'est-à-dire pour les faits qu'ils ont à apprendre au-delà de leur simple présence physique, mais non pas pour eux-mêmes. Lafitau n'éprouve pas le sentiment d'admiration ou d'émerveillement qui prévaut chez un collectionneur. Les manipulations et bricolages sans scrupules auxquels il se livre sur les objets qu'il présente suffisent à le prouver, le jésuite ne semble guère se soucier d'altérer l'intégrité de l'objet. Ce que ses planches exhibent, ce sont moins des objets, que ce qu'il veut leur faire dire : ils sont moins là pour être vus, que pour signifier. Et si d'elles-mêmes, les formes ne parlent pas assez, l'auteur n'hésite pas à forcer un peu les choses pour qu'elles fassent sens selon son désir : les objets sont convoqués pour accréditer un sens préétabli. Lafitau avoue ainsi avoir ajouté une sphère sur le dos d'un dragon (« on y a ajouté une Sphere pour donner une intelligence plus claire de la fable Chinoise », Lafitau, 1724, t. I, pl. I, n° 6, ill. 33), avoir réinventé la tête manquante d'une Vestale (« la Vestale est sans tête, mais le Graveur a jugé à propos d'y en mettre une de sa façon », *ibid.*, pl. XVII, n° 5), avoir habillé une déesse égyptienne (« ces Figures étant trop nuës, la bienseance m'a obligé de les faire revêtir, ainsi que beaucoup d'autres[16] », *ibid.*, pl. XII, n° 4-5). Quel collectionneur aurait eu l'idée saugrenue de vêtir ses statuettes nues ? Pas même le père Kircher, jésuite de Rome féru d'égyptologie. Et quel collectionneur voudrait encore de cette statuette égyptienne, une fois rhabillée par un jésuite du XVIIIe siècle ? Au fond, il semble de plus en plus difficile de défendre sérieusement l'idée que Lafitau expose un « musée personnel ». M. de Certeau lui-même, pourtant initiateur de cette lecture, ne peut manquer de reconnaître que « dieux et déesses,

16 La formulation « ainsi que beaucoup d'autres » laisse planer un doute sur l'intégrité de bien d'autres objets…

enveloppés de chemisettes, prennent des postures ridicules, sinon méconnaissables » (Certeau, 1985, p. 68). C'est bien là une façon de souligner que sur ce cas précis il y a une incompatibilité avec la révérence généralement montrée, grâce aux conditions d'exposition, envers les œuvres et ce qu'elles représentent. Voilà qui donne à réfléchir sur le rapport des gravures de Lafitau au modèle du « musée ». Sachant que la collection est une activité qui se concentre sur la culture matérielle, les bricolages suspects ou restaurations sauvages auxquelles se livre Lafitau ne sont pas le fait d'un collectionneur : l'objet matériel est littéralement tronqué ou remodelé pour se soumettre aux impératifs d'un discours multiple, tantôt didactique et tantôt moral, qui ne serait pas du goût de l'amateur érudit, et n'a que peu à voir avec la conservation de l'intégrité des objets. Le propos tenu ne rend pas justice aux objets, car c'est un discours qui les dépasse, les subordonne à un dessein supérieur, cherche à les rationnaliser (« enchaîner les choses de telle manière qu'elles se trouvent dans l'ordre qu'elles doivent naturellement avoir et leur donnant une telle liaison qu'elles paraissent suivre l'une de l'autre », Lafitau, 1724, t. I, p. 18). Ce qu'expose finalement Lafitau sur ses gravures, ce sont moins des objets que ses spéculations, qu'il appelle ses « conjectures » :

> Les Coûtumes des Sauvages m'ont donné des lumieres *pour entendre plus facilement, et pour expliquer* plusieurs choses qui sont dans les Auteurs anciens. [...] Quelques-unes de mes *conjectures* paroîtront légeres en elles-mêmes, mais peut-être que *rëünies ensemble* elles feront un tout, dont les parties se soûtiendront pour les liaisons qu'elles ont entre elles. (*Ibid.*, p. 3-4 ; nous soulignons)[17].

Comme le montre A. Paschoud, Lafitau « dresse des taxinomies et fait apparaître des points de similitude » (Paschoud, 2008, p. 82). Le jésuite entend prouver la persistance des usages et des mœurs. Or, convoquer des objets dans cette perspective implique que les singularités propres à chaque objet soient volontairement estompées au profit d'un discours unifiant, attentif au contraire à établir des traits communs. Aucun collectionneur ne procèderait de la sorte. Entre autres exemples possibles, le traitement de la planche des instruments de musique

17 La fonction de l'image serait alors d'appuyer les hypothèses du texte pour les faire passer de l'état de « conjectures » à celui de certitudes (voir Paschoud, 2008, p. 83). Les illustrations ont manifestement un sens qui va bien au-delà que la simple fonction de montrer des objets comme le feraient des vitrines.

(Lafitau, 1724, t. I, pl. VIII), marquée par la persistance dans le discours du mot « sistre » pour nommer chacun des objets, montre bien que le texte vise à uniformiser plutôt qu'à distinguer : au fond, ce que Lafitau souhaite faire apparaître, c'est que tous sont des « sistres », « la pluralité [...] devenant synonyme d'unité » (Paschoud, 2008, p. 86[18]) ; cette habile remarque d'A. Paschoud nous semble dès lors difficilement compatible avec le fait d'en déduire que « les planches [...] constituent à bien des égards de véritables "cabinets de curiosités" au sens que l'âge classique a donné à ce terme » (*ibid.*). Le mouvement de la pensée est en effet fort différent par rapport à celui qui anime un collectionneur de curiosités dont l'attention, au contraire, se mobilise sur la question de la pièce unique et de la singularité des choses qu'il s'emploie à particulariser, y compris quand il les fait figurer dans des ensembles ou des séries.

DES CLASSEMENTS NON CANONIQUES

Dès lors, l'organisation des objets sur la planche subit la distorsion endogène que nous avons déjà observée, tournée vers un projet autre que celui d'une prise en compte de chaque objet pour lui-même. La comparaison avec l'organisation des planches du père du Molinet, auteur de la collection de la Bibliothèque Sainte-Geneviève, montre que ce dernier rassemble ses objets sur les gravures par lieux d'origine (objets romains, objets égyptiens...) quand Lafitau mêle les origines au profit d'un propos peut-être plus dynamique[19] mais en tout cas moins soucieux de la spécificité de chaque pièce. Sur ses planches, Lafitau est moins attaché à montrer des objets qu'à mettre en évidence le raisonnement qui les rapproche les uns des autres : il expose davantage des savoirs que des formes matérielles, et cherche à faire valoir plus que tout une « vision mystérieuse » qui les dépasse allègrement. Il est bien ici question du statut de l'objet, qui apparaît comme instrumentalisé par quelqu'un qui n'est pas un collectionneur, qui déclasse les rangements des cabinets... et qui n'a pas nécessairement les objets sous les

18 Voir aussi dans le même article, « l'entreprise aboutit finalement à une absence de différenciation, ce dont témoignent par redoublement les planches » : Paschoud (2009, p. 84) montre bien que toutes les singularités sont « présentées comme de simples variantes d'un même principe de base ».

19 Plus dynamique que ne le serait la « perspective statique et cumulative » d'une collection d'objets ethnographiques (*ibid.*, p. 76).

yeux : ces planches gravées sont en effet des gravures de gravures. S'y retrouve un assemblage d'objets trouvés dans les livres et les collections prestigieuses qu'il cite, l'agathe du cabinet du roi, certaines antiquités de Spon, de Kircher, du père du Molinet… S'il semble avoir une bonne connaissance du monde des collectionneurs, cela ne signifie pas que Lafitau prétende être l'un des leurs. En revanche, il procède à une utilisation superficielle de la curiosité, en prélevant ici et là dans les collections, en réutilisant les mots des collectionneurs, mais non pas leur méthode. Chez lui, l'objet de curiosité est là pour accréditer un discours qui n'émane pas de l'objet-même, mais qui le précède. L'objet, devenu simple argument, perd, en dépit d'un lexique stratégiquement disposé, son statut de curiosité.

Reste à savoir pourquoi Lafitau maintient cette confusion autour de la notion de collection alors que la collection n'est à l'évidence pour lui pas une fin en soi. Quels sont les enjeux de ses multiples emprunts à la culture de la curiosité ?

FONCTIONS DE LA CURIOSITÉ

INTELLIGIBILITÉ DU PROJET

La première des hypothèses pourrait être de considérer que c'est une manière pour lui de rendre intelligible un projet qu'il sait profondément novateur et qui sonnera comme « curieux » aux oreilles de ses contemporains. La culture de la curiosité lui donne une sorte d'assise, au sens où en tant que référence identifiable par tous, elle permet d'être reconnue ou du moins identifiable, presque rassurante. Pour reprendre un mot de Michel de Certeau, « l'érudition n'est pas une robinsonade » (Certeau, 1985, p. 70) : en s'affiliant à la curiosité, Lafitau montre qu'il ne s'embarque pas seul sur une île déserte, dans une aventure où tout serait à inventer, mais qu'il s'inscrit dans le prolongement d'un mouvement qu'il ne fait qu'accompagner à sa façon. Et qu'il va même dépasser, non sans puiser en lui son inspiration. Les pièces qu'il fournit lui viennent pratiquement toutes du milieu des collections, où elles sont fameuses, et il cite la collection dont chacune est issue : elles sont donc parfaitement reconnaissables. Cet effet citationnel lui ouvre certainement une entrée dans la communauté des collectionneurs, voire lui permet de s'adresser à ces connaisseurs, pour leur proposer, de leurs objets ici rassemblés dans une sorte de collection des collections, une interprétation originale et tout à fait nouvelle. En empruntant certains codes connus et partagés du milieu des collectionneurs, il désigne un public. Choix stratégique pertinent, puisque les curieux sont un public avide de discours et de nouvelles révélations sur les objets. Et il annonce ainsi que ce projet, tout étonnant soit-il, est le fruit d'un échange, est nourri aux bonnes sources, par la consultation des collections les plus renommées de son temps, qui ont l'avantage d'avoir déjà sélectionné pour lui les fragments épars des époques lointaines qui vont lui être utiles. Si collection il y a chez Lafitau, c'est donc une collection au second degré, une sorte d'anthologie guidée par un dessein spécifique, une « vision » d'ordre idéologique ; mais les modalités pratiques de la collection, dans l'économie du livre, s'apparentent plutôt à une somme de compilateur qu'à une œuvre de collectionneur.

LÉGITIMITÉ DU DISCOURS

La deuxième hypothèse envisageable consiste à considérer que si cette figuration de la curiosité n'est qu'un vernis de circonstance, elle est une manière d'inscrire les « Mœurs des premiers temps » dans les mœurs de *son* temps. Stratégiquement, Lafitau entend montrer que son projet n'est pas incongru au sens où il répond à une attente de son époque, voire à une demande, à un plaisir qui est dans l'air du temps. Plaisir de la curiosité qu'il n'oublie pas de justifier, puisque son « système » exposé en tête d'ouvrage repousse justement la « vaine curiosité[20] ». Si elle est guidée par de si louables desseins (former les mœurs), la curiosité ne saurait être considérée comme vaine. Et selon un échange de bons procédés, de ce bon usage de la curiosité ne saurait émaner qu'un « système » à son tour hautement légitime.

Dès lors, les signes de la curiosité placés au frontispice ont sans doute pour fonction de désamorcer les craintes du titre : ils affirment

20 « Ce n'est pas en effet une vaine curiosité et une connoissance stérile que doivent se proposer les Voyageurs qui donnent des Relations au Public, et ceux qui aiment à les lire. On ne doit étudier les mœurs que pour former les mœurs, et il se trouve par-tout quelque chose dont on peut tirer avantage. » (Lafitau, 1724, t. I, p. 4-5).

que celui qui s'occupe des « mœurs des sauvages ameriquains » n'est pas un Huron – la curiosité montre qu'il est au fait de la sociabilité de son monde européen – et que celui qui s'occupe des « mœurs des premiers temps » n'est ni dépassé, ni nostalgique : il n'écrit pas une histoire inactuelle ou passéiste, puisqu'il inscrit son intérêt dans les pas des plus grandes collections de son temps. Quand le titre peut faire craindre une absence à ses propres mœurs, le frontispice qui lui fait face accumule de multiples formes identifiables de la curiosité, c'est-à-dire d'un phénomène parfaitement contemporain qui montre à tous qu'incontestablement l'Antiquité n'a pas pris une ride[21] : ces indices disséminés un peu partout par Lafitau sont destinés à témoigner de la nécessité de son discours dans un présent si entiché de la curiosité qu'il s'intéresse au premier chef aux formes du passé et du Nouveau Monde. Grâce au miroir déformant de la curiosité, l'auteur n'expose pas une collection, mais impose habilement l'idée que son discours est ancré dans les « mœurs » de son temps.

CONCLUSION

Nous en concluons qu'il n'est pas très étonnant, pour quelqu'un qui s'ingénie à associer les mondes entre eux, d'aller puiser du côté d'une culture, celle de la curiosité, qui témoigne de la rencontre entre les mondes. Lafitau trouve dans les collections de curiosités le *matériau* dont il a besoin, un *lexique* qui sied à son propos et une *iconographie* dont il n'hésite pas à s'approprier certains codes qu'il oriente à son avantage. En revanche, il semble finalement difficile de soutenir durablement l'idée que Lafitau constituerait une collection personnelle ou un musée : s'il prend appui à des fins personnelles sur l'univers des cabinets de curiosités, il s'en tient à un contact de seconde main avec des objets qu'il n'a que faire de posséder, et surtout abolit la singularité de l'objet, rendue indésirable par la tournure unifiante du raisonnement. Nous avons constaté en outre que l'intégrité de l'aspect matériel des pièces n'a qu'un intérêt

21 Selon l'idée paradoxale mais profondément juste que « l'Antiquité aussi est un produit moderne » (Certeau, 1985, p. 71).

accessoire sur les planches du traité. Faisant peu de cas, en ce sens, de la culture matérielle, de manière très paradoxale étant donné son propos, Lafitau transforme les « curiosités » en un simple argument, soit en un « lieu » du discours. Sur ses gravures et dans son propos l'objet n'est pas traité comme un objet de collection parce qu'il n'est pas une fin en soi ; il est subordonné à l'autorité surplombante du dessein. Les seules découvertes qui vaillent sont celles du raisonnement.

L'objet est donc promené à sa guise par le porteur du discours. Si l'on distingue trois[22] types de mise en situation de l'objet sur les gravures, on peut repérer dans un premier cas une mise en scène contextualisée (danse rituelle, mœurs sauvages...) : l'objet est représenté pour mieux raconter les mœurs des sauvages. Un deuxième type de gravure dispose les objets sans l'homme qui les a façonnés ou les utiliserait. Cet autre type de mise en scène est généralement jugée plus descriptive car elle sort l'objet de son contexte ; à notre sens, elle est pourtant encore narrativisée, à ceci près que la narration n'est plus tout à fait ethnographique. C'est le récit de l'historien que sert maintenant l'objet : il entre avec ceux qui l'accompagnent sur la gravure, dans le flux de la « vision mystérieuse » de l'auteur. Sa présence n'a de sens qu'au profit de l'élaboration d'une histoire, celle, cette fois, non d'une communauté sauvage, mais de l'humanité.

Le troisième cas que nous souhaitons mettre en lumière constitue chez Lafitau un dernier procédé de représentation figurée, et qui semble être ici spécifique à l'objet exotique. C'est le cas de l'objet que l'on pourrait dire « suspendu », extrait de son contexte comme un cartouche, un aparté à même la planche qui met en scène son fonctionnement. Il en va ainsi de la raquette dont le texte dit qu'elle est « en l'air », des trois calumets ailés qui volent ensemble au-dessus de la scène qui les montre en situation, ou encore du wampum montré comme par une loupe grossissante au bas du dessin. Seuls ces cinq objets sont à la fois mis en scène dans leur milieu d'origine et prélevés par l'œil ou la main du collectionneur, sortis du circuit de l'usage quotidien[23]. Une telle

22 Laissant de côté le désordre topique du frontispice étudié précédemment, nous distinguons trois types de mises en situation de l'objet sur les gravures de l'ouvrage, ce qui constitue une alternative à la distinction à deux termes de Paschoud (2008) entre gravures descriptives (objets isolés alignés sur la page) et narratives (scènes ethnographiques incluant des objets).

23 Ce qui permet de définir l'objet de collection selon Pomian (1987, p. 15-80) : objet qui, isolé et comme exilé, est extrait des circuits économiques, et destiné désormais à quitter son usage premier pour être exposé, immobile, dans quelque musée.

représentation est synthétique, car elle raconte simultanément l'histoire des mœurs des sauvages et des mœurs des collectionneurs de l'ancien monde qui s'intéressent à l'étrangeté de ces objets. C'est ainsi que la catégorie des objets exotiques semble seule échapper à ce fonctionnement global de l'œuvre que nous avons vu peu scrupuleux vis-à-vis des curiosités, et ramener Lafitau malgré lui à une poétique de la collection. L'objet, reproduit fidèlement, cette fois pour lui-même (« la Raquette qu'on voit en l'air, est fort bien faite et fort ressemblante » : Lafitau, 1724, t. II, pl. XI), semble avoir été soigneusement observé et ne vaut plus pour une totalité plus vaste qu'il accréditerait : sans doute exerce-t-il sur l'auteur une fascination assez particulière pour mériter d'être mis à part, tout en haut, légèrement détaché de son milieu d'origine et comme accroché au mur, dans le ciel… épinglé au ciel de la gravure ainsi devenu, pour de bon, comme le velours d'une vitrine.

Myriam MARRACHE-GOURAUD
Université de Bretagne Occidentale,
Brest, HCTI E.A. 4249

ILLUSTRATIONS

ILL. 1 – Joseph-François Lafitau, *Mœurs des sauvages ameriquains*, Paris, Saugrain l'aîné, C. E. Hochereau, 1724, frontispice. Genève, BGE, Fa 917.

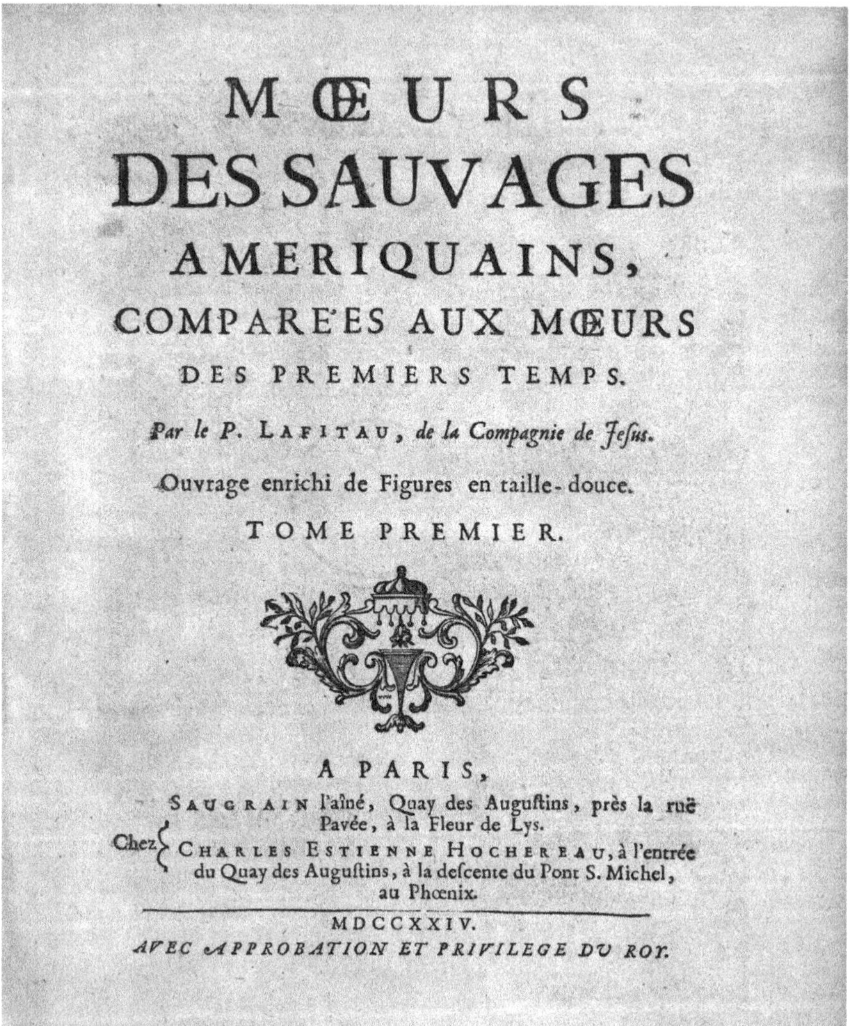

MŒURS

DES SAUVAGES

AMERIQUAINS,

COMPARÉES AUX MŒURS

DES PREMIERS TEMPS.

Par le P. LAFITAU, *de la Compagnie de Jesus.*

Ouvrage enrichi de Figures en taille-douce.

TOME PREMIER.

A PARIS,

Chez { SAUGRAIN l'aîné, Quay des Augustins, près la ruë Pavée, à la Fleur de Lys.
CHARLES ESTIENNE HOCHEREAU, à l'entrée du Quay des Augustins, à la descente du Pont S. Michel, au Phœnix.

MDCCXXIV.

AVEC APPROBATION ET PRIVILEGE DU ROY.

ILL. 2 – Joseph-François Lafitau, *Mœurs des sauvages ameriquains*, Paris, Saugrain l'aîné, C. E. Hochereau, 1724, page de titre typographique. Genève, BGE, Fa 917.

Ill. 3a – Yann Marussich, *Agokwa*, Emmanuel Mottu, *Extinction*, Pablo Osorio Avezsa, *Tonal*, Genève, Espace Cheminée Nord, Usine Kugler, 2-18 décembre 2016, curatrices : Mélanie Lozat et Sara Petrella.

Ill. 3b – Emmanuel Mottu, *Extinction*, gravure sur cuivre et eau-forte, 2016.

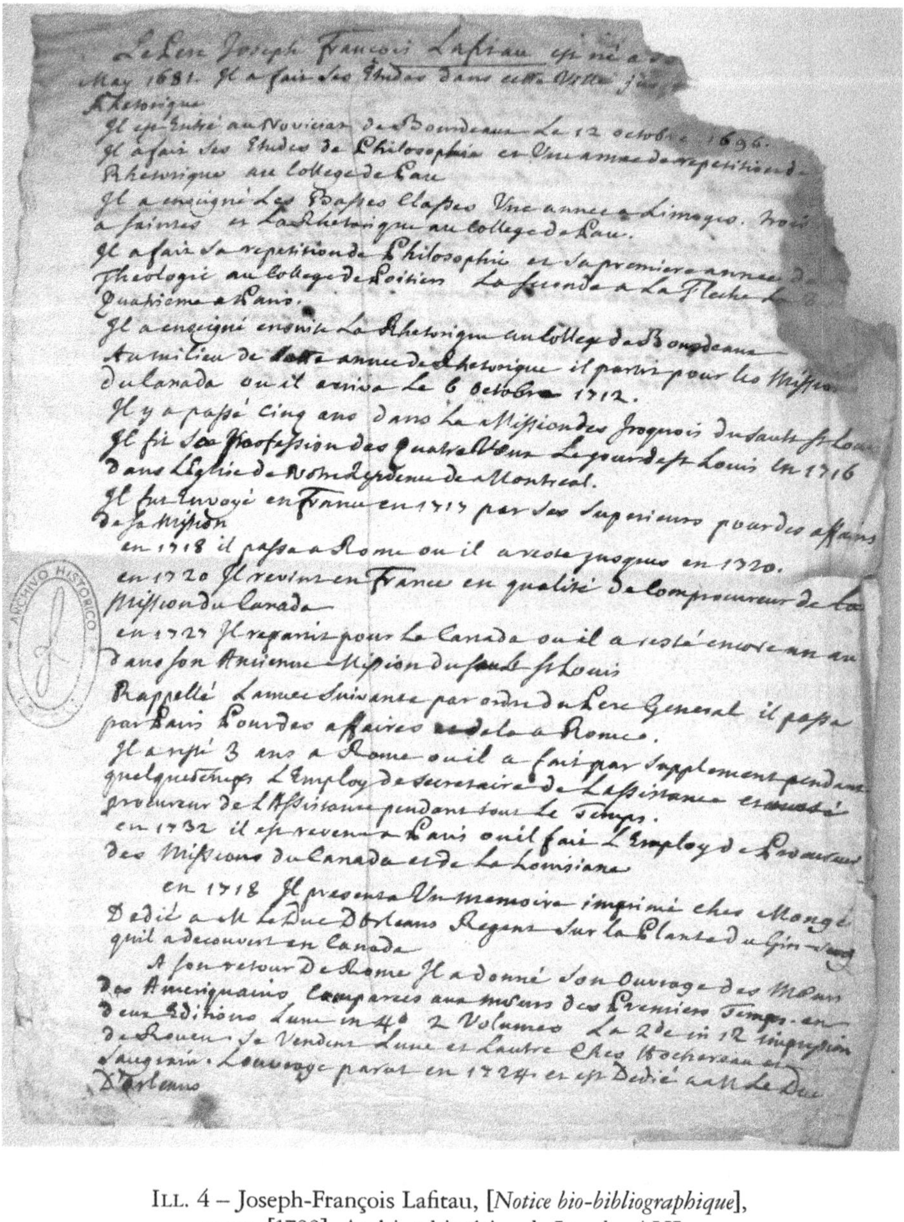

Le Pere Joseph François Lafitau est né a [illegible]
May 1681. Il a fait ses Etudes dans cette Ville jusq[illegible]
Rhetorique
Il est entré au Noviciat de Bordeaux Le 12 octobre 1696.
Il a fait ses Etudes de Philosophie et une annee de repetition de
Rhetorique au College de Pau
Il a enseigné Les Basses Classes Une annee a Limoges. trois
a Saintes et La Rhetorique au College de Pau.
Il a fait sa repetition de Philosophie et sa premiere annee de
Theologie au College de Poitiers La seconde a La Fleche La [illegible]
Quatrieme a Paris.
Il a enseigné ensuite La Rhetorique au College de Bordeaux
Au milieu de cette annee de Rhetorique il partit pour les Missions
du Canada ou il arriva Le 6 octobre 1712.
Il y a passé cinq ans dans La Mission des Iroquois du Sault St Louis
Il fit sa Profession des quatre Voeux Le jour de St Louis en 1716
dans L'Eglise de Notre dame de Montreal.
Il fut envoyé en France en 1717 par ses Superieurs pour des affaires
de sa Mission
en 1718 il passa a Rome ou il a resté jusques en 1720.
en 1720 Il revint en France en qualité de Comprocureur de la
Mission du Canada
en 1727 Il repartit pour Le Canada ou il a resté encore un an
dans son Ancienne Mission du Sault St Louis
Rappellé L'annee suivante par ordre du Pere General il passa
par Paris Pour des affaires et de la a Rome.
Il a esté 3 ans a Rome ou il a fait par supplement pendant
quelque temps L'Employ de secretaire de L'assistance et a esté
procureur de L'Assistance pendant tout le temps.
en 1732 il est revenu a Paris ou il fait L'Employ de Procureur
des Missions du Canada et de La Louisiane
en 1718 Il presenta Un memoire imprimé chez Mongé
Dedié a M. Le Duc D'orleans Regent sur la Plante du Gin-seng
qu'il a decouvert en Canada
A son retour de Rome Il a donné son Ouvrage des Moeurs
des Ameriquains Comparees aux moeurs des Premiers Temps. en
deux Editions L'une in 4° 2 Volumes La 2e in 12 imprimée
de Rouen. se Vendent L'une et L'autre Chez Hochereau et
Saugrain. L'ouvrage parut en 1724 et est Dedié a M. Le Duc
D'orleans

ILL. 4 – Joseph-François Lafitau, [*Notice bio-bibliographique*], recto, [1733], Archivo histórico de Loyola, AHL. Bibliografía Jesuítica. Legajo nº 6 (photo. A. Motsch).

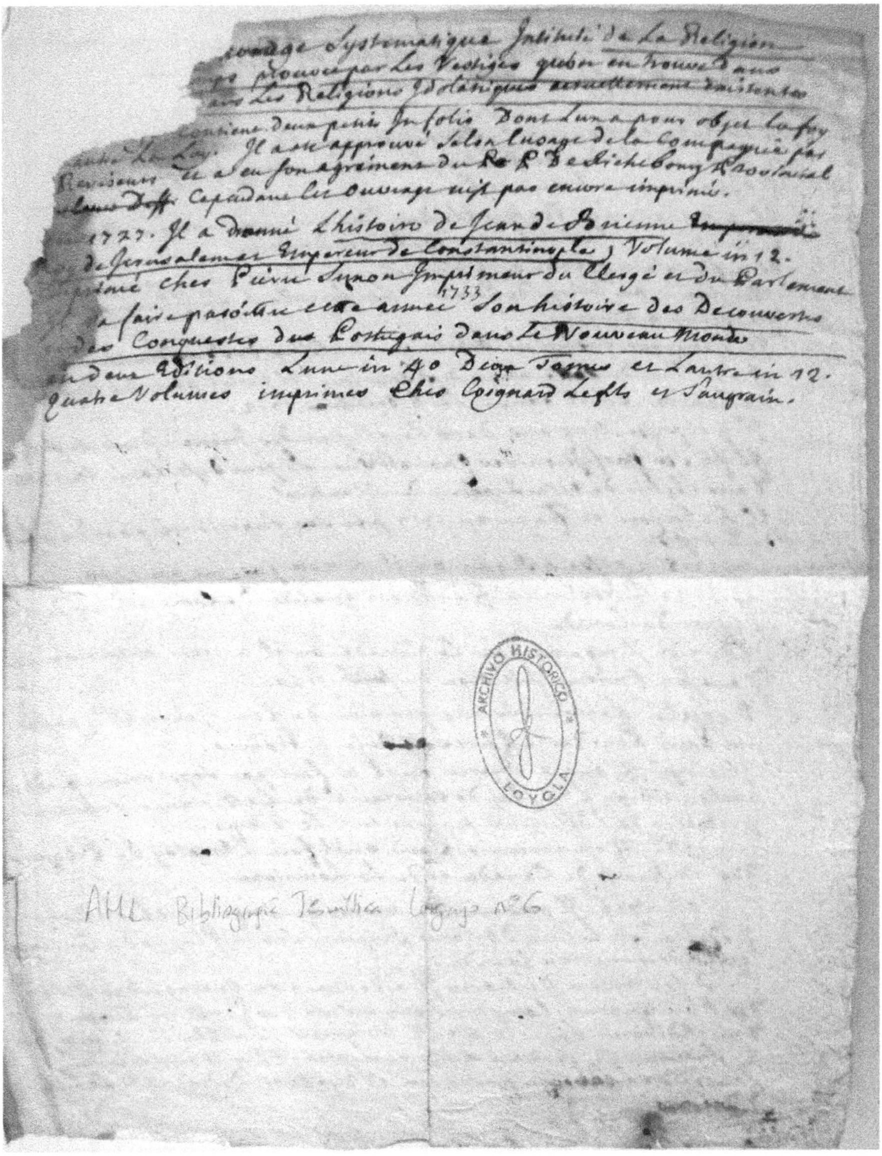

ILL. 5 – Joseph-François Lafitau, [*Notice bio-bibliographique*], verso, [1733], Archivo histórico de Loyola, AHL. Bibliografía Jesuítica. Legajo n° 6 (photo. A. Motsch).

Ill. 6 – Joseph-François Lafitau, *Mœurs des sauvages ameriquains*, Paris, Saugrain l'aîné, C. E. Hochereau, 1724, t. II, pl. 1, p. 19.
Genève, BGE, Fa 917.

Ill. 7 – Joseph-François Lafitau, *Mœurs des sauvages ameriquains*, Paris, Saugrain l'aîné, C. E. Hochereau, 1724, t. I, pl. 12, p. 236. Genève, BGE, Fa 917.

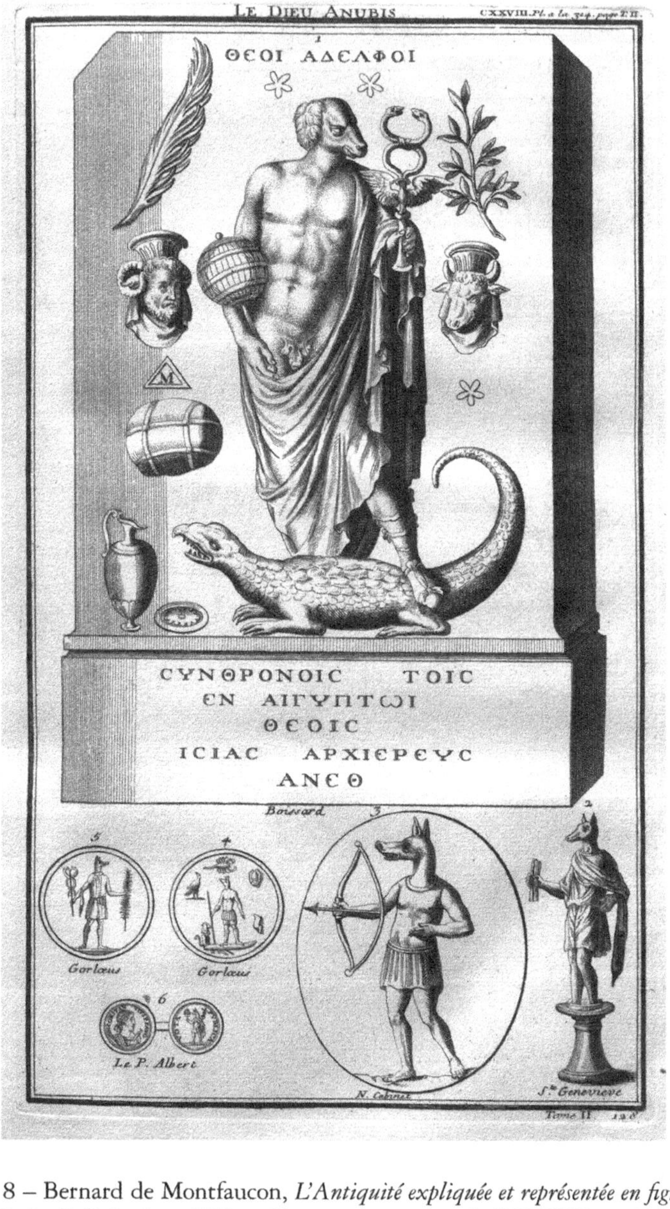

ILL. 8 – Bernard de Montfaucon, *L'Antiquité expliquée et représentée en figures*, Paris, F. Delaulne, 1719, t. II, seconde partie, pl. CXXVIII, p. 314. Neuchâtel, BPU.

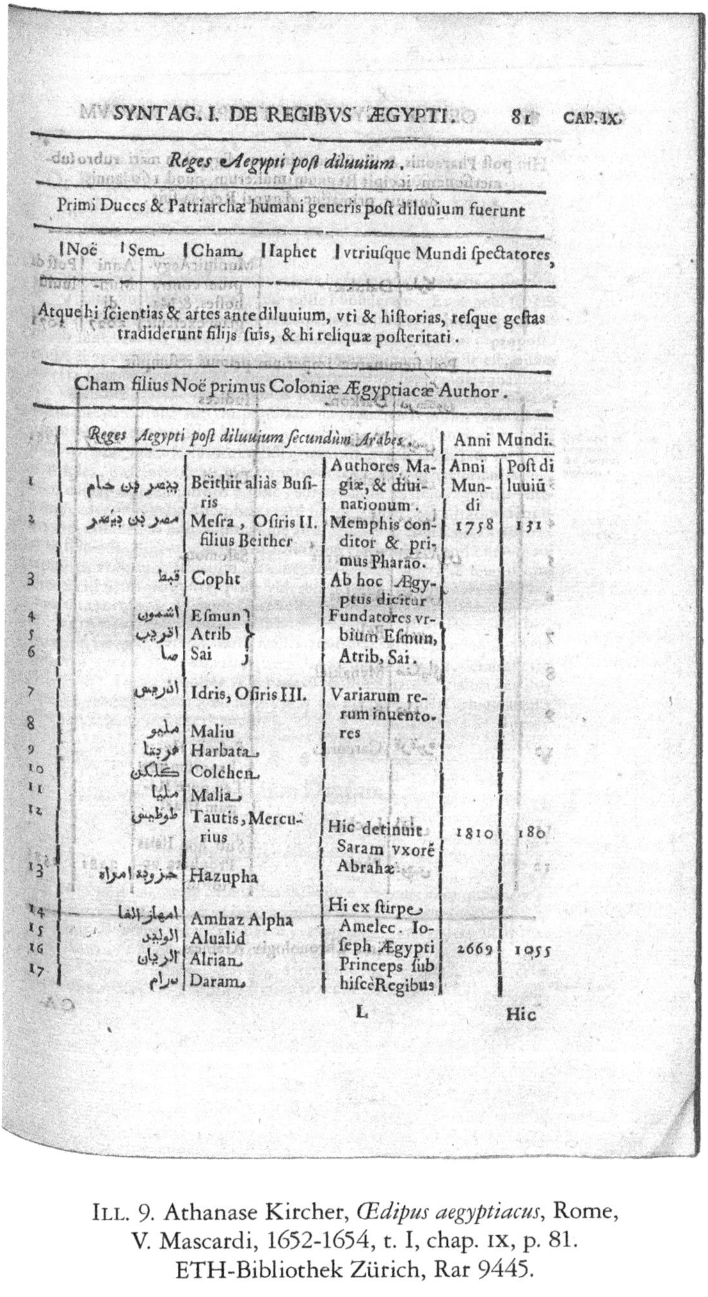
SYNTAG. I. DE REGIBVS ÆGYPTI. 81 CAP. IX.

Reges Aegypti post diluuium.

Primi Duces & Patriarchæ humani generis post diluuium fuerunt

| Noë | Sem | Cham | Iaphet | vtriusque Mundi spectatores,

Atque hi scientias & artes ante diluuium, vti & historias, resque gestas tradiderunt filijs suis, & hi reliquæ posteritati.

Cham filius Noë primus Coloniæ Ægyptiacæ Author.

	Reges Aegypti post diluuium secundùm Arabes.			Anni Mundi.	
			Authores Magiæ, & diuinationum.	Anni Mundi	Post diluuiū
1	بيصر بن حام	Beithir aliàs Busiris			
2	مصر بن بيصر	Mesra, Osiris II. filius Beither	Memphis conditor & primus Pharao.	1758	131
3	قبط	Copht	Ab hoc Ægyptus dicitur		
4	اشمون	Esmun	Fundatores vrbium Esmun, Atrib, Sai.		
5	اتريب	Atrib			
6	صا	Sai			
7	ادريس	Idris, Osiris III.	Variarum rerum inuentores		
8	مليو	Maliu			
9	فربتا	Harbata			
10	كلكن	Colchen			
11	مليا	Malia			
12	طوطيس	Tautis, Mercurius	Hic detinuit Saram vxorē Abrahæ	1810	180
13	حزوبة امراه	Hazupha			
14	امهاز الفا	Amhaz Alpha	Hi ex stirpe Amelec. Ioseph Ægypti Princeps sub hisce Regibus		
15	الوليد	Alualid			
16	الريان	Alrian		2669	1055
17	درام	Daram			

L Hic

Ill. 9. Athanase Kircher, *Œdipus aegyptiacus*, Rome, V. Mascardi, 1652-1654, t. I, chap. IX, p. 81. ETH-Bibliothek Zürich, Rar 9445.

CAP. IX. 82 OEDIPI ÆGYPTIACI TEMPLVM ISIACVM

Hic post Pharaonis & illustrium virorum Ægypti in mari rubro submersionem, incipit Regnum mulierum, quod 160. annis durauit, primaque Ægypti Regina fuit.

	دلوكا	Daluka	MuniuitAegyptum contra hostes, & Magiam exercuit	Anni Mundi 2027	Post diluuiũ 1071

Post fœminarum imperium primus resumpsit

1	دركون	Darkon	Iudices		
2	تودس	Tudis		2927	1261
3	لقيس	Lakis	Dauid		
4	مرنيا	Marnia			
5	اشتمارس	Estmarres	Salomon		
6	بطولس	Batulus			
7	بلوس	Belus			
8	منكيال	Menakiel			
9	بوله	Bule			
10	قرقوره	Carcura	Sesach, Hebræorum ששך Tempore Regum Israël		
11	لقاس	Lachas			
12	فويس	Phuis	Sub hoc Isaias Propheta occiditur	3281	1586

Finis Chronologiæ Arabicæ.

CA-

Ill. 10 – Athanase Kircher, *Œdipus aegyptiacus*, Rome, V. Mascardi, 1652-1654, t. I, chap. ix, p. 82. ETH-Bibliothek Zürich, Rar 9445.

CAP. IV. 500 OEDIPI ÆGYPTIACI THEAT. HIEROGL.

temporis iniuria excesa sunt, consultò omittenda duxi; vbi fœmina comparet exhibens statuam auribus cornibusque pectore tumido, spectabilis, cœtero corpore Hermarum more in conum abeunte.

Ex Museo Francisci Serræ.

Est & alia statua in ædibus Francisci Serræ Equitis Romani, quem suprà laudaui, ingeniculata, ante se positam habens sacram tabulam, cuiusmodi passim in Obeliscis occurrunt; cuius in postica parte hieroglyphica inscriptio hunc sensum habet: *Ignea vis dominatrix humidi, huius Genij vi & efficaciâ, vti & Sacerdotum ritibus, vitam inserit Momphtæam tribus Mundis elementaribus; piscinam sacram benefico liquore implet; craterem supernis influxibus fœcundat.*

CAPVT IV.

De statuis Polymorphis, & Auerruncis omnis generis.

Polymorphæ statuæ quæ.

POlymorphæ statuæ vocantur, eò quòd humanâ formâ in varios sacrorum animalium vultus transformatæ spectentur; quarum iterum magna, pro Numinum exprimendorum varietate, multitudo reperitur, cùm vix vllus Obeliscus aut monumentum Ægyptiacum sit, in quo non insculptas reperias; vt proinde vel ex hoc capite constet, Obeliscos nihil aliud fuisse, quàm idolorum quandam hieroglyphicam descriptorum con-

Ill. 11 – Athanase Kircher, *Œdipus aegyptiacus*, Rome, V. Mascardi, 1652-1654, t. III, chap. iv, p. 500. ETH-Bibliothek Zürich, Rar 9445.

ILL. 12 – Horapollon, *De sacris Aegyptiorum notis, Aegyptiacè expressis : libri duo, iconibus illustrati, & aucti : nunc primùm in latinum ac gallicum sermonem conversi*, Parisiis, Apud Galeotum à Prato, & Ioannem Ruellium, Via Iacobaea, 1574, p. 19. Munich, Bayerische Staatsbibliothek. Cliché : MDZ Digitale Bibliothek.

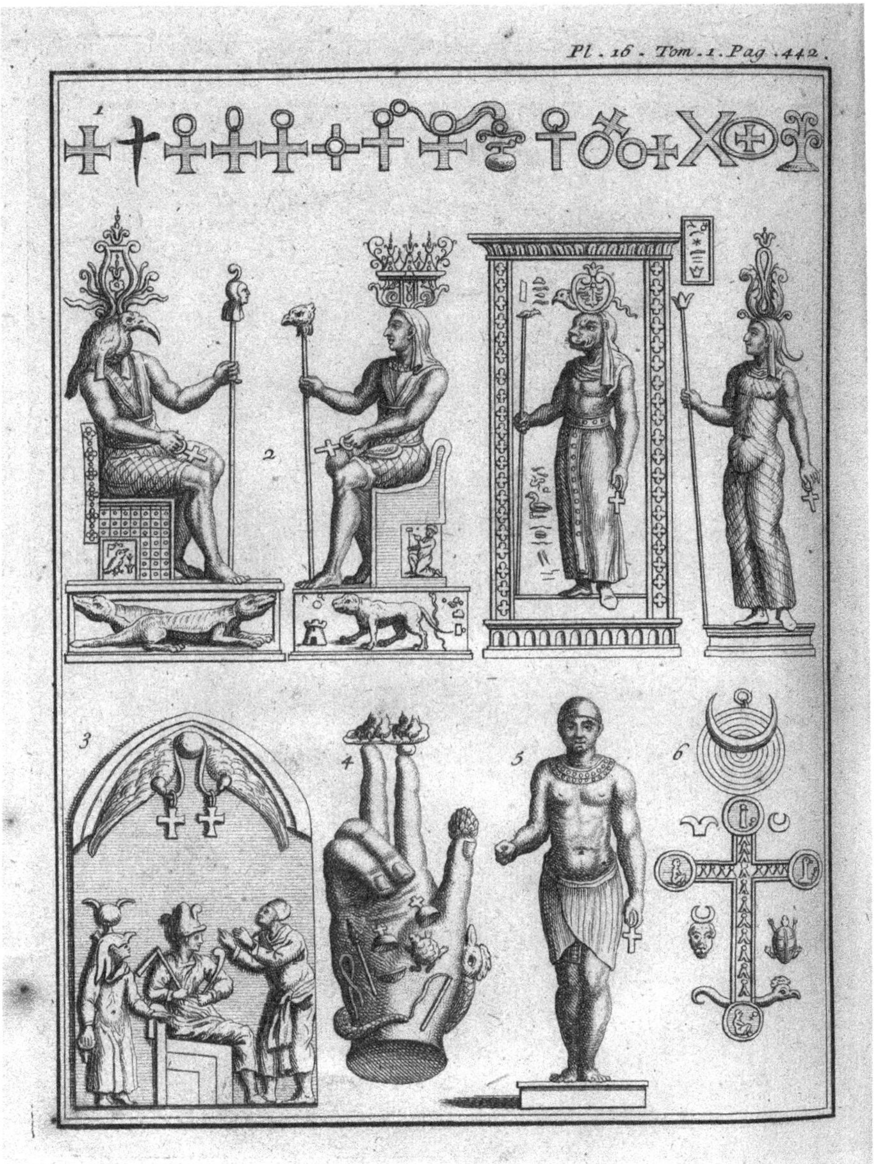

ILL. 13 – Joseph-François Lafitau, *Mœurs des sauvages ameriquains*, Paris, Saugrain l'aîné, C. E. Hochereau, 1724, t. I, pl. 16, p. 442. Genève, BGE, Fa 917.

Ill. 14 – Joseph-François Lafitau, *Mœurs des sauvages ameriquains*, Paris, Saugrain l'aîné, C. E. Hochereau, 1724, t. I, pl. 7, p. 180, détail. Genève, BGE, Fa 917.

Ill. 15 – Jean de Léry, *Histoire d'un voyage faict en la terre du Bresil*, Genève, Antoine Chuppin, 1580, p. 301. Genève, BGE, Se 9767.

Ill. 16 – Théodore de Bry, *Grands voyages*, t. II (Le Moyne de Morgues), Francfort, T. de Bry, 1591, pl. 34, détail. Fondation Martin Bodmer, Genève. Cliché : Bodmer Lab, Université de Genève.

Ill. 17 – Joseph-François Lafitau, *Mœurs des sauvages ameriquains*, Paris, Saugrain l'aîné, C. E. Hochereau, 1724, t. II, pl. 5, p. 114, détail. Genève, BGE, Fa 917.

Ill. 18 – Joseph-François Lafitau, *Mœurs des sauvages ameriquains*, Paris, Saugrain l'aîné, C. E. Hochereau, 1724, t. I, pl. 2, p. 103. Genève, BGE, Fa 917.

OCCIDENTALES. LIVRE II. 51

Les filles ſi toſt qu'elles ont atteint l'aage de quatorze ou quinze ans, ſe proſtituent indifferemment à tous, apres le quinzieme ou ſeizieme an eſtant laſſés de cette laſciue liberté, elles choiſiſſent vn mari, auec lequel elles viuent chaſtement le reſte de leurs iours, & la pluſpart ne commettront pas de faute ſi ce n'eſt du conſentement du mari. Si elles ſe trouuent ſteriles, il eſt permis aux maris de les repudier & d'en prendre d'autres : Les hommes ſont la pluſpart ialoux & gardent curieuſement leurs femmes. Au reſte ils ne ſçauent point d'autres conſtitutions de mariage, que d'enuoyer des preſens aux parents deſquels ils recherchent ou prennent les filles à femmes. Et afin qu'on voye les habits tant des femmes que des filles, leurs parures & ornements, deſquels elles ſe chargent pluſtoſt qu'elles ne s'ornent, quand elles vont aux feſtes & dances publiques, nous auons adiouſté en ce lieu les pourtraicts d'vne fille, & deux femmes à ſes deux coſtés tirés du meſme *Champlain.*

Ils enterrent leurs morts, & mettent aupres d'iceux, les habits, vaiſſeaux, ferrements, l'arc, fleches & tout ce qu'ils auoyent poſſedé en leur vie, & les couurent d'vn monceau de terre eſleué en rond, auec des pieces de bois par deſſus, & vne planche peinte d'vn certain rouge, voila l'honneur qu'ils font à leurs tombeaux : Car ils croyent

G 2 l'immortalité

ILL. 19 – Jean de Laet, *Histoire du Nouveau Monde ou Description des Indes Occidentales*, Leiden, 1640, p. 51. John Carter Brown Library. Cliché : Archive.org.

ILL. 20 – François Du Creux, *Historiae Canadensis, seu Novae Franciae libri decem*, Paris, S. Cramoisy et S. Marbre-Cramoisy, 1664, pl. V, p. 70. Lyon, BM.

Ill. 21 – Claude Charles le Roy de Bacqueville de la Potherie, *Histoire de l'Amérique septentrionale*, Paris, J.-L. Nion et F. Didot, 1722, t. IV, p. 90. McGill Library. Cliché : Archive.org.

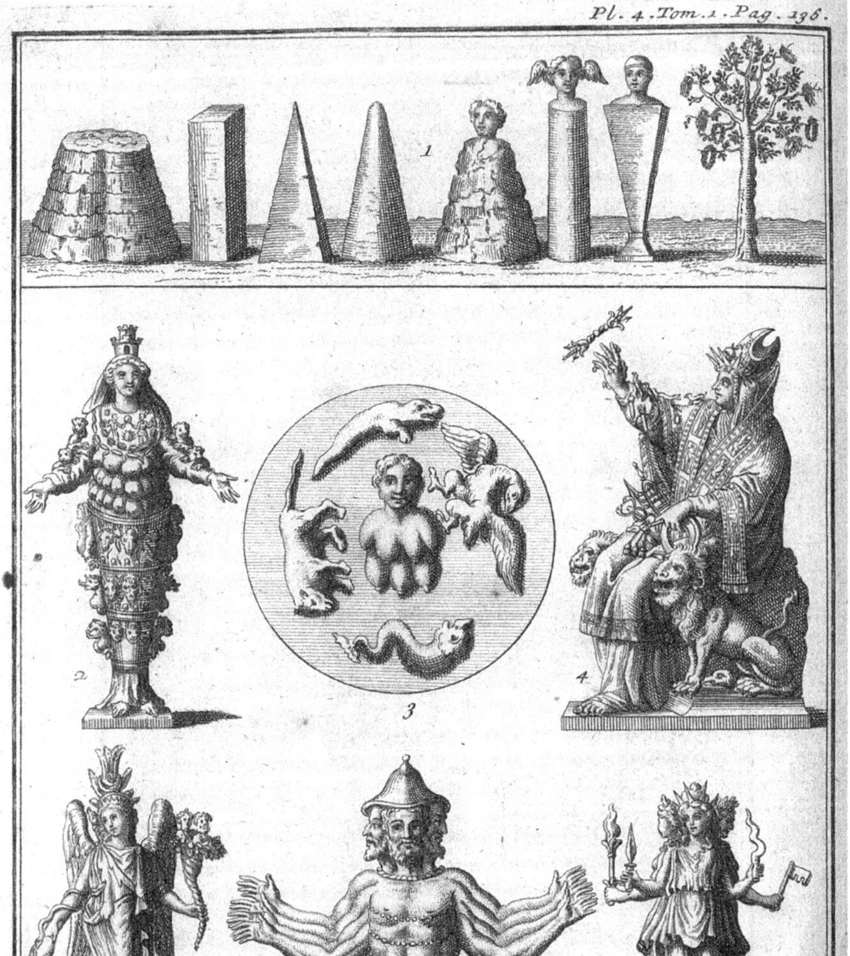

Ill. 22 – Joseph-François Lafitau, *Mœurs des sauvages ameriquains*, Paris, Saugrain l'aîné, C. E. Hochereau, 1724, t. I, pl. 4, p. 136. Genève, BGE, Fa 917.

ILL. 23 – Bernard de Montfaucon, *L'Antiquité expliquée et représentée en figures*, Paris, F. Delaulne, 1719, t. I, seconde partie, pl. V, p. 18. Neuchâtel, BPU.

ILL. 24 – Joseph-François Lafitau, *Mœurs des sauvages ameriquains*, Paris, Saugrain l'aîné, C. E. Hochereau, 1724, t. II, pl. 3, p. 43, détail. Genève, BGE, Fa 917.

ILL. 25 – Théodore de Bry, *Grands voyages*,
t. II (Le Moyne de Morgues), Francfort, T. de Bry, 1591, pl. 3.
Fondation Martin Bodmer, Genève. Cliché : Bodmer Lab, Université de Genève.

Ill. 26 – Joseph-François Lafitau, *Mœurs des sauvages ameriquains*, Paris, Saugrain l'aîné, C. E. Hochereau, 1724, t. II, pl. 19, p. 411. Genève, BGE, Fa 917.

ILL. 27 – Théodore de Bry, *Grands voyages* t. I (Harriot), Francfort, T. de Bry, 1591, p. 153. Fondation Martin Bodmer, Genève. Cliché : Bodmer Lab, Université de Genève.

Ill. 28 – Joseph-François Lafitau, *Mœurs des sauvages ameriquains*, Paris, Saugrain l'aîné, C. E. Hochereau, 1724, t. II, pl. 8, p. 194, détail. Genève, BGE, Fa 917.

ILL. 29 – Théodore de Bry, *Grands voyages*, t. II (Le Moyne de Morgues), Francfort, T. de Bry, 1591, pl. 14, détail. Fondation Martin Bodmer, Genève. Cliché : Bodmer Lab, Université de Genève.

ILL. 30 – Théodore de Bry, *Grands voyages*, t. III (Staden, Léry), Francfort, T. de Bry, 1591, pl. 66, détail. Fondation Martin Bodmer, Genève.
Cliché : Bodmer Lab, Université de Genève.

Ill. 31 – Joseph-François Lafitau, *Mœurs des sauvages ameriquains*, Paris, Saugrain l'aîné, C. E. Hochereau, 1724, t. I, pl. 3, p. 105. Genève, BGE, Fa 917.

Ill. 32 – Théodore de Bry, *Grands voyages*, t. I (Harriot), Francfort, T. de Bry, 1591, pl. 10, détail. Fondation Martin Bodmer, Genève. Cliché : Bodmer Lab, Université de Genève.

ILL. 33 – Joseph-François Lafitau, *Mœurs des sauvages ameriquains*, Paris, Saugrain l'aîné, C. E. Hochereau, 1724, t. I, pl. 1, p. 94. Genève, BGE, Fa 917.

Ill. 34 – Athanase Kircher, *China illustrata*, Amsterdam, 1667, après p. 140.
Zurich, Courtesy Zentralbibliothek Zürich.

Ill. 35 – Athanase Kircher, *Œdipus Aegyptiacus*, Rome, 1652-1654, vol. I, p. 392. Zurich, ETH-Bibliothek Zürich, Rar 9445.

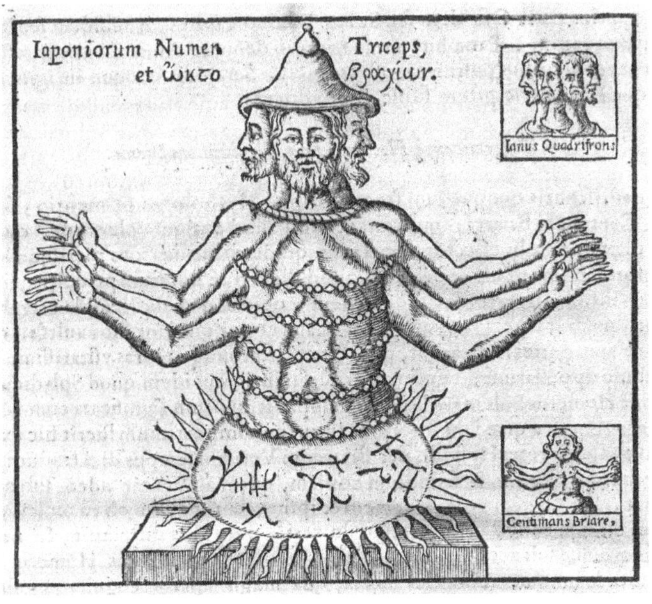

Ill. 36 – Athanase Kircher, *Œdipus Aegyptiacus*, Rome, 1652-1654, vol. I, p. 392. Zurich, Courtesy Zentralbibliothek Zürich.

Ill. 37 – Joseph-François Lafitau, *Mœurs des sauvages ameriquains*, Paris, Saugrain l'aîné, C. E. Hochereau, 1724, t. I, p. 140, pl. 5. Genève, BGE, Fa 917.

ILL. 38 – Athanasius Kircher, *China illustrata*, Amsterdam, 1667, après p. 140. Zurich, Courtesy Zentralbibliothek Zürich.

Idolum *Pussæ* sub alia forma. Ii

Ill. 39 – Athanasius Kircher, *China illustrata*, Amsterdam, 1667, p. 140.
Zurich, Courtesy Zentralbibliothek Zürich.

Ill. 40 – L. A. de Lom d'Arce de Lahontan, *Nouveaux voyages de Mr le baron de Lahontan dans l'Amérique septentrionale*, La Haye, Frères Lhonoré, 1706, frontispice. Genève, BGE.

ILL. 41 – Hans Bock l'Ancien, *Portrait de Felix Platter*, 1584, huile sur toile. Bâle, Kunstmuseum Basel (Don de Scholarcha Passavant et son frère 1772), inv. 84.

ILL. 42 – Balthazar de Monconys, *Journal des voyages de Balthasar de Monconys*, Paris, Pierre Delaulne, t. I, 1695, frontispice. Lyon, BM. Cliché : Google Books.

Ill. 43 – Georg Eberhard Rumphius, *D'Amboinsche Rariteitkammer*, Amsterdam, François Halma, 1705, frontispice. Archives de l'auteure.

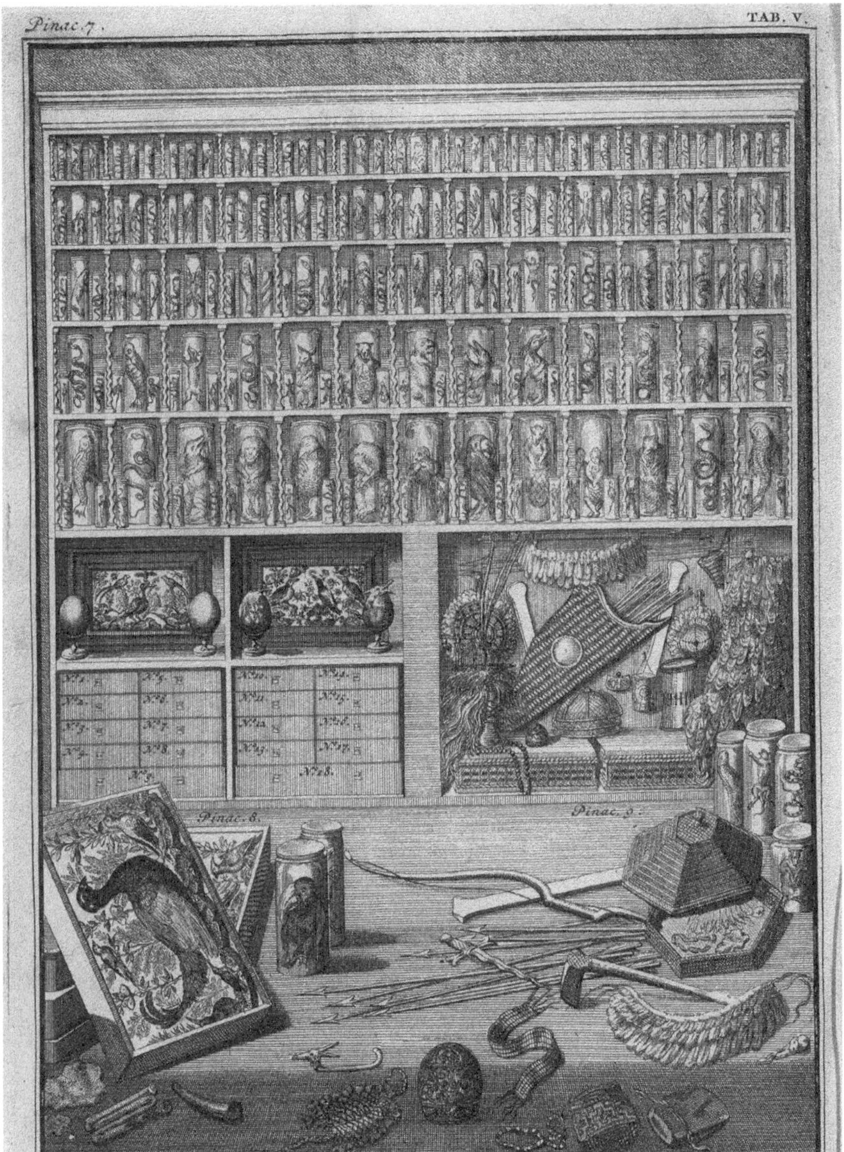

ILL. 44 – Levin Vincent, *Elenchus tabularum pinacothecarum*, Haarlem, chez l'auteur, 1719, tabula V. Lyon, BM.

Ill. 45 – Levin Vincent, *Elenchus tabularum pinacothecarum*, Haarlem, chez l'auteur, 1719, frontispice. Lyon, BM.

ILL. 46 – Filippo Buonanni, *Musaeum Kircherianum*, Rome, G. Plachi, 1709, frontispice. Getty Research Institute, Los Angeles, 2983-889.

Ill. 47 – Levin Vincent, *Elenchus tabularum pinacothecarum*, Haarlem, chez l'auteur, 1719, frontispice II. Smithsonian Libraries.

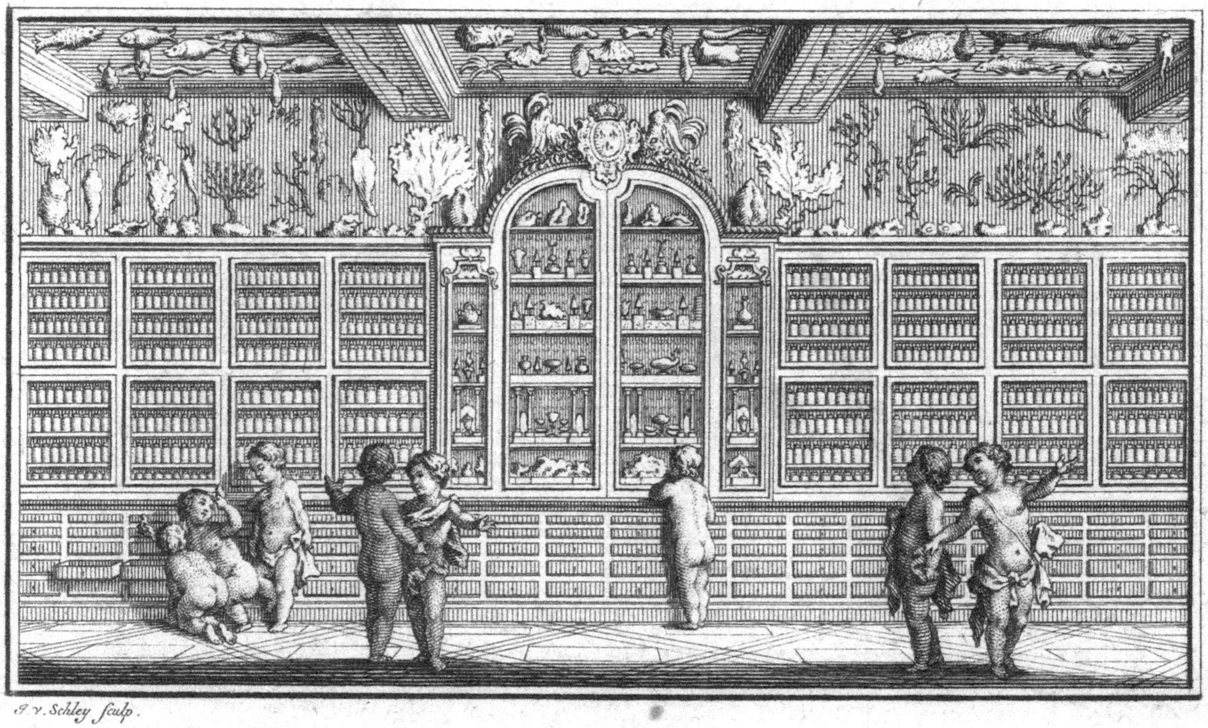

Ill. 48 – Jacob van der Schley, *Rariteitenkabinet*, 1725.
Rijksmuseum, Amsterdam.

ANNEXE I

Notes sur l'édition originale des *Mœurs des sauvages ameriquains* (1724)

En 1722, un prospectus annonce la parution de l'ouvrage à Paris, chez les éditeurs « Delatour et Simon[1] ». En décembre de la même année, l'annonce et l'appel à souscription sont publiés dans les *Mémoires de Trévoux*[2]. Le système de souscription, importé des Pays-Bas, fut introduit en France peu avant la parution des *Mœurs*, en 1722. Pour couvrir les frais de publication de livre illustré, les éditeurs proposaient aux clients de s'acquitter d'un premier versement en échange du texte, et de leur envoyer les illustrations dans un second temps. Mais les projets initiaux, tels qu'ils étaient présentés dans les prospectus, pouvaient changer en cours de route et, en mai 1723, parut un autre prospectus indiquant de nouveaux éditeurs[3].

Le privilège du roi fut finalement accordé à Lafitau le 23 août 1722 qui le transporta aux « sieurs Saugrain et Hochereau » le 24 janvier 1723. Claude Marin Saugrain[4] et Charles Estienne Hochereau[5], tous deux « libraires quai des Augustins », à Paris, sont donc les responsables de la première édition des *Mœurs des sauvages ameriquains*. Le livre paraît vraisemblablement entre la fin de 1723 et le début de 1724. L'édition *princeps* est un in-quarto dont toutes les planches gravées sont numérotées. Composées

---

1 Conlon, t. I, éd. Droz, 2009, p. 524. Pour plus d'information sur l'histoire matérielle des *Mœurs* et la question de l'attribution des gravures, voir Borgeaud, Petrella, 2016, p. 55-59 et p. 113-114.

2 *Mémoires pour l'histoire des sciences* et *des beaux-arts*, octobre 1722, p. 2192. Le texte est identique dans *Le Mercure*, août 1722, p. 134-137.

3 *Le Mercure*, mai 1723, p. 954.

4 Lottin, 1969, p. 80, 154, 160, 189, 192, 199, 210, 211, 232 ; Renouard, 1995, p. 399 ; Mellot et Queval (éd.), *Répertoire d'imprimeurs-libraires : vers 1500-vers 1810*, 2004, p. 494, n° 2236 ; Barbier, 2007, p. 498, n° 418, sous « J. B. Coignard ».

5 Mellot et Queval (éd.), *Répertoire d'imprimeurs-libraires : vers 1500-vers 1810*, 2004, p. 292, n° 2566 ; Barbier, 2007, p. 62, n° 16, sous « G. Amaulry » et p. 473, n° 404, sous « J. Clousieur ».

de deux volumes, les *Mœurs* consistent en un in-quarto doté de 612 pages numérotées et de 19 feuillets insérés aux cahiers. Ces feuillets correspondent aux 19 illustrations ainsi qu'au frontispice gravé. Toutes les illustrations sont des gravures sur cuivre, dites également à la *taille douce*, réalisées au burin. À l'automne 1724, les deux libraires proposent une édition « en jupe courte » – « de poche », dirions-nous aujourd'hui – un in-douze[6].

L'attribution des gravures est un problème qui n'a pas encore été résolu. Il convient de débuter en rappelant que la gravure est avant tout un travail d'équipe, au cours duquel les trois phases d'élaboration (le dessin de la composition originale, le report sur la matrice et la gravure) pouvaient revenir à différentes personnes. Au XVIIIe siècle, les signatures distinguent ces trois étapes et les graveurs signaient tantôt *invenit* ou *fecit*. Les *Mœurs des sauvages ameriquains* ne sont dotées que d'une signature, qui apparaît pour la première fois au bas du frontispice (ill. 1) : « J. B. Scotin sculp. », puis sur le bandeau au burin. Cette signature peut être rapprochée du graveur Jean-Baptiste Scotin, fils de Gérard l'Ancien et père de François Gérard, qui appartenait à une famille de graveurs[7]. Peu d'informations sont connues à son sujet : quelques gravures (surtout des frontispices) portent son nom et les dictionnaires ne mentionnent que sa date de naissance, le 9 juillet 1678, et des recherches récentes ont permis de dater son décès au 23 septembre 1740[8]. Surtout, les documents d'archives le désignent comme « graveur ordinaire du roi » de 1717 à sa mort[9]. Jusqu'au XVIIIe siècle, la réalisation du frontispice et des illustrations pouvait être l'œuvre d'artistes différents. Or, le problème consiste dans le fait que Scotin était graveur du roi depuis six ans au moment où il signait le frontispice de Lafitau : son haut statut ne semble pas correspondre, *a priori*, avec la simple exécution de la planche gravée (« sculpsit »).

Deux options doivent dès lors être considérées. La première est, pour l'heure, la seule qui soit acceptable d'un point de vue historique. Scotin

---

6 Lafitau, 1724, 4 vol., in-12.

7 De Chennevières (dir.), 1851-1852, p. 401.

8 *Inventaire après décès de J.-B. I Scotin*, Minutes et répertoires du notaire Jean Michelin, 4 novembre 1740, AN MC/ET/XVII/727.

9 Il est mentionné comme tel dans un « Transport de rente concernant Jean-Baptiste Scotin, graveur ordinaire du roi, demeurant rue Saint-Jacques », daté du 1er mai 1717 (*Transport de droits de J.-B. Scotin*, Minutes et répertoires du notaire Jean Fromont, 1er mai 1717, AN MC/ET/XVII/587).

a gravé le frontispice des *Mœurs* d'après les dessins d'un autre. L'auteur des dessins du frontispice et des illustrations est inconnu, à l'image du graveur que Lafitau mentionne, sans le nommer, en de rares occasions dans son texte. La seconde option est bancale, on ne la proposera donc que comme une hypothèse qui nécessitera d'être revue et validée à l'aune de nouveaux documents. Scotin aurait pu non seulement graver la plaque mais aussi y reporter le dessin de composition. Exceptionnellement, on aimerait aussi pouvoir envisager l'hypothèse que la signature du frontispice vaille pour le reste des illustrations.

Sara PETRELLA

ANNEXE II

Retranscription de la notice bio-bibliographique de Lafitau (1733)

Titre-référence du document :

LAFITAU, Joseph-François, [Notice bio bibliographique], [1733] ; Archivo histórico de Loyola, AHL. Bibliografía Jesuítica. Legajo no 6.

f. 1r°
Le Pere Joseph François <u>Lafitau</u> est né a B[ourdeaux le 31]
May 1681. Il a fait Ses Etudes dans cette Ville jusq[ues]…
Rhetorique
Il est Entré au Noviciat de Bourdeaux Le 12 octobre 1696.
Il a fait Ses Etudes de Philosophie et Une annee de repetition de
Rhetorique au College de Pau
Il a enseigné Les Basses Classes Une annee a Limoges. trois
a Saintes et La Rhetorique au College de Pau.
Il a fait sa repetition de Philosophie et sa permiere annee de
Theologie au College de Poitiers La seconde a La Fleche la 3…
Quatrieme a Paris.
il a enseigné ensuite La Rhetorique au College de Bourdeaux
Au milieu de cette annee de Rhetorique il partit pour les Missions
du Canada ou il arriva Le 6 Octobre 1712.
Il y a passé cinq ans dans La mission des Iroquois du Sault St Louis
Il fit Sa profession des quatre Vœux Le jour de St Louis en 1716
dans lEglise de Notre dep[en]dence de Montreal.
Il fut Envoyé en France en 1717 par ses Superieurs pour des affaires
de sa Mission
en 1718 il passa a Rome ou il a reste jusques en 1720.

en 1720 Il revint en France en qualité de Comprocureur de la Mission du Canada
en 1727 Il repartit pour Le Canada ou il a resté encore un an dans son Ancienne Mission du Sault St Louis
Rappellé Lannee Suivante par ordre du Pere General il passa par Paris Pour des affaires et de la a Rome.
Il a resté 3 ans a Rome ou il a fait par Supplement pendant quelques Temps L Employ de secretaire de l'assistance et a esté procureur de L Assistance pendant tout le Temps.
en 1732 il est revenu a Paris ou il fait L Employ de Procureur des Missions du Canada et de La Louisiane

en 1718 Il presenta Un memoire imprimé chez Mongé Dedié a M Le Duc D Orleans Regent Sur la Plante du Gin-seng quil a decouvert en Canada

A son retour De Rome Il a donné Son Ouvrage des Mœurs des Ameriquains Comparees aux mœurs des Premiers Temps en deux Editions Lune in 4° 2 Volumes La 2de in 12 impression de Rouen Se Vendent Lune et Lautre Ches Hochereau et Saugrain. Louvrage parut en 1724 et est Dedié a M Le Duc D'Orleans

f. 2v°
... [ou]vrage Systematique Intitulé de La Religion
... [Te]mps prouvee par Les Vestiges qu'on en trouve dans
... [d]ans Les Religions Idolatriques actuellement existentes
... contient Deux petits In Folio Dont lun a pour objet la foy
... autre La Loy. Il a ete approuvé Selon lusage de la Compagnie par
... Reviseurs et a eu son agrément du R[évérend] P[ère] De Richebourg Provincial
~~... eulque Dest~~ Cependant Cet ouvrage nest pas encore imprimé.
en 1727. Il a donné Lhistoire de Jean de Brienne ~~Empereur~~ Roy de Jerusalem et Empereur de Constantinople, Volume in 12. imprimé ches Pierre Simon Imprimeur du Clergé et du Parlement
Il va faire paroître cette annee [rajout entre les lignes « 1733 »] Son histoire des Decouvertes
et des Conquestes des Portugais dans Le Nouveau Monde

en deux Editions Lune in 4° Deux Tomes et Lautre in 12.
quatre volumes imprimés Ches Coignard Le fils et Saugrain.

[*] La date : l'auteur annonce (va faire paroitre) l'HdP pour « cette annee », i.e. 1733.

Andreas MOTSCH

BIBLIOGRAPHIE

ACOSTA, José de, *Historia natural y moral de las Indias*, Séville, Juan de Leon, 1590.

ALBERTAN-COPPOLA, Sylviane, « Les langues dans les *Mœurs des sauvages* de Lafitau », *Dix-huitième siècle*, n° 22, 1990, p. 127-138.

ALCIAT, André, *Emblematum liber*, Augsbourg, Heinrich Steyner, 1531.

APP, Urs, *William Jones's Ancient Theology*, *Sino-Platonic Papers*, n° 191, 2009.

ARASSE, Daniel, « La toison de Madeleine », *On n'y voit rien*, Paris, Denoël, 2000, p. 97-122.

BACKER, Augustin de, SOMMERVOGEL, Carlos, *Bibliothèque de la Compagnie de Jésus : Bibliographie*, vol. IV, Bruxelles – Paris, O. Schepens – A. Picard, 1893.

BANCEL, Nicolas, DAVID, Thomas, THOMAS, Dominic, *L'invention de la race : des représentations scientifiques aux exhibitions populaires*, Paris, La Découverte, 2014.

BANIER, Antoine, MASCRIER, Jean-Baptiste, *Histoire générale des cérémonies, mœurs et coutumes religieuses de tous les peuples du monde*, Paris, Rollins fils, 1741, 7 vols.

BARBIER, Frédéric, *Dictionnaire des imprimeurs, libraires et gens du livre à Paris, 1701-1789*, Genève, Droz, 2007.

BARBU, Daniel, *Naissance de l'idolâtrie*, Liège, Presses Universitaires de Liège, 2016.

BARTHES, Roland, *Mythologies*, Paris, Seuil, 1957.

BELAYCHE, Nicole, « Strabon historien des religions comparatiste dans sa digression sur les Courètes », *Revue de l'Histoire des Religions*, n° 234, fasc. 4, 2017, p. 613-633.

BELAYCHE, Nicole, MASSA, Francesco (éd.), *Les « Mystères » : questionner une catégorie*, *Mètis*, N. S. 14, 2016.

BELLEFOREST, François de, *L'Histoire universelle du monde*, Paris, Gervais Mallot, 1570.

BELLEFOREST, François de, *La Cosmographie universelle de tout le monde*, Paris, Michel Sonnius, 1575.

BERNAND, Carmen, GRUZINSKI, Serge, *De l'Idolâtrie. Une archéologie des sciences religieuses*, Paris, Seuil, 1988.

BERNARD, Jean-Frédéric, *Recueil de voyages au nord : contenant divers mémoires très utiles au commerce et à la navigation*, vol. IV, Amsterdam, chez Jean-Frédéric Bernard, 1718.

[BERNARD, Jean-Frédéric], « Dissertation sur le culte religieux », Bernard Picart, *Cérémonies et coutumes religieuses de tous les peuples du monde représentées par des figures dessinées de la main de Bernard Picard*, vol. I, Amsterdam, Jean F. Bernard, 1723, p. i-xxxviii.

[BERNARD, Jean-Frédéric], « Dissertation sur les peuples de l'Amerique et sur la conformité de leurs coutumes avec celles des autres peuples anciens et modernes », *Cérémonies et coutumes religieuses des peuples idolâtres, représentees par des figures dessinées de la main de Bernard Picart*, vol. III, Amsterdam, Jean F Bernard, 1723, p. 1-73.

BHABHA, Homi K., « Signs Taken for Wonders : Questions of Ambivalence and Authority under a Tree outside Delhi, May 1817 », *Critical Inquiry*, vol. 12, nº 1, Autumn, 1985, p. 144-165.

BHABHA, Homi K., *The Location of Culture*, London – New York, Routledge, 1994, paru en français sous le titre *Les lieux de la culture. Une théorie postcoloniale*, Paris, Payot, 2007.

Bibliothèque Françoise, ou Histoire Littéraire de la France, Amsterdam, 1723-1746.

BIRASCHI, Anna Maria *et al.* (a cura di), *Strabone. Saggio di bibliografia 1469-1978*, Pérouse, Università degli studi, 1981.

BLANC, Odile, « Ethnologie et merveille dans quelques livres de costumes français », Marie Viallon (dir.), *Paraître et se vêtir au XVIe siècle, Actes du XIIIe Colloque de Puy-en-Velay*, Saint-Etienne, Publications de l'Université de Saint-Étienne, 2006, p. 77-91.

BOCH, Julie, « L'Occident au miroir des sauvages : figures du païen chez Fontenelle et Lafitau », *Tangence*, nº 72, 2003, p. 75-91.

BORGEAUD, Philippe, « Le problème du comparatisme en histoire des religions », *Revue européenne des sciences sociales*, t. XXIV, nº 72, 1986, p. 59-75, réédité en 2016 dans *Exercices d'histoires des religions. Comparaison, rites, mythes et émotions*, textes réunis par Daniel Barbu et Philippe Matthey, Leiden, Brill, 2016, p. 1-20.

BORGEAUD, Philippe, *Aux origines de l'histoire des religions*, Paris, Seuil, 2004.

BORGEAUD, Philippe, *L'histoire des religions*, Gollion, Infolio, 2013.

BORGEAUD, Philippe, « Les mystères », Laurent Bricault, Corinne Bonnet (éd.), *Panthée : Religious Transformations in the Graeco-Roman Empire*, Leiden – Boston, Brill, 2013, p. 131-144.

BORGEAUD, Philippe, « Antijudaïsme et théorie des figures : plagiat par anticipation, vol du langage et histoires des religions », *Asdiwal*, nº 11, 2016, p. 33-46.

BORGEAUD, Philippe, « La comparaison comme pratique des Anciens et outil des modernes », conférence inaugurale du séminaire interlaboratoires d'étude pratique des religions, Lille, 13 octobre 2016, [http://hal.univ-lille3.fr/hal-01383103/document].

BORGEAUD, Philippe, PETRELLA, Sara, *Le singe de l'autre. Du sauvage américain à l'histoire comparée des religions*, Genève, Éditions des Cendres, 2016.

BORGEAUD, Philippe, PETRELLA, Sara, « Les hommes-femmes des Amériques, images et littérature (XVIe-XVIIIe siècles) », *Frontières*, numéro spécial sur *Les personnes trans et la mort*, à paraître en 2019.

BOUCHERON, Patrick, *Léonard et Machiavel*, Paris, Verdier, 2013 (orig. 2008).

BOUCHET, Jean Venant, « Lettre du père Bouchet à Monseigneur Huet, ancien Evêque d'Avranches, sur la connoissance que les Indiens ont eu de la vraye religion », *Lettres édifiantes et curieuses écrites des missions étrangères par quelques missionnaires de la Compagnie de Jésus*, vol. IX, Paris, chez Nicolas Le Clerc, 1711.

BOUCHET, Jean Venant, « Lettre de Jean Bouchet a Monseigneur Huet, ancien Evêque d'Avranches, sur la métempsychose des Indiens comparée à celle des anciens », *Lettres édifiantes et curieuses écrites des missions étrangères par quelques missionnaires de la Compagnie de Jésus*, vol. XIII, Paris, chez Nicolas Le Clerc, 1718.

BOUCHET, Jean Venant, « Lettre du Pere Bouchet, de la Compagnie de Jesus, Missionnaire de Maduré, et Superieur de la nouvelle Mission de Carnate. A Monseigneur l'ancien Evêque d'Avranches [Huet] », *Cérémonies et coutumes religieuses des peuples idolatres : avec une explication historique, & quelques dissertations curieuses*, Amsterdam, Jean F. Bernard, 1723, t. II, p. 157-186.

BOULHOL, Pascal, « L'éveil tardif de l'étude du grec à la fin du XVe siècle », *La connaissance de la langue grecque dans la France médiévale VIe-XVe s.*, Aix-en-Provence, Publications de l'Université de Provence, 2008, p. 119-129.

BREMMER, Jan N., *Initiation into the Mysteries of the Ancient World*, Berlin, de Gruyter, 2014.

BREREWOOD, Edward, *Enquiries Touching the Diversity of Languages and Religions through the Chiefe Parts of the World*, London, printed by John Norton, for Joyce Norton, and Richard Whitaker, 1614.

BROSSES, Charles de, *Du culte des dieux fétiches, ou Parallèle de l'ancienne Religion de l'Égypte avec la Religion actuelle de Nigritie*, [Genève], [Cramer], 1760.

BUCHER, Bernadette, *La Sauvage aux seins pendants*, Paris, Hermann, 1977.

BURKERT, Walter, *Les cultes à mystères dans l'Antiquité*, nouv. trad. de l'anglais par Alain-Philippe Segonds, Paris, Les Belles Lettres, 2003.

CALAME, Claude, « Héros grecs et romains pour recomposer une identité en soi. Les approches comparatives de Lafitau et Vico », Didier Foucault et Pascal Payen (dir.) *Les Autorités. Dynamiques et mutations d'une figure de référence à l'Antiquité*, Grenoble, éd. Jérôme Million, 2007, p. 251-267.

CASAUBON, Isaac, Στράβωνος Γεωγραφικῶν βίβλοι ιζ'. *Strabonis Rerum geographicarum libri XVII*, Genève, Eustache Vignon, 1587.

CASAUBON, Isaac, *De rebus sacris et ecclesiasticis exercitationes XVI. Ad Cardinalis Baronii Prolegomena in Annales*, Londres, Ex officina Nortoniana apud Joan. Billium, 1614.

CASTEL, Louis Bertrand, S.J., « Mœurs des Sauvages Américains », *Journal de Trevoux*, 1724, p. 1565-1609, p. 2001-2019 ; 1725, p. 197-239.

CÉARD, Jean, *La nature et les prodiges. L'insolite au XVIe siècle*, Genève, Droz, 1996.

Cérémonies et coutumes religieuses de tous les peuples du monde représentées par des figures dessinées de la main de Bernard Picard, 9 vols., Amsterdam, Jean-Frédéric Bernard, 1723-1743.

CERTEAU, Michel de, « Writing vs. Time : History and Anthropology in the Works of Lafitau », *Yale French Studies, Rethinking History : Time, Myth, and Writing*, n° 59, 1980, p. 37-64.

CERTEAU, Michel de, « Histoire et anthropologie chez Lafitau », Claude Blanckaert (dir.), *Naissance de l'ethnologie ? Anthropologie et missions en Amérique XVIe-XVIIIe siècle*, Paris, Le Cerf, 1985, p. 62-89.

CERTEAU, Michel de, *L'écriture de l'histoire*, Paris, Gallimard, 2002.

CHAFFRAY, Stéphanie, « Corps, territoire et paysage à travers les images et les textes viatiques en Nouvelle-France (1701-1756) », *Revue d'histoire de l'Amérique française*, vol. 59, n° 1-2, 2005, p. 7-52.

CHALLE, Robert, *Difficultés sur la religion proposées au Père Malebranche*, London, vers 1770, éd. Frédéric Deloffre et Melâhat Menemencioglu, Paris – Oxford, Jean Touzot – The Voltaire Foundation, 1983.

CHARLEVOIX, Pierre-François-Xavier de, *Histoire et description générale de la Nouvelle France, avec le Journal historique d'un voyage fait par ordre du roi dans l'Amérique septentrionnale*, vol. III, Paris, Rolin, 1744.

CHARLEVOIX, Pierre-François-Xavier de, *Journal d'un Voyage fait per ordre du roi dans l'Amérique septentrionale*, Paris, 1744, éd. critique Pierre Berthiaume, Montréal, Presses de l'Université de Montréal, 1944, 2 vols.

CHARLEVOIX, Pierre-François-Xavier de, *Histoire du Paraguay*, Paris, chez Didot, Giffart, Nyon, 1756.

CHAUSSE, Michel-Ange de la, *Romanum Museum, sive Thesaurus eruditae antiquitatis*, Rome, 1690.

CHAUSSE, Michel-Ange de la, *Le grand cabinet romain ou recueil d'antiquités romaines que l'on trouve à Rome, avec les explications*, Amsterdam, 1706.

CHENNEVIÈRES, Philippe de (dir.), *Archives de l'art français*, Paris, Dumoulin, 1851-1852.

COCCHIARA, Giuseppe, « Lafitau, i selvaggi americani e il mondo classico », *Rivista di Etnografica*, n° 2, 1948, p. 5-14.

COCCHIARA, Giuseppe, *L'eterno selvaggio*, Palerme, Sellerio, 2004 (orig. 1961).

COLONNA, Francesco, *Songe de Poliphile*, Paris, Jean Martin, 1561 (première édition en latin, Venise, Alde Manuce, 1499).

COMBÈS, Isabelle, « Être ou ne pas être. À propos d'*Awareté. Os deuses canibais* de Eduardo Viveiros de Castro », *Journal de la Société des Américanistes*, t. LXXII, 1986, p. 211-220.

COMBÈS, Isabelle, *La Tragédie cannibale chez les anciens Tupi-Guarani*, Paris, Presses universitaires de France, 1992.

CONLON, Pierre M., *Le siècle des Lumières. Bibliographie chronologique*, t. I, Genève, Droz, 2009.

COOPER, John M., « Lafitau », *Encyclopaedia of The Social Sciences*, IX, 1933, p. 12.

CORAY Adamantios, GOSSELIN Pascal François Joseph, DE LA PORTE DU THEIL François Jean Gabriel, LETRONNE Antoine-Jean, *Géographie de Strabon*, 5 vols., Paris, Imprimerie nationale, 1805-1819.

The Culture of Albums in the Long 18th Century, numéro spécial de la revue en ligne *Journal 18*, dir. par Nebahat Avcioglu, 2018, n° 6, [http://www.journal18.org/].

CUPER, Gisbert, *Harpocrates seu Explicatio Imagunculae Argenteae Antiquissimae, sub Harpocratis figura ex Aegyptorum instituto Solem repraesentantis : Qua varii Auctorum loci, Hieroglyphicae notae, Numismata, Basilidianorum gemmae, nec non marmora nova luce perfunduntur*, Amsterdam, 1676.

DAHLQUIST, Allan, *Megasthenes and Indian Religion : A Study in Motives and Types*, Stockholm – Goeteborg, Almqvist and Wiksell, 1962.

DALCHÉ, Patrick Gautier, « Strabo's Reception in the West (Fiteenth-Sixteenth Centuries) », Daniela Dueck (éd.), *The Routledge Companion to Strabo*, London, Routledge, 2017, p. 367-383.

DARNELL, Regna, « Obituary : William N. Fenton (1915-2005) », *Journal of American Folklore*, vol. 120, n° 475, 2007, p. 73-75.

DASTON, Lorraine, GALISON Peter, *Objectivity*, New York, Zone Books, 2007.

DE BRY, Théodore, *Grands et Petits voyages*, 25 vols., Francfort, 1590-1634.

DE BRY, Théodore de, *Le Théâtre du Nouveau Monde. Les Grands Voyages de Théodore de Bry*, éd. Marc Bouyer et Jean-Paul Duviols, Paris, Gallimard, 1992.

DEFERT, Daniel, « Collection et nations au XVIe siècle », *L'Amérique de Théodore De Bry*, éd. de Michèle Duchet, Paris, CNRS, 1987.

DEHERGNE, Joseph, « Le Père Gaubil et ses correspondants (1689-1759) », *Bulletin de l'Université l'Aurore*, n° 5, 1944, p. 354-392.

De Insulis in mare Indico repertoris, Rome ?, 1493 et Bâle, 1494.

DEKONINCK, Ralph, *Ad Imaginem. Statuts, fonctions et usages de l'image dans la littérature spirituelle jésuite du XVIIe siècle*, Genève, Droz, 2005.
DIDEROT, *Pensées philosophiques*, La Haye, 1746, éd. Jean-Claude Bourdin, Paris, Flammarion, 2007.
DILLER, Aubrey, *The Textual Tradition of Strabo's* Geography, Amsterdam, A. M. Hakkert, 1975.
DUCHET, Michèle, *Le partage des savoirs. Discours historique et discours ethnologique.* Paris, La découverte, 1985.
DUCOEUR, Guillaume, « Brahmâ dans la théorie des Moïses de Pierre-Daniel Huet (1630-1721) », Daniel Barbu *et al.* (éd.), *Le savoir des religions. Fragments d'historiographie religieuse*, Gollion, Infolio, 2014, p. 445-472.
DU CREUX, François, *Historiae Canadensis, seu Novae Franciae libri decem*, Paris, S. Cramoisy et S. Marbre-Cramoisy, 1664.
DUPRONT, Alphonse, *Pierre-Daniel Huet et l'exégèse comparatiste au XVIIe siècle*, Paris, Librairie Ernest Leroux, 1930.
DUVIOLS, Jean-Paul, *Le miroir du Nouveau Monde. Images primitives de l'Amérique*, Paris, Presses de l'Université Paris-Sorbonne, 2006.
Encyclopédie ou Dictionnaire raisonné des sciences, des arts et des métiers, Paris, Briasson, David, Le Breton, Durand, 1751-1772.
FEEST, Christian, « Father Lafitau as Ethnographer of the Iroquois », *Native American Studies*, n° 15, 2001, p. 19-25.
FENTON, William N., *s.v.* « Lafitau, Joseph-François », *Dictionnaire biographique du Canada*, vol. III, Québec, Les Presses de l'Université Laval, 1974, p. 360-365, [http://www.biographi.ca/fr/bio/lafitau_joseph_francois_3E.html].
FENTON, William N., *Iroquois Journey : An Anthropologist Remembers*, Lincoln – Londres, University of Nebraska Press, 2007.
FENTON, William N., MOORE, Elizabeth L., « J.-F. Lafitau (1681-1746), Precursor of Scientific Anthropology », *Southwestern Journal of Anthropology*, vol. 25, n° 2, 1969, p. 173-187.
FENTON, William N., MOORE, Elisabeth L., *Customs of the American Indians Compared with the Customs of Primitive Times*, Toronto, Champlain Society, 1974-1977, 2 vols.
FENTON, William N., MOORE, Elisabeth L. (éd.), « Introduction », LAFITAU Joseph-François, *Customs of the American Indians Compared with the Customs of Primitive Times*, éd. et trad. de William N. Fenton et Elisabeth L. Moore, Toronto, The Champlain Society, 1974, vol. I, p. XXIX-CXIX.
FENTON, William N., MOORE, Elisabeth L., « Lafitau et la pensée ethnologique de son temps », *Études littéraires, Sur la Nouvelle-France : documents et questionnements*, 1977, vol. 10, n° 1-2, p. 18-47 (traduction partielle de l'introduction à l'édition anglaise).

Findlen, Paula (dir.), *Athanasius Kircher. The Man who Knew Everything*, New York – Londres, Routledge, 2004.

Fischer, Jean-Louis, « Lafitau et l'acéphale : une preuve tératologique du monogénisme », Claude Blankaert (dir.), *Naissance de l'ethnologie ? Anthropologie et missions en Amérique* xvie-xviiie *siècle*, Paris, Le Cerf, 1985, p. 89-105.

Flamarion, Edith (éd.), *La chair et le verbe. Les jésuites en France au* xviiie *siècle*, Paris, Presses Sorbonne Nouvelle, 2008.

Fontenelle, Bernard le Bouyer de, *De l'origine des fables*, Paris, 1724, éd. Jean-Raoul Carré, Paris, F. Alcan, 1932.

Foucault, Michel, *Les mots et les choses : une archéologie des sciences humaines*, Paris, Gallimard, 1966.

Foucquet, Jean-François, « Lettre à l'Abbé Bignon, ms. BNF Fr. 22228 fol. 165 », *Documents inédits relatifs à la connaissance de la Chine en France de 1685 à 1740*, éd. Virgile Pinot, Paris, Librairie orientaliste Paul Geuthner, 1932, p. 20-21.

Fries, Anna-Verena, « Die Zeit verbindet, was die Wissenschaft vergleicht. Das Frontispiz zu Joseph-François Lafitaus *Mœurs des Sauvages ameriquains. Comparées aux mœurs des premiers temps* », *Wiener Ethnohistorische Blätter*, n° 37, 1992, p. 5-24.

Gagnon, François, « Le thème médiéval de l'homme sauvage dans les premières représentations des Indiens d'Amérique », Guy H. Allard (dir.), *Aspects de la marginalité au Moyen Âge*, Montréal, Les éditions de l'Aurore, 1975, p. 83-115.

Gaubil, Antoine, S.J., *Correspondance de Pékin : 1722-1759*, éd. Renée Simon, Genève, Droz, 1970.

Gaudio, Michael, *Engraving the Savage*, Minneapolis – London, University of Minnesota Press, 2008.

Gaultier, Jean-Marie, *L'exotisme américain dans l'œuvre de Chateaubriand*, Manchester University Press, 1951.

Ginzburg, Carlo, « Provincializing the World : Europeans, Indians, Jews », *Postcolonial Studies*, n° 14, 2011, p. 135-150.

Gliozzi, Giuliano, *Adamo et il nuovo monde. La nascita dell'antropologia come ideologia coloniale : dalle genealogie bibliche alle teorie razziali (1500-1700)*, Firenze, La Nuova Italia Editrice, 1977 (trad. française *Adam et le Nouveau Monde*, Lecques, Théétète, 2000).

Gliozzi, Giuliano, « Les Apôtres au Nouveau Monde. Monothéisme et idolâtrie entre révélation et fétichisme », Francis Schmidt (éd.), *L'Impensable polythéisme. Études d'historiographie religieuse*, Paris, Éditions des archives contemporaines, 1988, p. 177-213.

GRACZYK, Annette, *Die Hieroglyphe im 18. Jahrhundert. Theorien zwischen Aufklärung und Esoterik*, Berlin, De Gruyter, 2015.

GRAF, Fritz, « Mysteries, Baptism, and the History of Religious Studies. Some Tentative Remarks », Francesca Prescendi, Youri Volokhine (éd.), *Dans le laboratoire de l'historien des religions. Mélanges offerts à Philippe Borgeaud*, Genève, Labor et Fides, 2011, p. 91-103.

GRAFTON, Anthony, *Defenders of the Text : The Traditions of Scholarship in the Age of Science, 1450-1800*, Cambridge (MA), Harvard University Press, 1991.

GRAFTON, Anthony, *New Worlds, Ancient Texts. The Power of Tradition and the Shock of Discovery*, Cambridge (MA) – Londres, The Belknap Press of Harvard University Press, 1992.

GRAFTON, Anthony, *Commerce with the Classics : Ancient Books and Renaissance Readers*, Ann Arbor, University of Michigan Press, 1997.

GREER, Allan, *Mohawk Saint : Catherine Tekakwitha and the Jesuits*, Oxford, Oxford University Press, 2006.

GRUZINSKI, Serge, *La guerre des images de Christophe Colomb à « Blade Runner » (1492-2019)*, Paris, Fayard, 1990.

HARTOG, François, *Le miroir d'Hérodote. Essai sur la représentation de l'autre*, Paris, Gallimard, 1980.

HARTOG, François, *Anciens, modernes, sauvages*, Paris, Galaade Éditions, 2005.

HARVEY, David Allen, « Living Antiquity : Lafitau's *Mœurs des sauvages ameriquains* and the Religious Roots of the Enlightenment Science of Man », *Proceedings of the Western Society for French History*, n° 36, 2008, p. 75-92.

HEALY, George R., « The French Jesuits and the Idea of the Noble Savage », *The William and Mary Quarterly*, n° 15, fasc. 2, 1958, p. 143-167.

HÉRITIER, Françoise, *Masculin/féminin I : la pensée de la différence*, Paris, O. Jacob, 1996.

HÉRITIER, Françoise, *Masculin/féminin II : dissoudre la hiérarchie*, Paris, O. Jacob, 2002.

HOLTZ, Grégoire, MAUS DE ROLLEY, Thibaut (éd.), *Voyager avec le diable. Voyages réels, voyages imaginaires et discours démonologiques (XVe-XVIIe s.)*, Paris, Presses de l'Université Paris-Sorbonne, 2008.

HUET, Pierre-Daniel, *Demonstratio evangelica ad serenissum Delphinum*, Paris, Stéphane Michallet, 1679.

HUNT, Lynn, JACOB, Margaret C., MIJNHARDT, Wijnand (éd.), *The Book That Changed Europe : Picart and Bernard's Religious Ceremonies of the World*, Cambridge (MA), Harvard University Press, 2010.

HUSBAND, Timothy (dir.), *The Wild Man. Medieval Myth and Symbolism*, New York, Metropolitan Museum of Art, 1980.

JARTOUX, Pierre, S.J., « Lettre du Pere Jartoux, Missionnaire de Compagnie de Jesus, au P. Procureur Général des Missions des Indes et de la Chine », *Lettres édifiantes et curieuses, écrites des missions étrangères par quelques missionnaires de la Compagnie de Jesus*, vol. X, Paris, Jean Barbou, 1713, p. 159-185 ; réimprimé à Paris, Nicolas le Clerc et P. G. Le Mercier fils, 1732. Traduction anglaise de la « Lettre », in « The Description of a Tartarian Plant Call'd Gin-seng [...] », *Philosophical Transactions*, 30, 1717.

JEANMAIRE, Henri, « Appendice », *Couroi et Courètes : Essai sur l'éducation spartiate et sur les rites d'adolescence dans l'antiquité hellénique*, Lille, Bibliothèque universitaire, 1939, p. 593-616.

The Jesuit Relations and Allied Documents. Travels and Explorations of the Jesuit Missionaries in New France 1610-1791. The Original French, Latin, and Italian Texts, with English Translations and notes ; illustrated by Portraits, Maps, and Facsimiles, vol. LXVII, Lower Canada, Abenakis, Louisiana, 1716-1727, éd. Reuben Gold Thwaites, transcription informatique de Tomasz Mentrak, Cleveland, The Burrows Brothers Company, 1900, [http://moses.creighton.edu/kripke/jesuitrelations/relations_67.html].

JOURDAN, Fabienne, « Dionysos dans le *Protreptique* de Clément d'Alexandrie », *Revue de l'histoire des religions*, n° 223, fasc. 3, 2006, p. 265-282.

KÄLIN, Kaspar, *Indianer und Urvölker nach Jos. Fr. Lafitau, 1681-1746 : Dissertation zur Erlangung der Doktorwürde der hohen philosophischen Fakultät der Universität Freiburg in der Schweiz* (thèse de doctorat), Paulus Druckerei, Fribourg, 1943.

KIRCHER, Athanase, *Œdipus aegyptiacus*, Rome, V. Mascardi, 1652-1654.

KIRCHER, Athanase, *China illustrata*, Amsterdam, apud Iohannem Ianssonium a Waesberge et viduam Elizei Weyerstraet, 1667.

[LA CRÉQUINIÈRE], *Conformité des coutumes des Indiens Orientaux avec celles des Juifs et des autres peuples de l'Antiquité*, Bruxelles, George de Backer, 1704.

LAERKE, Mogens, « À la recherche d'un homme égal à Spinoza. G. W. Leibniz et la *Demonstratio evangelica* de Pierre-Daniel Huet », XVIIe *siècle*, n° 232, 2006, p. 387-410.

LAET, Jean de, *Histoire du Nouveau Monde ou Description des Indes Occidentales*, Leiden, 1640.

LAFITAU, Joseph-François, *Mémoire [...] concernant la précieuse plante du Gin-seng [...]*, Paris, Joseph Mongé, 1718.

LAFITAU, Joseph-François, *Mœurs des sauvages ameriquains comparées aux mœurs des premiers temps*, Paris, Saugrain l'aîné et Charles Estienne Hochereau, 1724, 2 vols, in-4.

LAFITAU, Joseph-François, *Mœurs des sauvages ameriquains*, Paris, Saugrain l'aîné et Charles-Estienne Hochereau, 1724, 4 vols, in-12.

LAFITAU, Joseph-François, *Histoire de Jean de Brienne, roy de Jérusalem et Empereur de Constantinople*, Paris, Charles Moette et Pierre Simon, 1727.

LAFITAU, Joseph-François, *Histoire des découvertes et conquestes des Portugais dans le Nouveau Monde*, Paris, Saugrain Père et Jean-Baptiste Coignard Fils, 1734.

LAFITAU, Joseph-François, « Algemeine Beschreibung der Americanischen Lande und Völker », traduit et édité par Johann Friedrich Schröter avec une préface de Siegmund Jacob Baumgarten, *Algemeine Geschichte der Länder und Völker von America*, t. I, Halle, Johann Justinus Gebauer, 1752.

LAFITAU, Joseph-François, *Lettre au père Oudin*, 14 août 1740 ; cité d'après Carlos Sommervogel *et. al.*, *Bibliothèque de la Compagnie de Jésus*, nouvelle édition, Louvain, Bibliothèque de la S.J., 1960, 12 vols, ici vol. XII, colonne 540 ; l'original se trouve à l'Archivo histórico de Loyola, AHL. Bibliografía Jesuítica. Legajo n° 20.

LAFITAU, Joseph-François, *Lettre au ministre des affaires étrangères*, 3 janvier 1719, Centre des Archives diplomatiques du ministère des Affaires étrangères, Correspondance politique (origines-1896), Rome, CP 595, doc. n° 21.

LA FITEAU [sic], J. F., *De Zeden der Wilden van Amerika [...]*, Gravenhage [La Haye], Gerard vander Poel, 1731.

[LAFITAU, Joseph-François], *Mœurs, coutumes et religions des sauvages ameriquains*, extrait du P. Lafiteau par A. S., Lyon-Paris, Périsse frère, 1845.

LAFITAU Joseph-François, *Customs of the American Indians Compared with the Customs of Primitive Times*, éd. et trad. de William N. Fenton et Elisabeth L. Moore, Toronto, The Champlain Society, 1974-1977, 2 vols.

LAFITAU, Joseph-François, *Mœurs des sauvages ameriquains comparées aux mœurs des premiers temps*, éd. Edna Hindie Lemay, Paris, Maspero, 1983.

LAHONTAN, Louis-Armand de Lom d'Arce, baron de, *Nouveaux voyages du baron de Lahontan dans l'Amérique septentrionale, qui contiennent une relation des différens peuples qui y habitent*, La Hague, chez les frères L'Honoré, 1706.

LANG, Andrew, « The Folklore of France », *Folklore Record*, n° 1, 1878, p. 99-117.

LE BEAU, Claude, *Avantures du sieur Claude Le Beau, avocat en parlement. Voyage curieux et nouveau parmi les Sauvages de l'Amérique septentrionale*, éd. Andréanne Vallée, Québec, Presses de l'Université Laval, 2011.

LE COMTE, Louis, *Eclaircissement sur la denonciation faite a N. S. P. le Pape, des Nouveaux Memoires de la Chine, Composez par le Pere Louis Le Comte, de la Compagnie de Jesus, Confesseur de Madame la Duchesse de Bourgogne*, s.n., s.l., 1700.

LEONARD, Daniel, « Fetishism and Figurism in Charles de Brosses's *Du culte des dieux fétiches* : Natural Historical Facts and Historical Fictions », *Studies in Eighteenth-Century Culture*, n° 45, 2016, p. 107-130.

LE ROY DE BACQUEVILLE DE LA POTHERIE, Claude Charles, *Histoire de l'Amérique septentrionale*, t. IV, Paris, J.-L. Nion et F. Didot, 1722.

LÉRY, Jean de, *Histoire d'un voyage faict en la terre du Bresil*, Genève, Antoine Chuppin, 1580.

LÉRY, Jean de, *Histoire d'un voyage faict en la terre de Brésil*, 1578, éd. Frank Lestringant, Paris, Librairie Générale Française, 1994.

LESTRINGANT, Frank, « Les représentations du sauvage dans l'iconographie relative aux ouvrages du cosmographe André Thevet », *Bibliothèque d'Humanisme et Renaissance*, t. 40, n° 3, 1978, p. 583-505.

LESTRINGANT, Frank, « Le Roi Soleil de La Floride, de Théodore de Bry à Bernard Picart », *Études de lettres*, Lausanne, janvier juin 1995, p. 13-30.

LESTRINGANT, Frank, *Le Huguenot et le sauvage. L'Amérique et la controverse coloniale, en France, au temps des guerres de Religion (1555-1589)*, Genève, Droz, 2004 (orig. 1990).

LESTRINGANT, Frank, *Le Cannibale, grandeur et décadence*, Genève, Droz, 2016 (orig. 1994).

LESTRINGANT, Frank, *Jean de Léry ou L'invention du sauvage : essai sur l'*Histoire d'un voyage faict en la terre du Brésil, Paris, Classique Garnier, 2016 (orig. 1999).

LESTRINGANT, Frank, *Le Théâtre de la Floride. Autour de la Brève narration des événements qui arrivèrent aux Français en Floride, province d'Amérique, de Jacques Le Moyne de Morgues*, Paris, Presses de l'Université Paris-Sorbonne, 2017.

LESTRINGANT, Frank, MOREAU, Pierre-François, TARRÊTE, Alexandre (dir.), *L'unité du genre humain : race et histoire à la Renaissance*, Paris, Presses de l'Université Paris-Sorbonne, 2014.

LÉVI-STRAUSS, Claude, *Tristes Tropiques*, Paris, Plon, 1984 (orig. 1955).

LOTTIN, Augustin-Martin, *Catalogue chronologique des libraires et des libraires-imprimeurs de Paris*, Amsterdam, B. R. Grüner, 1969.

MACCORMACK, Sabine G., *Religion in the Andes : Vision and Imagination in Early Colonial Peru*, Princeton, Princeton University Press, 1991.

MANESSON MALLET, Allain, *Description de l'Univers : cartes, costumes, monuments*, Paris, D. Thierry, 1683.

MARRACHE-GOURAUD, Myriam, « Naissance de l'exotisme ou comment inventer la place du lointain », *La licorne et le bézoard : une histoire des cabinets de curiosités*, exposition organisée à Poitiers du 18 octobre 2013 au 16 mars 2014 (Musée Sainte-Croix et Espace Mendès-France), Montreuil, Gourcuff Gradenigo, 2013, p. 159-168.

MARRACHE-GOURAUD, Myriam, « La plume des Américains et son histoire allégorique », Marie-Christine Pioffet, Anne-Elisabeth Spica (éd.), *S'exprimer autrement : poétique et enjeux de l'allégorie à l'Âge classique*, Tübinger, Narr, 2016, p. 253-270.

MARTIN, Pierre, « Au seuil des livres, l'image de la curiosité », Myriam

Marrache-Gouraud, Dominique Moncond'huy, Pierre Martin (dir.), *La Licorne et le bézoard. Une histoire des cabinets de curiosités*, Paris, Gourcuff-Gradenigo, 2013, p. 113-117.

MASON, Peter, *Deconstructing America. Representations of the Other*, Londres – New York, Routledge, 1990.

MASSA, Francesco, « La notion de "mystères" au IIe siècle de notre ère : regards païens et *christian turn* », *Mètis*, N. S. 14, 2016, p. 109-132.

MASSA, Francesco, *Tra la vigna e la croce : Dioniso nei discorsi letterari e figurativi cristiani (II-IV secolo)*, Stuttgart, Fr. Steiner, 2014.

MEEKS, Dimitri, « Zoomorphie et image des dieux dans l'Égypte ancienne », Charles Malamoud, Jean-Pierre Vernant (dir.), *Corps des dieux*, Paris, Gallimard, 1986, p. 229-230.

MELLOT, Jean-Dominique, QUEVAL, Élisabeth (éd.), *Répertoire d'imprimeurs-libraires : vers 1500-vers 1810*, Paris, Bibliothèque nationale de France, 2004.

Mémoires pour l'histoire des sciences et des beaux-arts, octobre 1722, Lyon, Frères Bruyset, 1722.

Mémoires pour l'histoire des Sciences et des beaux-Arts recuëillis par l'Ordre de son Altesse Serenissime Monseigneur Prince Souverain de Dombes, Trévoux, imprimerie de S.A.S, sept. 1724, nov. 1724, fév. 1725.

MÉTRAUX, Alfred, *La Religion des Tupinamba et ses rapports avec celle des autres tribus Tupi-Guarani*, Paris, Libraire Ernest Leroux, 1928.

MÉTRAUX, Alfred, « Précurseurs de l'ethnologie en France du XVIe au XVIIIe siècle », *Cahiers d'histoire mondiale*, vol. VIII, n° 3, 1963.

MILLER, Peter N., *Momigliano and Antiquarianism. Foundations of the Modern Cultural Sciences*, Toronto, University of Toronto, 2007.

MOMIGLIANO, Arnaldo, « Ancient History and the Antiquarian », *Journal of the Warburg and Courtauld Institutes*, vol. XIII, n° 3/4, 1950, p. 285-315.

MONCONYS, Balthazar de, *Journal des voyages de M. de Monconys*, Paris, Delaulne, 1695.

MONTFAUCON, Bernard de, *L'Antiquité expliquée et représentée en figures*, Paris, chez Florentin Delaulne, Hilaire Foucault, Michel Clousier, Jean-Geoffroy Nyon, Étienne Ganeau, Nicolas Gosselon et Pierre-François Giffart, 1719.

MOTSCH, Andreas, *Lafitau et l'émergence du discours ethnographique*, Sillery – Paris, Septentrion – Presses de l'Université Paris-Sorbonne, 2001.

MOTSCH, Andreas, « La Chine et la Nouvelle-France comme laboratoire du savoir. L'impasse du figurisme et la stratégie missionnaire jésuite », Guy Poirier, Marie-Christine Gomez-Géraud, François Paré (dir.), *De l'Orient à la Huronie : du récit de pèlerinage au texte missionnaire*, Québec, Presses de l'Université de Laval, 2011, p. 215-227.

MOTSCH, Andreas, « La réception des *Mœurs* de Joseph-François Lafitau en

France et en Allemagne au XVIIIe siècle ou Comment faire de Lafitau un éclaireur allemand », Alain Beaulieu, Stéphanie Chaffray (dir.), *Représentation, métissage et pouvoir. La dynamique coloniale des échanges entre Autochtones, Européens et Canadiens (XVIe-XXe sicèle)*, Québec, Presses de l'Université Laval, 2012, p. 175-202.

MOTSCH, Andreas, « Le genre humain entre le particulier et l'universel : José de Acosta et Joseph-François Lafitau », Frank Lestringant, Pierre-François Moreau et Alexandre Tarrête (dir.), *L'unité du genre humain. Race et histoire à la Renaissance*, Paris, Presses de l'Université Paris-Sorbonne, 2014, p. 207-220.

MOTSCH, Andreas, « Le ginseng d'Amérique : un lien entre les deux Indes, entre curiosité et science », *Études Épistémè*, n° 26, 2014, [http://journals.openedition.org/episteme/331].

MOTSCH, Andreas, « De l'allégorie ethnographique à l'ethnographie allégorique : le cas de l'Amérique », Marie-Christine Pioffet, Anne-Élisabeth Spica (éd.), *S'exprimer autrement : poétique et enjeux de l'allégorie à l'Âge classique*, Tübingen, Narr, 2016, p. 271-301.

MOTTE, André, Pirenne-Delforge, Vinciane, « Le mot et les rites. Aperçu des significations de ὄργια et de quelques dérivés », *Kernos*, n° 5, 1992, p. 119-140.

MOUCHEL, Christian, « Les rhétoriques post-tridentines (1570-1600) : la fabrique d'une société chrétienne », Marc Fumaroli (dir.), *Histoire de la rhétorique dans l'Europe moderne (1450-1950)*, Paris, Presses universitaires de France, 1999, p. 431-480.

NORTHEAST, Catherine M., *The Parisian Jesuits and the Enlightenment : 1700-1762*, Oxford, The Voltaire Foundation, 1991.

PAGDEN, Anthony, *The Fall of Natural Man*, Cambridge, Cambridge University Press, 1986 (2e éd. revue et augmentée).

PARENTY, Hélène, *Isaac Casaubon helléniste*, Genève, Droz, 2009.

PARSONS, Christopher M., « The Natural History of Colonial Science : Joseph-François Lafitau's Discovery of Ginseng and Its Afterlives », *The William and Mary Quarterly*, vol. 73, 2016, p. 37-72.

PARSONS, Christopher M., « Plants and Peoples : French and Indigenous Botanical Knowledges in Colonial North America, 1600-1760 », thèse de doctorat, Département d'Histoire, Université de Toronto, 2011.

PARSONS, Christopher M., *A Not-So New World. Empire and Environment in French Colonial North America*, Philadelphia, University of Pennsylvania Press, 2018.

PASCHOUD, Adrien, « De la représentation de l'origine à la défense de la foi : l'usage des gravures dans les *Mœurs des Sauvages ameriquains comparées aux mœurs des premiers temps* (1724) de Joseph-François Lafitau », Édith Flamarion (éd.), *La chair et le verbe. Les jésuites de France au XVIIIe siècle et l'image*, Paris, Presses Sorbonne Nouvelle, 2008, p. 75-89.

PETRELLA, Sara, TRUCCHIO, Aldo, « Le médecin des *sauvages* : le jongleur », *S&F : Web rivista di scienza e filosofia*, n° 13, 2015, p. 37-57, [http://www.scienzaefilosofia.it/].

PETRELLA, Sara, TRUCCHIO, Aldo, « "Jusque dans l'extremité de la Barbarie". Compte-rendu d'un voyage de recherche au Québec et en Ontario, entre illustrations européennes et artefacts autochtones », *Arts&Cultures*, 2018, p. 188-197.

PEYRÈRE, Isaac de la, *Relation du Groenland*, Paris, A. Courbé, 1647.

PINARD DE LA BOULLAYE, Henry, *L'étude comparée des religions : essai critique. Son histoire dans le monde occidental*, Paris, Gabriel Beauchesne, 1922.

PINO DIAZ, Fermin del, « Culturas clasicas y americanas en la obra del Padre Acosta », Francisco de Solano, Fermin del Pino (éd.), *América y la Espana del siglo XVI : homenaje a Gonzalo Fernandez de Oviedo*, Madrid, C.S.I.C., Instituto Gonzalo Fernandez de Oviedo, 1982.

PINOT, Virgile, *La Chine et la formation de l'esprit philosophique en France (1640-1740)*, Paris, Librairie orientaliste Paul Geuthner, 1932.

POMIAN Krzysztof, *Collectionneurs, amateurs et curieux. Paris-Venise, XVIe-XVIIIe siècles*, Paris, Gallimard, 1987.

POUVREAU, Florent, « L'homme sauvage dans l'iconographie alpine à la fin du Moyen Âge. D'une figure du désordre à un usage apotropaïque des images », *L'homme et l'animal sauvage / Mensch und Wildtiere*, Zurich, Verlag, 2010, p. 27-44.

POUVREAU, Florent, *Du poil et de la bête : iconographie du corps sauvage en Occident à la fin du Moyen Âge (XIIIe-XIVe siècle)*, Paris, CTHS, 2014.

PRATT, Stéphanie Rose, *The European Perception of Native American, 1750-1850*, thèse de doctorat, Polytechnic South West et University of Exter, septembre 1989.

PRESCENDI Francesca, VOLOKHINE Youri (éd.), *Dans le laboratoire de l'historien des religions. Mélanges offerts à Philippe Borgeaud*, Genève, Labor et Fides, 2011.

RACAULT, Jean-Michel, *Nulle part et ses environs. Voyage aux confins de l'utopie littéraire classique (1657-1802)*, Paris, Presses de l'Université Paris-Sorbonne, 2003.

RACAULT, Jean-Michel, « La preuve par l'autre, ou du bon usage du paganisme. Théologie de la Révélation primitive et comparatisme religieux chez Lafitau », Sophie Linon-Chipon, Jean-François Guennoc (dir.), *Transhumances divines : récit de voyage et religion*, Paris, Presses de l'Université Paris-Sorbonne, 2005, p. 145-165.

REICHLER, Claude, « La Cité sauvage. La figure du cercle dans les images des

Mœurs des Sauvages américains de Lafitau », Marta Caraion, Claude Reichler (éd.), *Mots et images nomades*, Lausanne, Études des lettres, 1995, p. 59-79.

REIM, Helmut, « Kommentar », *Joseph-François Lafitau, Die Sitten der amerikanischen Wilden im Vergleich zu den Sitten der Frühzeit.* Weinheim, Acta humaniora, VCH, 1987, p. 35-49.

RENOUARD, Philippe, *Répertoire des imprimeurs parisiens, libraires et fondeurs de caractères en exercice à Paris au XVIIe siècle*, Nogent-le-Roi, J. Laget, 1995.

REVEL, Jacques, « The Uses of Comparison : Religions in the Eighteenth Century », Lynn Hunt, Margaret Jacob, Wijnand Mijnhardt, *Bernard Picart and the First Global Vision of Religion*, Los Angeles, Getty Research Institute, 2010, p. 331-347.

REVEL, Jacques, « Comparer les religions au début du XVIIIe siècle », Juan Carlos Caravaglia, Jacques Poloni-Simard, Gilles Rivière (dir.), *Au Miroir de l'Anthropologie Historique. Mélanges offerts à Nathan Watchel*, Rennes, Presses universitaires de Rennes, 2013, p. 95-106.

RICHARD, Lionel, *De l'exotisme aux arts lointains*, Gollion, Infolio, 2017 (orig. 2006).

RIVIÈRE, Ernest-M., *Corrections et additions à la Bibliothèque de la Compagnie de Jésus. Supplément au « De Backer-Sommervogel »*, 4e fasc., Toulouse, chez l'auteur, 1914-1917.

ROSS, Alexander, *Les religions du monde*, Amsterdam, Jean Schipper, 1668 (orig. London, 1658).

ROWBOTHAM, Arnold H., « The Jesuit Figurists and Eighteenth-Century Religious Thought », *Journal of the History of Ideas*, n° 17, fasc. 4, 1956, p. 471-485.

ROWLAND, Ingrid, *The Ecstatic Journey : Athanasius Kircher in Baroque Rome* (exhibition, Department of Special Collections, University of Chicago Library, February 1-April 7, 2000), Chicago, University of Chicago Library, 2000.

RUMPHIUS, Georg Eberhard, *D'Amboinsche Rariteitkammer*, Amsterdam, 1705.

SAÏD, Edward W., *Orientalism*, New York, Pantheon Book, 1978, paru en français sous le titre *L'Orientalisme. L'Orient créé par l'Occident*, préf. de Tzvetan Todorov, trad. de l'américain par Catherine Malamoud, Paris, Le Seuil, 1978.

SARDI, Alessandro, *De moribus ac ritibus gentium libri III*, Venesia, 1557.

SCHLEY, Jacob van der, *Rariteitenkabinet*, 1725.

SCHNAPP, Alain (éd.), *World Antiquarianism. Comparative Perspectives*, Los Angeles, Getty Research Institute, 2013.

SCHNAPPER, Antoine, *Collections et collectionneurs dans la France du XVIIe siècle*, 2 t., Paris, Flammarion, 1988 et 1994.

SEGUIN, Maria Susana (dir.), *La Lettre clandestine*, nº 24, numéro spécial consacré au *Traité des trois imposteurs*, 2016.

SELDEN, John, *De Diis Syriis*, London, 1617.

SEPI, Giorgio de, *Romani Collegii Societatis Jesu Musaeum celeberrimum*, Amsterdam, 1678.

SERA-SHRIAR, Efram, *The Making of British Anthropology 1813-1871*, Londres – Brookfield, Picklering & Chatto, 2013.

SERVICE, Elman R., *A Century of Controversy : Ethnological Issues from 1860 to 1960*, Orlando, Academic Press, 1985.

SEVERI, Carlo, *Le Principe de la chimère. Une anthropologie de la mémoire*, Paris, Rue d'Ulm, 2007.

SGARD, Jean, *Dictionnaire des journaux 1600-1789*, [http://dictionnaire-journaux.gazettes18e.fr/journal/0162-bibliotheque-francaise].

SMITH, Jonathan Z., *Drudgery Divine : On the Comparison of Early Christianities and the Religions of Late Antiquity*, Chicago, The University of Chicago Press, 1990.

SMITH, Jonathan Z., « Religion, religions, religieux », *Magie de la comparaison*, éd. Daniel Barbu et Nicolas Meylan, Genève, Labor et Fides, 2014, p. 29-52.

SOMMERVOGEL, Carlos, *et al.*, *Bibliothèque de la Compagnie de Jésus*, vol. XII, nouvelle édition, Louvain, Bibliothèque de la S.J., 1960.

SPICA, Anne-Elisabeth, *Symbolique humaniste et emblématique. L'évolution et les genres (1580-1700)*, Paris, Honoré Champion, 1996.

SPON Jacob, *Miscellanea eruditae antiquitatis*, Leyden, 1685.

STADEN, Hans, *Nus, féroces et anthropophages*, traduction Henri Ternaux-Compans, Paris, Anne-Marie Métailié, 1979.

STARKLOFF, Carl F., *Common Testimony : Ethnology and Theology in the Customs of Joseph Lafitau* [sic], St. Louis, The Institute of Jesuit Sources, 2002.

STOCKING, George W., *The Ethnographer's Magic and Other Essays in the History of Anthropology*, Madison, The University of Wisconsin Press, 1992.

STOLZENBERG, Daniel, *Egyptian Œdipus. Athanasius Kircher and the Secrets of Antiquity*, Chicago, University of Chicago Press, 2013.

STROUMSA, Guy, *A New Science : The Discovery of Religion in the Age of Reason*, Cambridge (MA), Harvard University Press, 2010.

STROUMSA, Guy G., *Religions d'Abraham. Histoires croisées*, éd. Daniel Barbu et Nicolas Meylan, Genève, Labor et Fides, 2017.

STURTEVANT, William C., « The Sources of Lafitau's American Illustrations », Joseph-François Lafitau, *Customs of American Indians Compared with the Customs of Primitive Times*, éd. William N. Fenton et Elisabeth L. Moore, Toronto, The Champlain Society, 1977, vol. II, p. 271-303.

STURTEVANT, William C., « La Tupinambisation des Indiens de l'Amérique du Nord », Gilles Thérien (dir.), *Les Figures de L'indien*, Montréal, Service des publications de l'Université du Québec, 1988, p. 293-303.

THÉRIEN, Gilles, « Les "Amériquains" de Joseph-François Lafitau », Sylviane Albertan-Coppola (dir.), *Apprendre à porter sa vue au loin, Hommage à Michèle Duchet*, Lyon, ENS Éditions, 2009, p. 193-202.

THEVET, André, *Les Singularitez de la France Antarctique, autrement nommée Amerique*, Paris, Les héritiers de Maurice de la Porte, 1557.

THEVET, André, *Singularitez de la France Antarctique*, Paris, Maurice de La Porte, 1558, éd. Frank Lestringant, Paris, Chandeigne, 2011.

THEVET, André, *Cosmographie universelle*, Paris, Pierre L'Huillier et Guillaume Chaudière, 1575.

THEVET, André, *Les Français en Amérique pendant la deuxième moitié du XVIe siècle. Le Brésil et les Brésiliens par André Thevet*, éd. Suzanne Lussagnet, Paris, Presses universitaires de France, 1953.

TISSOT, Georges, « J. F. Lafitau : figures anthropologiques », *Sciences religieuses*, n° 4, 1974-1975, p. 93-107.

TISSOT, Georges, « *Image et Origine : Fondement du système de religion de Joseph François Lafitau* », Thèse de doctorat, Montréal, Université de Montréal, Faculté de Théologie, 1978.

TISSOT, Georges, « Une histoire théologique des religions : Jean-François Lafitau », Andreas Motsch, Grégoire Holtz (dir.), *Éditer la Nouvelle France*, Québec, Presses de l'Université Laval, 2011, p. 33-46.

TOMASINI, Giacomo Filippo, *Manus Aenae cecropii votum Referentis Dilucidatio*, Padoue, Typis Sebastiani Sardi, 1649.

TRUE, Micah, *Masters and Students. Jesuit Mission Ethnography in Seventeeth Century New France*, Montréal, McGill Queen's University Press, 2015.

VALERIANO, Piero, *Hieroglyphica*, Bâle, 1556.

VAN GENNEP, Arnold, « Contributions à l'histoire de la méthode ethnographique », *Revue de l'histoire des religions*, 1913, n° 68, p. 32-61.

VANNIER, Marie-Anne, « Trace (*vestigium*) », Jean-Yves Lacoste (dir.), *Dictionnaire critique de théologie*, Paris, Presses universitaires de France, 1998, p. 1147-1148.

VERMEULEN, Han F., *Before Boas : The Genesis of Ethnography and Ethnology in the German Enlightenment*, Lincoln – Londres, University Press of Nebraska, 2015.

VIDAL-NAQUET, Pierre, « Le cru, l'enfant grec et le cuit », *Le chasseur noir. Formes de pensée et formes de société dans le monde grec*, Paris, Éditions La Découverte, 2005 (orig. 1981), p. 177-207.

La Vie et l'esprit de Monsieur Benoît de Spinoza, [s.l.], [s.n.], 1719, éd. Françoise Charles-Daubert, Oxford, The Voltaire Foundation, 1999.

VINCENT, Levin, *Elenchus tabularum pinacothecarum…*, Haarlem, chez l'auteur, 1719.

VIVEIROS DE CASTRO, Eduardo Batalha, *Arawete : os deuses canibais*, Rio de Janeiro, J. Zahar Editor – Anpocs, 1986.

VIVEIROS DE CASTRO, Eduardo Batalha, DA CUNHA, Manuela Carneiro, « Vingança e temporalidade : os Tupinamba », *Journal de la Société des Américanistes*, t. LXXI, 1985, p. 191-208.

VOGET, Fred W., *A History of Ethnology*, New York, Holt Rinehart & Winston, 1975.

VOLLANI, Claudia von, *Die Figuristen in der Chinamission*, Francfort, Peter D. Lang, 1981.

VOLTAIRE, *Essai sur les mœurs*, Genève, 1756, éd. René Pomeau, Paris, Garnier, 1990.

VOLTAIRE, *La Philosophie de l'histoire*, 1765, sous la dir. de John Henry Brumfitt, *Œuvres complètes de Voltaire*, vol. 59, Oxford, Voltaire Foundation, 1969.

VOLTAIRE, *De la population de l'Amérique*, sous la dir. de Michel Mervaud, Jean Dagen *et al.*, *Œuvres complètes de Voltaire*, vol. 45 B, Oxford, Voltaire Foundation, 2010.

VOLTAIRE, *Corpus de notes marginales de Voltaire*, sous la dir. de Natalia Elaguina, *Œuvres complètes de Voltaire*, vols. 140 A, 140 B, Oxford, Voltaire Foundation, 2012.

WALKER, Daniel Pickering, *The Ancient Theology : Studies in Christian Platonism from the Fifteenth to the Eighteenth Century*, Londres, Duckworth, 1972.

WHITE, Richard, *The Middle Ground, Indians, Empires, and Republics in the Great Lakes Region, 1650-1815*, Cambridge University Press, 1991, trad. de l'anglais par Frédéric Cotton et paru sous le titre *Le Middle Ground. Indiens, empires et république dans la région des Grands Lacs 1650-1815*, Toulouse, Anacharsis, 2009.

WYSS-GIACOSA, Paola von, *Religionsbilder der frühen Aufklärung. Bernard Picarts Tafeln für die Cérémonies et Coutumes religieuses de tous les Peuples du Monde*, Wabern bei Bern, Benteli, 2006.

WYSS-GIACOSA, Paola von, « Investigating Religion Visually. The Role of Engravings in Athanasius Kircher's China illustrata », *Asdiwal*, n° 7, 2012, p. 119-150.

WYSS-GIACOSA, Paola von, « Through the Eyes of Idolatry : Pignoria's 1615 Argument on the *conformité* of Ethnographic Objects from the West and East Indies with Egyptian Idols », Giovanni Tarantino, Paola von Wyss-Giacosa (éd.), *Through Your Eyes : Religions and Beliefs as Intercultural Mirror (16th-18th centuries)*, Leiden, Brill, à paraître en 2019.

XYLANDER Wilhelm, *Strabonis nobilissimi et doctissimi philosophi ac geographi, rerum geographicarum commentarii libris XVII contenti, latini facti, Guilielmo Xylandro, Augustuano interprete*, Bâle, Heinrich Petri, 1571.

INDEX DES NOMS PROPRES

INDEX DES MOTS CLEFS

RÉSUMÉS

Philippe BORGEAUD, « Lafitau écrivain »

De Lafitau écrivain nous avons : le résumé d'un *Mémoire sur la boisson [vendue] aux Sauvages* ; un *Mémoire [...] concernant la précieuse plante du gin-seng de Tartarie, découverte en Canada* ; les *Mœurs des sauvages ameriquains comparées aux mœurs des premiers temps* ; une *Histoire de Jean de Brienne, roi de Jérusalem et empereur de Constantinople* ; une *Histoire des découvertes et conquestes des Portugais dans le nouveau monde* (1733). La lecture de cette œuvre laisse entrevoir une méthode et un réel souci d'écriture.

Mots-clés : Chevalerie, initiation, méthode d'écriture, providence, récit

Andreas MOTSCH, « Lafitau entre l'histoire et la théologie. Archives et méthodes à l'aube des Lumières »

L'unité de l'œuvre de Joseph-François Lafitau est la mieux identifiée par la dimension historiographique qui la traverse. Cependant, la dimension religieuse et théologique joue un rôle fondamental dans l'œuvre et influence de manière importante la réception de l'auteur et de ses ouvrages. Celle-ci en fait justement trop vite abstraction, « sécularisant » de la sorte l'auteur et l'œuvre. Cette analyse montre la pertinence de la dimension théologique comme élément structurant dans trois ouvrages de Lafitau.

Mots-clés : Théologie, histoire, ethnographie, écrits jésuites, *Prisca theologia*, primitif

Joan-Pau RUBIÉS, « Histoire sacrée et ethnographie comparative chez Lafitau »

Trop souvent, l'ouvrage comparatif de Joseph-François Lafitau, a été interprété comme le précurseur de l'anthropologie scientifique, plutôt que comme un exemple d'apologétique inscrit dans une tradition distincte de l'érudition antiquaire. Replacer le grand traité de Lafitau au sein d'une tradition apologétique de l'histoire universelle permet d'éliminer certaines distorsions quant à l'évaluation de son influence dans le domaine scientifique ; et de mieux comprendre les origines, les objectifs et l'impact paradoxal de cette somme.

Mots-clés : Religion naturelle, ethnologie, méthode comparative, histoire sacrée

Marc KOLAKOWSKI, « La théorie des Moïses, aux origines du figurisme de Lafitau »

Conçue à la fois comme une réponse à la critique vétérotestamentaire de Spinoza et une preuve irréfutable du *consensus gentium*, la théorie des Moïses se vit rapidement confirmée ou réorientée sur le terrain, à mesure que s'étendait le savoir ethno- et mythographique des missionnaires. Reprenant à son compte le geste comparatiste de Huet, la démarche apologétique de Lafitau se confond avec celle d'un groupe marginalisé de jésuites, les Figuristes.

Mots-clés : Figurisme, comparatisme, typologie, manuscrits, réseau

Mélanie LOZAT, « Les Courètes. De Strabon à Lafitau »

À partir des récits qui assimilent les Courètes avec les Corybantes, les Cabires, les Bacchants, etc., Strabon examine la manière de ramener ces noms à une seule catégorie, ainsi que leur implication avec les rites orgiaques. C'est sur cette idée de Strabon que Lafitau systématisera la religion des « Sauvages Ameriquains ». En comparant les deux cultures, il veut prouver que toutes les religions dérivent de la révélation adamique, dont on trouverait des traces dans les rites orgiaques des païens.

Mots-clés : Évhémérisme, initiation, mystère, orgie, secret

Frank LESTRINGANT, « La Pyrolâtrie des peuples de l'Amérique, selon Lafitau »

Lafitau s'emploie à détruire la fausse idée que les athées ont donnée des sauvages, en en faisant des hommes sans dieu. Religion partout ! tel est le mot d'ordre. Selon Lafitau, la pyrolâtrie, c'est-à-dire le culte du feu sacré, est commune à toutes les religions des peuples de l'Amérique. En définitive, l'athéisme est vaincu par ces gravures refaites, ces figures rhabillées, policées, toutes placées autour du feu, lequel manifeste l'existence indiscutable d'un principe supérieur, devant lequel toutes s'inclinent.

Mots-clés : Théologie, pyrolâtrie, culte solaire, sacrifice, cannibalisme

Sarah Diane BRÄMER et Adrien PASCHOUD, « Du texte à la gravure. L'Égypte ancienne dans les *Mœurs des sauvages ameriquains comparées aux mœurs des premiers temps* »

Lafitau accorde dans ses *Mœurs* une place substantielle aux divinités, aux croyances, aux rites, aux objets, aux monuments et aux pratiques scripturaires de l'Égypte ancienne. Fondée sur des sources antiques, renaissantes et contemporaines, la réflexion du jésuite est guidée par des visées polémiques, mais surtout apologétiques. On voudrait préciser la nature de ce que Lafitau définit plus largement comme une « théologie symbolique » au travers des gravures relatives à l'Antiquité égyptienne.

Mots-clés : Hiéroglyphe, symbole, iconographie, idolâtrie, rhétorique

Sara PETRELLA, « Femmes à poils. Réception et actualisation d'un cliché dans les *Mœurs des sauvages ameriquains* de Joseph-François Lafitau »

Dans les *Mœurs des sauvages ameriquains*, la femme joue un rôle central, à la fois en tant que protagoniste des scènes et des rites décrits par Lafitau et en tant que figure religieuse au sein de son système comparatif. Deux types de représentations de la femme sauvage peuvent être distingués. D'abord, la *femme en mouvement* dans les scènes narratives dont le corps est tiré de la tradition iconographique chrétienne. Puis, la *femme-objet*, des peuples des Amériques aux statues de déesses antiques.

Mots-clés : Représentation, femme, antiquarianisme, érotisme, texte-image

Matthieu BERNHARDT, « Jean de Léry et Théodore de Bry aux sources de Lafitau »

Parmi les nombreuses sources iconographiques et textuelles des *Mœurs* de Lafitau, les gravures de Théodore de Bry et la description des Tupinamba de Jean de Léry font l'objet d'un emploi à la fois massif et singulier. Tout en mettant au jour diverses modalités de cet emploi, cette étude interroge les rapports entre le traitement de ces deux sources et les thèses du monogénisme et du consentement universel, chères à Lafitau.

Mots-clés : Iconographie, monogénisme, consentement universel

Paola VON WYSS-GIACOSA, « Lafitau et les dieux d'Asie. Visualisations synoptiques dans les *Mœurs des sauvages ameriquains comparées aux mœurs des premiers temps* »

L'analyse des trois seules planches des *Mœurs* qui présentent des images d'« idoles » issues du contexte de l'Asie permet une meilleure compréhension de la construction délibérée par Lafitau de preuves au service d'un modèle généalogique pour expliquer le paganisme. L'article montre comment le père jésuite a orchestré la représentation visuelle de figures cultuelles, en mettant en évidence ce qui est commun et ce qui diffère, entre Indiens orientaux et « Sauvages américains ».

Mots-clés : Idolâtrie, conformité, figure, illustration, Asie

Myriam MARRACHE-GOURAUD, « Lafitau au miroir de la curiosité »

On a longtemps pensé avec Michel de Certeau que le frontispice et les planches des *Mœurs* exposaient une forme de cabinet de curiosités. Pourquoi Lafitau a-t-il organisé un tel effet, et à quelles fins ? Cette étude se propose de tendre au texte et aux gravures de Lafitau le « miroir » de véritables collections de curiosités (XVIIe-XVIIIe siècles), contextualisation indispensable pour montrer combien l'interprétation de l'œuvre comme collection de singularités relève à la fois de la tentation et du leurre.

Mots-clés : Collection, curiosités, cabinet, musée, frontispice

TABLE DES ILLUSTRATIONS

TABLE DES MATIÈRES

DEUXIÈME PARTIE

LE SYSTÈME DE RELIGION

TROISIÈME PARTIE

DE L'ATELIER DU GRAVEUR AU CABINET DE L'ANTIQUAIRE

IMPRIM'VERT®

Achevé d'imprimer par Corlet Numéric,
Z.A. Charles Tellier, Condé-en-Normandie (Calvados). N° d'impression : 156319
Imprimé en France